兰州大学人文社会科学类高水平著作出版经费资助

轻罪
程序论

拜荣静 著

ON THE PROCEDURE OF
MISDEMEANOR

中国社会科学出版社

图书在版编目(CIP)数据

轻罪程序论 / 拜荣静著. —北京：中国社会科学出版社，2024.9
ISBN 978-7-5227-3622-8

Ⅰ.①轻⋯　Ⅱ.①拜⋯　Ⅲ.①刑事诉讼—司法制度—研究—中国
Ⅳ.①D925.210.4

中国国家版本馆 CIP 数据核字（2024）第 110686 号

出 版 人	赵剑英
责任编辑	许　琳
责任校对	苏　颖
责任印制	郝美娜

出　　版	中国社会科学出版社
社　　址	北京鼓楼西大街甲 158 号
邮　　编	100720
网　　址	http://www.csspw.cn
发 行 部	010-84083685
门 市 部	010-84029450
经　　销	新华书店及其他书店
印　　刷	北京君升印刷有限公司
装　　订	廊坊市广阳区广增装订厂
版　　次	2024 年 9 月第 1 版
印　　次	2024 年 9 月第 1 次印刷
开　　本	710×1000　1/16
印　　张	17
插　　页	2
字　　数	268 千字
定　　价	108.00 元

凡购买中国社会科学出版社图书，如有质量问题请与本社营销中心联系调换
电话：010-84083683
版权所有　侵权必究

前　言

《中华人民共和国刑法修正案（十一）》［以下简称《刑法修正案（十一）》］颁布实施后，大量违法行为入刑，使得刑法犯罪圈扩大，同时导致适用刑法处理的轻罪案件数量急剧上升，也由此导致法院面临案多人少、审判资源紧张的审判压力。虽然 2012 年《刑事诉讼法》修改时通过扩大简易程序的适用范围，刑事速裁程序的适用一定程度上缓解了法院审判压力，但面对《刑法》修正案十一带来的新的审判压力，审判机关仍深感司法资源的严重匮乏和不足，由此导致的司法资源配置不均、司法公正与效率不足等矛盾越来越突出。为更好地应对上述矛盾和问题，我国司法改革通过不断地尝试刑事速裁程序、简易程序、认罪认罚从宽制度的推广和适用，实践中已初步形成刑事审判速决程序制度体系，有效地缓解了司法资源不足等引起的司法公正与效率等矛盾。其中，认罪认罚从宽制度虽是刑事诉讼法以专章进行规定的，但并不是一种刑事审判速决程序的新模式，只是宽严相济刑事政策的组成部分。根据 2019 年两高三部《关于认罪认罚从宽制度的指导意见》和 2021 年最高人民法院《刑事诉讼法解释》关于认罪认罚从宽的规定，认罪认罚从宽制度已经对我国刑事审判速决程序模式产生了实际影响。

2021 年最高人民法院发布的《刑事诉讼法解释》第三百五十九条和三百六十九条分别规定了被告人及其辩护人可以申请适用简易程序或速裁程序。从《刑事诉讼法解释》的编排体例看，第十二章规定了认罪认罚案件的审理，第十三章和第十四章分别规定了简易程序和速裁程序，显然，认罪认罚从宽制度是配合简易程序和速裁程序的运行的。"刑事被告人程序选择权的构建，正是出于对被告人诉讼主体地位的尊重，以落实被告人主观意愿为手段，以达到保障被告人合法权益为目的。"① 因此，认罪认罚从宽制度的适用扩大和支持了被告人在刑事审判速决程序中的有效参与。

按照《刑事诉讼法》和《刑事诉讼法解释》规定，凡适用认罪认罚从宽制度审理的刑事案件，无论采取何种刑事诉讼程序模式，在刑事诉讼的各个阶段，司法机关均需向被告人充分告知其诉讼权利和认罪认罚的法律规定，并且需要确保被告人已经明知。这些规定表明，被告人有效参与刑事审判速决程序的前提是对案件事实、证据、法律规定的充分知悉，司法机关向被告人提供了可以影响被告人判断和选择所需信息和资料，能够帮助其正确理解这些信息和资料所要表达的后果。因此，司法机关的告知义务可以消除控辩双方之间的信息隔离，避免由于不对称的信息影响双方判断，提升控辩双方信任关系。

赋予刑事被告人的程序权利处分权，既增加了公民对判决结果的接纳力，又高效率地化解了矛盾纠纷，应当为现代刑事司法所接纳。② 为确保被告人在认罪认罚从宽案件中的知悉权，《刑事诉讼法》和《刑事诉讼法解释》均明确规定了公、检、法三个司法机关在刑事诉讼活动中必须履行被告人、犯罪嫌疑人权利和法律告知义务。刑事被告人程序选择将扩大被告人诉讼权利的外延，增加被告人在刑事诉讼中的防御手段，保障其合法权益不被侵犯。③ 这就要求司法工作人员不仅要向犯罪嫌疑人提供书面资料供其研读，还应该主动在其阅读的基础上进行讲解和阐释，使犯罪嫌疑人、被告人能够明知认罪认罚后可以获得的程序简化和实体从宽的法律利益，但也要明确被告人、犯罪嫌疑人可能的诉讼权利减损。当然，在这个保证知悉权的过程中，值班律师的作用不可或缺，司法机关应当确保被告人、犯罪嫌疑人及时会见值班律师，帮助其更好地理解认罪认罚从宽制度的程序权利和行为后果。

量刑情节是刑法中的一种情节类型。④ 2021年最高人民法院《刑事

---

① 刘政：《刑事被告人程序选择权的缺失分析与制度构建》，《法学杂志》2010年第4期。
② 刘政：《刑事被告人程序选择权的缺失分析与制度构建》，《法学杂志》2010年第4期。
③ 刘政：《刑事被告人程序选择权的缺失分析与制度构建》，《法学杂志》2010年第4期。
④ 敦宁、祝炳岩：《量刑情节概念新解》，《中国刑事法杂志》2012年第11期。

诉讼法解释》第三百五十五条规定："对认罪认罚案件，人民法院一般应当对被告人从轻处罚；符合非监禁刑适用条件，应当适用非监禁刑；具有法定减轻处罚情节的，可以减轻处罚。"量刑情节是犯罪行为社会危害性程度和犯罪人人身危险性程度的反映，①该条规定说明认罪认罚从宽已成为独立量刑情节，和自首、坦白、立功一起构成我国法定量刑情节体系，与认罪认罚情节相关联的情节主要有自首和坦白，它们之间具有概念上的交叉重合关系，但是也有区别。②综合来看，认罪认罚从宽制度的实施将自首、坦白、立功、悔罪等量刑情节进行了整合，对于被告人、犯罪嫌疑人认罪认罚给予一定限度量刑激励，促进了我国刑事审判速决程序模式的发展和体系形成。

认罪认罚从宽成为独立量刑情节是我国以审判为中心司法改革的本质要求，以审判为中心要求侦查、公诉阶段获得的证据、事实应在法庭庭审中进行质证确认。这些事实和证据是刑事案件定罪量刑的关键，也是证据裁判原则的具体要求。《刑事诉讼法解释》第三百五十五条规定的一般应当对被告人减轻处罚，是对被告人认罪认罚后给予被告人额外量刑优惠，也是被告同意认罪认罚并签署具结书适用刑事审判速决程序的动力来源。只有将认罪认罚情节界定为法定量刑情节，才能最大限度地激励犯罪嫌疑人、被告人适用认罪认罚从宽程序。③当前，协商性司法理念已经被广泛接受，因此这是强化司法教育改造回归社会、弱化刑罚惩罚报应的司法宽容正在成为刑事司法领域现代化的基本体现。认罪认罚成为法定量刑情节体现了对犯罪嫌疑人、被告人权益的尊重和保障。

认罪认罚从宽作为独立量刑情节正式确立在新刑事诉法解释中，应该说既是创设，也是整合。创设是因为认罪认罚从宽制度的实施，配合了我国刑事审判速决程序模式的发展，也使得认罪认罚成为独立量刑情节，促进了简易程序和速裁程序适用率的提升。这同样也是对传统自

---

① 敦宁、祝炳岩：《量刑情节概念新解》，《中国刑事法杂志》2012年第11期。
② 张琳：《"认罪认罚"作为法定量刑情节的司法适用》，《广西社会科学》2020年第10期。
③ 张琳：《"认罪认罚"作为法定量刑情节的司法适用》，《广西社会科学》2020年第10期。

首、立功、悔过的补充和整合。认罪认罚作为法定、应当从轻的量刑情节的合理实现应该基于犯罪嫌疑人、被告人的自愿选择，并且保障其知情权、获得律师帮助权在内的一系列诉讼权利。① 总体来看，认罪认罚作为独立量刑情节立法确认也是宽严相济刑事政策中"宽"的直接体现，具备新时代独立的程序价值，对于提升诉讼效率，优化司法资源配置实现案件繁简分流具备良好的促动效能。

我国刑事诉讼是职权主义的诉讼模式，1996年《刑事诉讼法》修改时引入了当事人主义的对抗式诉讼模式。2012年《刑事诉讼法》修改正式确立了证据裁判原则和非法证据排除规则，这与1996年确立的对抗式庭审特点相对应、配合，这对于实现刑事诉讼程序正义，保证案件公正裁判具有十分重要的作用。但是随着宽严相济的刑事政策实施和《刑法修正案》不断出台，这种对抗式的诉讼模式和轻罪案件数量大量上升、司法资源有限及诉讼效率之间产生了矛盾和冲突。这种现实状况要求司法改革要转换思路，调整现有诉讼机制运行格局，"提倡犯罪嫌疑人在审前阶段即主动供述并选择与控方协商达成认罪认罚协议，将在很大程度上改变过去传统诉讼的对抗局面"②。在保证诉讼公正的前提下提高诉讼效率，充分体现被告人的程序参与性与主动性。

合意式刑事诉讼与对抗式刑事诉讼是刑事诉讼最基本的两种形态。③ 传统的刑事诉讼控辩双方往往针锋相对，对罪名、罪数、刑罚等一系列问题展开激烈辩论。④ 控辩双方平等武装、权利对等，有利于被告人合法权益保障，但是可能不利于被害人权利保障，也不利于实现被告人社会改造顺利完成。认罪认罚制度的另一重要价值在于探索一种新的非对抗式的诉讼格局。⑤ 而认罪认罚从宽制度的实施使这种复杂局面有了新的解决方案，被告人、犯罪嫌疑人在刑事诉讼各个阶段适用认罪认罚从宽制度，与控方协商一致完成认罪认罚从宽具结协议，形成了非对抗的刑事

---

① 张琳：《"认罪认罚"作为法定量刑情节的司法适用》，《广西社会科学》2020年第10期。
② 陈卫东：《认罪认罚从宽制度研究》，《中国法学》2016年第2期。
③ 王新清：《合意式刑事诉讼论》，《法学研究》2020年第6期。
④ 陈卫东：《认罪认罚从宽制度研究》，《中国法学》2016年第2期。
⑤ 陈卫东：《认罪认罚从宽制度研究》，《中国法学》2016年第2期。

诉讼新机制。在此过程中，适用刑事审判速决程序模式，使普通程序所需要的庭审法庭调查、辩论阶段简化或省略，有效提升效率，节省司法资源投入。

诉讼利益是形成刑事诉讼非对抗机制的主要动因，严格来说，控辩之间平等对抗是现代刑事诉讼三角形诉讼结构实现己方诉讼利益的有效途径。但这种对抗带来的制度性缺陷也如影随形，诸如诉讼效率低下、为胜诉不择手段等违法性行为多有发生，也不能杜绝冤假错案的发生，反而造成诉讼效率低下，对于控辩双方都是巨大精力耗费。司法实践中犯罪嫌疑人、被告人对犯罪指控的承认以及控辩双方就诉讼中主要实体问题、程序问题达成的合意，是形成合意式刑事诉讼的实践基础。[①] "在诉讼程序简化的表象背后，存在着一种诉讼构造上的重大调整，那就是从过去的控辩双方通过对抗来推动诉讼的进程，转变为控辩双方通过合作、协商和相互妥协，来促进刑事诉讼活动的快速进行。"[②] 非对抗式刑事诉讼机制的形成，引入了认罪认罚从宽制度，这种格局使得刑事诉讼的部分环节得以简化或者省略，促使国家不再将较多的资源耗费在庭审的控辩过程中，必将有效提升诉讼效率。[③] 在控辩双方之间进行充分交流、沟通、协商，让被告人充分参与诉讼进程，理性思考诉讼权利行使和法律后果，避免刑事普通程序带来的不可预知的风险。

[①] 王新清：《合意式刑事诉讼论》，《法学研究》2020年第6期。
[②] 陈瑞华：《刑事诉讼的公力合作模式——量刑协商制度在中国的兴起》，《法学论坛》2019年第4期。
[③] 王新清：《合意式刑事诉讼论》，《法学研究》2020年第6期。

目　录

第一章　轻罪案件程序体系化理论基础 …………………………（1）
　第一节　问题的提出 ………………………………………………（1）
　第二节　简易程序模式 ……………………………………………（4）
　第三节　速裁程序模式 ……………………………………………（8）
　第四节　刑事审判快速审判模式发展的动因 ……………………（13）
　第五节　刑事审判速决程序模式发展的合理限度 ………………（22）

第二章　轻罪案件简易程序 ………………………………………（26）
　第一节　问题的提出 ………………………………………………（26）
　第二节　刑事简易程序发展历程回顾 ……………………………（27）
　第三节　轻罪案件适用简易程序理论依据 ………………………（33）
　第四节　轻罪案件适用简易程序基本要求 ………………………（38）
　第五节　轻罪案件适用简易程序实践状况 ………………………（50）
　第六节　简易程序适用轻罪案件具体思路 ………………………（54）

第三章　轻罪案件速裁程序 ………………………………………（60）
　第一节　问题的提出 ………………………………………………（60）
　第二节　轻罪案件适用速裁程序的动因 …………………………（61）
　第三节　速裁程序的诉讼功能 ……………………………………（66）
　第四节　域外相关速裁程序之考察 ………………………………（71）
　第五节　我国速裁程序的实践状况 ………………………………（79）
　第六节　速裁程序适用轻罪案件理性思考 ………………………（88）

第四章 轻罪案件刑事和解程序 …………………………………… (93)
第一节 问题的提出 …………………………………………… (93)
第二节 刑事司法理念的转型 ………………………………… (94)
第三节 刑事和解与罪刑法定原则 …………………………… (111)
第四节 轻罪案件刑事和解的实证考察 ……………………… (117)
第五节 刑事和解适用轻罪案件的反思与发展 ……………… (121)

第五章 轻罪案件附条件不起诉程序 …………………………… (130)
第一节 问题的提出 …………………………………………… (130)
第二节 轻罪案件适用附条件不起诉程序的正当性 ………… (132)
第三节 轻罪案件适用附条件不起诉程序的司法实践 ……… (137)
第四节 附条件不起诉制度比较法考察 ……………………… (149)
第五节 轻罪案件附条件不起诉程序的完善 ………………… (157)

第六章 认罪认罚从宽制度与轻罪程序体系化 ………………… (167)
第一节 问题的提出 …………………………………………… (167)
第二节 轻罪案件适用认罪认罚从宽制度的思路与目标 …… (168)
第三节 轻罪案件程序体系化与认罪认罚从宽制度的关联性 …………………………………………………… (174)
第四节 轻罪案件适用认罪认罚从宽制度的实证考察 ……… (184)
第五节 轻罪案件适用认罪认罚从宽制度相关机制的完善 … (189)

第七章 轻罪案件程序审理方式 ………………………………… (196)
第一节 问题的提出 …………………………………………… (196)
第二节 开庭审理与书面审理的价值与目标 ………………… (197)
第三节 书面审理：司法公正与司法效率的博弈 …………… (205)
第四节 书面审理存在的现实需要性 ………………………… (211)
第五节 书面审理的适用与排除 ……………………………… (221)

第八章　轻罪案件程序多元化发展的反思与规制……………（232）
　第一节　问题的提出 ……………………………………………（232）
　第二节　轻罪案件程序的多元化演进 …………………………（233）
　第三节　轻罪案件程序多元化适用的实践难题 ………………（241）
　第四节　轻罪案件程序多元化发展中的适用问题 ……………（246）
　第五节　轻罪案件程序多元化适用的规制思路 ………………（250）

参考文献 ……………………………………………………………（257）

第一章　轻罪案件程序体系化理论基础

第一节　问题的提出

我国目前刑事审判速决程序已经形成简易程序、速裁程序两种模式。刑事审判速决程序模式的发展是公正与效率价值平衡的具体要求，表现为诉讼程序的简化与省略，缩短了诉讼期限。我国刑事审判速决程序模式发展的直接动因是审判能力和审判体系现代化的治理要求，也是宽严相济刑事政策的现实体现，公正与效率的价值平衡是刑事审判速决程序本土化发展的理论依据。认罪认罚从宽制度配合刑事审判速决程序模式的发展与适用，促进了被告人有效参与刑事诉讼程序，形成了非对抗式诉讼模式运行机制，认罪认罚开始成为独立量刑情节。但是，也要注意刑事审判速决程序模式发展的合理限度，防止过度简化适用对案件审判正义形成障碍。

对于普通程序审理的刑事案件，为保证案件裁判准确，防止发生冤假错案，保障刑事诉讼过程中被告人和其他诉讼参与人的合法权益，通常会通过严格刑事立法规定诉讼程序和证据规则，明确各参与个体的权利、义务、责任等法律关系，目的是保障刑事诉讼各阶段法律程序的正当性。2010年以来纠正的冤假错案，更使人们认识到正当程序对于保证案件公正的重要性，因而立法对于各法律的严格规范性和强制性进行了严密、细致的规定。但是，也开始意识到正当法律程序虽然对保证案件规范裁判有重要意义，并非所有案件都必须经过严格、繁琐、复杂的正当法律程序，在保证案件裁判公正的前提下，如何使刑事普通程序在保证公正的同时兼顾效率就成为诉讼程序理念的发展方向，使司法资源的有限性和程序正当化之间实现价值平衡。

经济和社会的发展和司法实践的现实需求迫切需要刑事审判速决程序，需要提高诉讼效率，这就要求对于刑事审判速决程序的基础理论、价值理念、适用范围、适用条件进行研究，同时根据不同情形确定刑事审判速决程序的类型。刑事审判速决程序本身只是协调刑事案件"简""繁"分流问题，在保证裁判公平、公正的前提下实现诉讼效率的提升，由于刑事审判速决程序的程序特殊性，因而对此通常采取谨慎态度，防止牺牲公正追求效率。"强调程序正当性也会与诉讼效率产生矛盾。在诉讼总成本不变的情况下，可以说程序正当性要求的增强必然会降低诉讼效率，反之，对效率的追求极可能冲击正当性。"[1] 多项统计数据表明，近些年来，轻罪案件数量逐渐增加，对于这些证据充分、事实清楚，或者犯罪嫌疑人认罪认罚的案件，如果仍然强调并僵化执行程序正当性理念将会严重延迟诉讼率，因此，刑事审判速决程序就成为解决现今问题的必然选择。

我国在1996年对《刑事诉讼法》修改时正式规定了在刑事诉讼程序中使用简易程序，这也是第一次以基本法的形式确立了在刑事诉讼普通程序符合一定条件时可以适用快速审判程序审理刑事案件。当然，如果我们将刑事审判速决程序的范围进一步扩大，就会发现早在1979年我国制定《刑事诉讼法》时，就在法律中规定了独任庭的快速审判程序，这是对自诉案件及其他轻微刑事案件可以由独任审判员审理，独任庭司法可以看作是我国对于刑事审判速决程序的初步尝试。当然，经过实际运行，在随后的法律规定中进行了固定并长期执行。1996年《刑事诉讼法》简易程序的规定在一定程度上缓解了当时刑事案件数量高位运行和司法资源有限的矛盾，但是由于理论研究跟进不足和立法技术不成熟，导致司法实践中简易程序的诉讼程序并未得到实质性简化，因此诉讼程序适用简易程序积极性有限，实际运用率较低，没有发挥立法预期功能。

---

[1] 刘玫、鲁杨：《我国刑事诉讼简易程序再思考》，《法学杂志》2015年第11期。

2012年我国《刑事诉讼法》再次修改，对简易程序在1996年确立运行进行理论总结和系统梳理的前提下进行了完善，主要是扩大了简易程序的范围，重新规定了简易程序审理普通程序刑事案件的适用条件。"相较于'96刑诉'的简易程序，'12刑诉'简易程序在适用范围、前置条件、二元审判组织区分等方面的修改可谓是根本性的。从立法者的解读来看，改革的主要目的在于扩张简易程序的适用范围、提升适用比例，进而推动案件的繁简分流、提升诉讼效率。"[①] 2012年《刑事诉讼法》关于简易程序的规定体现在取消了对适用案件刑罚长短的限制，放弃了之前以"轻"或"重"作为适用程序的标准，并以三年有期徒刑刑罚作为分界点，三年刑期之下案件可以使用独任庭快速审判模式，三年刑期以上案件应当适用合议审模式。这种修改一方面体现了对被告人作为刑事诉讼主体诉讼权利的保护和尊重，另一方面采纳和吸收了理论界和实务界的观点。

但是，简易程序并不能满足现实需要。因此从2014年开始我国开始进行刑事普通程序速裁程序模式试点，这既是尝试也是我国刑事立法理念的创新，是试验性立法在刑事诉讼中的成功适用。速裁程序在司法实践中结合认罪认罚从宽制度实行，这种试行使刑事案件认罪认罚从宽制度的引入开创了我国刑事审判速决程序的新局面。速裁程序结合认罪认罚从宽制度在试点过程中有效缩短了办案期限、审查羁押率也明显下降，上诉、诉讼情形大为减少。在总结前期成果基础上，2018年修改《刑事诉讼法》时增加刑事速裁程序和认罪认罚从宽制度，使认罪认罚从宽制度和速裁程序、简易程序结合适用，开创了我国刑事审判速决程序模式发展新局面。

"基于刑事案件的多样化、复杂化，简易程序也应多元化，只有多元化的简易程序才能有效地将诉讼资源投入到不同的案件之中，实现诉讼效益的最大化。"[②] 从1996年到2014年，历经近20年的漫长、曲折

[①] 龚善要、王禄生：《内外定位冲突下刑事简易程序的实践困境及其再改革——基于判决书的大数据挖掘》，《山东大学学报》（哲学社会科学版）2020年第3期。

[②] 杨雄、刘宏武：《论统一的刑事简易程序》，《法学杂志》2012年第12期。

发展，至此我国形成了由特殊简易程序（刑事速裁、"轻刑快办"）和一般简易程序组成的多元化、层次化的刑事简易程序体系。① 总体上，我国目前已经形成了较为完整的刑事审判速决程序的对应体系，本书将在分析刑事审判速决程序模式的基础上，分析影响其发展的直接动因，探讨认罪认罚从宽制度的适用对我国刑事审判速决程序体系的影响和创新。

第二节　简易程序模式

面对犯罪率居高不下、刑事案件数量不断增长而司法资源相对有限的严峻形势，正当程序的简易化已成为一种不可逆转的全球性发展趋势。② 刑事审判速决程序的简易模式是相对于正常刑事诉讼程序情形下，其诉讼进程出现简化的状态。刑事庭审的正常结构是法官居中裁判，控辩双方平等对抗的格局，这种三角形结构中角色完整、齐备、不存在某个程序阶段缺失的情形，但是刑事诉讼中简易程序模式下，在保证公正的前提下，可以简化诉讼程序，以提高诉讼效率。

一　简易程序的特征

刑事简易程序是刑事案件在庭审阶段根据不同的价值判断和利益倾向进行的案件分流，世界各国虽然对简易程序有不同的称谓，但殊途同归，都是公正与效率的平衡结果。简易程序的本质特征在于审判程序简化或者审判组织简化，这是比照刑事普通程序而言，能够适用简易程序审理的案件应该有法律予以明确规定，从而限制简易程序适用范围，虽有限定，但考虑到司法资源的有限性，近些年来世界各国均有逐渐扩大刑事案件适用简易程序范围的努力，我国也不例外，2012 年《刑事诉讼法》的修改就扩大了简易程序在刑事诉讼中的适用范围，简易程序

---

① 贾志强、闵春雷：《我国刑事简易程序的实践困境及其出路》，《理论学刊》2015 年第 8 期。
② 李芽：《公正与效率之平衡——新刑事简易程序之衔接问题研究》，《人民论坛》2012 年第 35 期。

在刑事诉讼中的适用对控、辩、审三方都是有益的，被告人能够获得及时审判，减少羁押时间，通过认罪认罚获得刑罚减轻，而法院和检察院则提高司法效率，节省司法资源。纵观各国，在刑事诉讼适用的简易程度都具备如下特征。

（一）适用范围法定

一般地，各国都会立法明确规定简易程序的适用条件，要么规定案件类型，要么规定适用特定案件，但也有不规定案件适用范围的，比如美国。但是，简易程序的立法只是考虑案件本身可能的繁简程度，比如轻、重罪之分。除了立法对案件适用简易程序的范围进行规定外，通常也会在案件管辖法院级别有所限定，这当然主要是防止出现程序审理混乱，因为上诉审的存在确保案件能够公正审理，实现程序正义和实体正义的价值追求平衡。

（二）缩短审理时间

使刑事诉讼中的被告人能够获得及时、迅速的审判是刑事诉讼及时性原则的要求，提高刑事诉讼中司法资源利用的有效性，获得最大社会效益，这也是公正与效率博弈的相对平衡使然。普通程序正当的法律程序所得到的程序公正和正义本身没有问题，这个只能不断加强、深化，才能使保障人权的理想在刑事诉讼中得以实现，但司法实践中的残酷现实，尤其是犯罪率居高不下，犯罪嫌疑人和被告人长期处于被羁押状态，案件审理久拖不决，这时法律正义程序正在消减人们对程序正当和正义的耐心和信心。"无论是从保障人权出发，还是从扩大简易程序适用出发，均有必要赋予被告人简易程序选择权。"[①] 因此，这就需要刑事诉讼中的各参与主体通过其他方式相互妥协来实现审判的高效率，简易程序的设置既是解决问题的手段，也是保障权利的措施。

（三）法庭审判过程适当简化

刑事诉讼的普通程序为保证程序正义，在各个阶段，特别是庭审阶段，审理程序严格法定，证据质证、法庭辩论、法庭调查都必须在开庭

---

① 谢登科：《论刑事简易程序扩大适用的困境与出路》，《河南师范大学学报》（哲学社会科学版）2015年第2期。

时严格按照程序进行,但因各方参与主体利益诉求多元,在证据与事实正义难以调合情形下,诉讼迟延不可避免,被告人长期羁押不可避免。尤其是我国基层法院,案件数量巨大,审判人员有限,刑事审判中简易程序的设置就是提高审判效率,减少基层法院诉累。但是简化的诉讼程序并非以案件审理粗糙为代价,需要明确的是,庭审简化也只是体现在部分程序简化或者审判组织简化,对于案件事实和证据的证明标准并没有降低。

二 简易程序的法律定位

在刑事审判速决程序中适用简易程序可以在一定程度上缩短案件审理时间,节省司法资源需要配置审判的人力、物力投入,在确保裁判公正的前提下完成诉讼效率目标。通过 2012 年《刑事诉讼法》修改后的简易程序适用案件,一般情况下,庭审比普通程序节省一半时间或者更多时间,而且法庭审判比率也有提升。而且,因为认罪认罚从宽制度的引入,使被告人对于指控案件事实没有异议,案件上诉率显著降低。通过适用简易程序,使法院办案人员把办案主要精力用于案件本身证据存疑、事实认定争议较大、法律适用观点分歧严重的案件,对于符合简易程序适用条件的案件,则快速审理结案,减少诉累和羁押率。简易程序为快速审结案件提供了一种新的庭审思路,庭审重点开始聚焦争议较大的问题进行,加强庭审功能发挥,减少重复性工作从而缩短庭审时间。总的来看,简易程序解决了庭审重点不聚焦,重复性工作多的问题,提升了庭审效率。在刑事案件中适用简易程序充分保障了被告人的合法权益和诉讼权利的选择权,完全符合程序正当性的要求,对于适用简易程序审理的案件,必须有被告人的同意才能不再对控诉双方无异议的事实和程序进行辩论的调查。

简易程序虽然在刑事案件审理程序上有所简化,但并不意味着对于程序正义追求降低,正好相反,简易程序具备程序正义的本质要求,并且得到世界各国以各种形式承认和认同。简易程序属于刑事诉讼结构完整模式的刑事审判快速审判,因此简易程序的诉讼结构完整,控、辩、审三方组成三角形庭审形态,按照既定程序参与诉讼进程,对于没有争议的事实和证据，程序可以简化，有争议的事实和证据，仍然要求法庭调查。应该说，诉讼时间越长，庭审中各主体对于案件需要的各种记忆失真可能性就越大，因此诉讼要求有及时性以提升效率，这样就使被告人得以被快速审判，被害人实现刑事追诉补偿，这也是刑事诉讼目的和价值的终极要求的人权保障内容，其实简易程序在刑事诉讼中对被告人和被害人权益是兼顾的。

三　简易程序面临的问题

虽然经过2012年《刑事诉讼法》修改，简易程序在立法和司法均有很好的制度完善，但仍然存在许多问题，对简易程序发挥立法在提高诉讼效率和保障诉讼公正的预期方面还有差距，因此，对这些问题一定要正视。首先，2018年《刑事诉讼法》第二百一十九条规定："适用简易程序审理案件，不受本章第一节关于送达期限、讯问被告人、询问证人、鉴定人、出示证据、法庭辩论程序规定的限制。但在判决宣告前应当听取被告人陈述意见。"本条规定严格来说，仍是比较宏观、模糊的，虽然规定不受普通程序规定的限制，但也没有明确规定具体行为范围。简易程序对于庭审中经审判人员许可，被告人及其辩护人可以同公诉人，自诉人及其诉讼代理人互相辩论，既然是刑事审判速决程序，那么简易程序中的具体辩论时间、规则就应该和非快速审判有所区别，如果没有区别，那就和普通程序一样，无法激活法官、检察官适用简易程序的积极性。其次，由于简易程序和普通程序具备相同诉讼结构，因此公诉人需要出庭支持公诉，但是对于有些案件，如果案件事实已经查清，无异议，证据没有争议，再要求公诉人出庭是否还有必要，需要认真研究对待，在这种情况下，立法可以考虑公诉人在这种条件下不出庭，减轻公诉人工作量。最后，2018年《刑事诉讼法》修改后，刑事审判速决程序的快速审判程序出现了简易程序与速裁程序并立的状态，这两种快速审判讨论对于案件繁简分流，提高诉讼效率目的相同，但二者功能类似，立法意图或有交叉和重合，所以厘清二者的相互适用对象、范围、条件对于形成合理刑事诉讼快速审判体系意义重大。

第三节　速裁程序模式

2018年《刑事诉讼法》修改，将前期试点的速裁程序以立法形式固定下来。2014年发布的《关于在部分地区开展刑事案件速裁程序试点工作的办法》标志着刑事速裁程序开始进行"试验立法"阶段，该办法规定了在全国18个地区同时展开为期两年的速裁程序试点，边试点边总结经验，学术界及时跟进提供理论依据和完善思路，因此，速裁程序在全国首开刑事立法的"试验"先河，运行状况良好，效果达到政策预期。为配合刑事案件速裁程序试点，2018年发布了《关于在部分地区开展刑事案件认罪认罚从宽试点工作的办法》，根据近年来刑事案件速裁程序试点的经验和理论成果，对速裁程序的适用条件和配套规定进行了修改了调整，细化了操作规程，同时配合认罪认罚从宽制度试点，将速裁程序试点继续延长几年，至2018年刑事诉讼法修改，已经将速裁程序试点4年之久，制度形式相对成熟，立法时机适当。通过刑事速裁程序实现刑事案件的繁简分流，本质上是针对不同案件特点对刑事司法资源进行优化配置和效益提升。[①] 但速裁程序和认罪认罚从宽制度一样，亟须和现有刑事诉讼其他程序对接，因此对速裁程序进一步研究很重要。

一　速裁程序的性质

在经济社会的稳定发展期间，大量轻罪案件的出现对传统刑事诉讼程序中的法律正当程序理论提出了挑战，法律正当程序在保障人权中的作用不可否认，而且任何时候都只能加强，不能放弃。但是僵化和程式化的法律正当程序和轻罪案件数量的大幅度增加，以及司法资源投入的有限性之间形成了较为明显的矛盾，现实司法活动迫切要求适度简化轻罪案件刑事诉讼程序，实现案件繁简分流，在案件公正与效率之间寻求

[①] 卞建林、吴思远：《刑事速裁程序的实践观察与立法展望》，《中国政法大学学报》2019年第1期。

价值平衡，提高诉讼效率。"在轻罪刑事政策背景下，速裁更应承载轻罪轻缓化处理的程序从宽、效率从速价值，以期实现人权司法保障、节省司法资源、恢复社会关系等司法价值。"① 速裁程序最大的特征在于其效率性，体现了时间缩短，审理速度加快，按照法律规定，检察机关在 8 个工作日审查结束后，人民法院应当在 10 日内审结，不得以无法定理由任意延迟审限。在审判期限方面和刑事诉讼普通程序、简易程序相比，刑事速裁程序的审理时间更为节省，诉讼流程进一步缩减，这就使诉讼时间和人力成本的司法资源成本降低，效率提升。"速裁程序是针对认罪认罚轻罪案件设计的诉讼程序，最大的制度创新是引入'认罪+认罚'的诉讼分流理念和量刑协商机制，是轻罪领域完善认罪认罚从宽制度的先行探索。"② 为配合刑事案件速裁程序适用率，进一步减少审前被告人羁押时间，法院开始在看守所设立速裁法庭，加快案件流转，降低提审被告人押解中的风险。

值班律师制度的实施是对刑事速裁程序有效适用的根本制度保障，在确保犯罪嫌疑人和被告人诉讼合法权益的同时，值班律师制度也在不断完善，值班律师已经完成全覆盖，虽然截至目前，对于值班律师的性质仍然没有定论，但值班律师在速裁程序中保障被告人、犯罪嫌疑人合法权益并提供理性的法律建议的作用不可或缺。而且最为重要的是，基于对律师帮助权的信任，犯罪嫌疑人、被告人可以将其真实的内心想法和值班律师沟通，使案件适用刑事速裁程序的意愿选择得到值班律师的法律帮助和合理建议。值班律师制度的有效运行，体现了对犯罪嫌疑人、被告人的人权保障，充分体现了刑事速裁程序的选择权源自适用主体的意愿和自决，这种选择权在保证司法公正前提下的司法效率提升是富有意义的。

速裁程序体现了刑事诉讼程序和法律文书的简化理念。在已有值班律师充分参与和犯罪嫌疑人、被告人自愿的前提下，自公安机关提起诉

---

① 叶青：《轻罪刑事政策背景下速裁程序构建之思考》，《江淮论坛》2020 年第 6 期。
② 樊崇义、何东青：《刑事诉讼模式转型下的速裁程序》，《国家检察官学院学报》2020 年第 3 期。

讼到法庭开庭审理的各个刑事诉讼阶段，刑事速裁程序均有适用空间。公安机关在刑事侦查结束后认为犯罪嫌疑人有认罪认罚情节的，或者辩护律师、值班律师认为犯罪嫌疑人案件符合速裁程序适用的，可以向公诉机关提出速裁程序适用建议。法院在适用速裁程序审理中由一名审判员独任审理，普通程序强制要求证人出庭作证，但速裁程序可以不强制，证据可以书面提交，由于定案事实和证据没有异议，因此速裁程序中法庭诉讼和法庭调查可以取消程序要求。因此，刑事速裁程序的审理期限、适用条件、适用范围都是比简易程序更为快捷的刑事诉讼程序，实现了刑事案件优化配量司法资源的作用。

二 刑事速裁程序运行问题

目前来看，刑事速裁程序的适用阶段主要在公诉和审判两个阶段，规范重点在于庭审，公诉阶段也是为庭审服务，所以刑事速裁程序并未在侦查阶段有所体现。但是，如果认真领会刑事速裁程序立法意图，就会得到刑事速裁程序是为提升诉讼效率而对诉讼程序的简化，作为刑事诉讼的重要阶段，侦查在速裁程序中的适用不可或缺。刑事侦查是整个刑事诉讼活动的初始阶段，证据收集、固定，强制措施采取，犯罪事实调查等工作均需在侦查阶段完成，尤其是在目前捕诉合一体制下，公诉机关对侦查机关监督和指导愈发重要，与其侦查结束后向检察机关移送公诉再决定是否适用速裁程序，不如合理构建侦查阶段的刑事速裁程序，进一步节省司法资源，提高诉讼效率。当然，侦查阶段的证据收集合法性，实施调查的真实性都需要制度监督，充分体现速裁程序在侦查阶段的公正性，否则就失去提高诉讼效率的实质意义。

刑事速裁程序作为"认罪认罚从宽"的制度支撑，[1]值班律师制度和认罪认罚从宽制度，配合刑事速裁程序的适用发挥了不可或缺的重要作用。但是，对于值班律师仅是从制度的刚性要求出发，规定了律师承担值班律师的义务，刑事案件全覆盖的制度安排，对于值班律师制度应需要解决和明确的根本性问题一直没有得到积极回应，立法始终采取模

---

[1] 尹露：《我国刑事速裁程序的实务困境及其优化路径》，《政法论丛》2018年第5期。

糊和等待的态度。值班律师由于本身属性不清晰，不能分辨出值班律师究竟是辩护律师还是见证人，抑或是法律服务免费提供者，而三者名称不同，属性差异性也大，充当值班律师起的作用也迥异。如果定位值班律师为辩护人，那么值班律师就能够为犯罪嫌疑人、被告人提供全方位的、具体的、有针对性的、连贯的法律帮助，但是如果定位于见证人或者普通的法律意见咨询者或帮助者，那么值班律师就没有太多本应由辩护律师才能完成的任务，只能为犯罪嫌疑人、被告人提供低层次、非连贯性的法律建议。因此，如果值班律师的作用不能得到充分发挥，犯罪嫌疑人、被告人对自身行为性质的理解和认罪认罚的自愿性都会受到影响，最终导致速裁程序适用率受到负面影响。

速裁程序的程序适用选择权被规定在法院、检察院，而犯罪嫌疑人、被告人没有速裁程序选择权，只是在法院、检察权决定使用速裁程序后，选择同意或者不同意适用，严格说来，这不是完整的程序选择权的设定。如果赋予犯罪嫌疑人、被告人刑事速裁程序选择权，就应该给其主动选择程序适用的权利，能够启动刑事速裁程序的适用，这也是刑事诉讼结构所要求的控辩双方平等武装、权利对等的基本内涵。

三 刑事速裁程序的完善

作为新一轮司法体制改革的重要内容，刑事速裁程序对于完善认罪认罚从宽制度、完善刑事诉讼机制、强化刑事诉讼过程中的人权保障意义重大。① 刑事速裁作为一种选择性程序，其所涉及的并不局限于诉讼程序本身如何进行，更重要的是，还涉及实体法上的事实、证据、定罪、量刑等问题。② 2018 年《刑事诉讼法》修改后正式在我国刑事诉讼程序中确立了速裁程序，这次立法是对 2014 年速裁程序需试验立法的改进，主要体现在案件适用范围方面。2014 年的《办法》采取的是案件完整列举式，因为是试点，为总结经验，所以就要部分限定，但是

---

① 张宝：《刑事速裁程序的反思与完善》，《法学杂志》2018 年第 4 期。
② 刘方权：《刑事速裁程序试点效果实证研究》，《国家检察官学院学报》2018 年第 2 期。

由于试点效果理想,达到预期目标,在2018年《刑事诉讼法》修改时就及时更换了立法思想,将刑事速裁程序适用范围由列举式转变为涵盖式,所有由基层人民法院审理的可能判处三年有期徒刑之下刑罚的案件均适用速裁程序。这就体现了速裁程序的立法初衷,将现实中更多地轻罪案件纳入速裁程序范畴,扩大适用率,以提升司法效率。和世界其他国家相比,我国的刑事速裁程序仍有可以提升适用空间,因为速裁程序本身就是为提高司法效率而产生,这就要求创新思路,使之得到更广泛适用。纵观世界各国,基于司法资源的有限性,在刑事案件中适用速裁程序已成为解决问题的必然选择,采取各种办法扩大速裁程序适用范围。我国立法采取谨慎态度,仅适用轻罪案件,但有的国家已经扩展至非轻罪案件,如英国;还有国家甚至可以适用所有类型刑事案件,如美国。各国实际情况不同,既不能求全,也不能照搬,我国应该在司法实践中总结经验,理论研究检讨速裁程序在刑事审判中的空间拓展。

除了上述刑事速裁程序案件适用范围的思路外,还可以参考域外国家的立法制度经验,考虑下一步是否可以在刑事诉讼中形成刑事案件快速审判体系,由不同性质和类别的分层次程序组成。根据犯罪案件的性质、种类设置分层次的、可选择的刑事诉讼程序已成为世界各国应对犯罪率居高不下和司法资源有限性矛盾的主要思路,在这方面,意大利的经验值得研究。[1] 意大利1988年的《刑事诉讼法》规定了不同层次适用的快速审判程序,包括了快速审判程序、立即审判程序、简易审判程序、刑罚程序(辩诉交易)、处罚令程序。其中法律对于刑罚程序(依当事人要求适用)和处罚令程序适用范围作了严格限制,刑罚程序适用于五年之下有期徒刑、拘役、财产刑或替代性刑罚,处罚令程序仅适用于财产刑。快速审判程序和简易程序适用范围均较广泛,其中简易程序不包括终身监禁。因此,意大利通过《刑事诉讼法》立法形成了一个较为完善的快速审理刑事案件的程序体系,体系运行良好,发挥了应有作用,一定程度上解决了诉讼效率提升问题。我国在目前刑事速裁程序适用中应该考虑形成多层次的速裁程序体系,以利于司法实践应对不

---

[1] 左卫民:《刑事简易程序研究》,法律出版社2000年版,第33页。

同案件类型的要求，同时也要研究如何赋予被告人一定幅度的量刑激励，增强犯罪嫌疑人、被告人主动适用速裁程序的积极性。在对认罪认罚被告人量刑激励方面，域外有很多做法可以参考，这也是我国目前在犯罪率高居不下，简易、快速、高效、公正处置无争议刑事诉讼轻微案件的现实需要。

第四节 刑事审判快速审判模式发展的动因

我国经济、社会快速发展，犯罪问题依然严峻，但犯罪类型的构成已经发生变化，轻型犯罪案件逐渐增多，这使人们对于刑事诉讼程序的正当性和合理性产生了新的认识，严格的诉讼程序是否在所有案件中都有必要，尤其是在证据无异议、事实清楚的轻型犯罪案件中是否必要，已成为立法和司法共同面对的问题。人民群众对司法效率的追求正在对以程序公正为出发点的刑事诉讼制度提出新要求，解决诉讼需求和司法资源有限性的矛盾正成为公正与效率的价值平衡。提升人民法院案件审理速度，提高诉讼效率，减少案件当事人诉讼成本，既是提升司法改革效能的要求，也是新时代推动审判能力和体系现代化的根本要求。

一 非对抗式的新程序理念是刑事审判快速审判模式发展的原动力

（一）审判能力和审判体系现代化的要求

"加快建设公正高效权威的社会主义司法制度。"[①] 实现审判体系和审判能力现代化是人民法院审判工作科学发展的新时代要求，审判体系和审判能力现代化是国家治理体系和治理能力现代化的重要组成部分，同时也是国家治理体系和治理能力现代化的有力保证。"实现审判体系和审判能力现代化，是同国家治理体系和治理能力现代化相匹配、符合我国经济基础和司法规律、顺应历史潮流和人民期待的战略目标，是建

---

① 周强：《以习近平总书记系列重要讲话精神为指导　全面推进审判体系和审判能力现代化》，《法律适用》2016年第7期。

设公正高效权威的社会主义司法制度的必然要求。"① 积极有效地在审判体系和审判能力现代化的背景下开展全方位的司法体制改革，是践行司法为民政治理念的基本要求。

审判体系是人民法院在诉讼过程中为保证庭审活动的正常开展，对人民法院在立案、审判、执行以及法院保证审判业务进行行政体系的制度安排。总的来说，完善、高效的机制运行是制度良好协调、配合的工作体系，也是司法资源有效利用、配置的要求。"审判体系和审判能力现代化的过程，也是司法体制不断完善、司法公信力明显提升、法治国家建设加快推进的过程。"② 审判能力则要求法官在庭审过程中能够正确裁判案件，实现公正与效率价值在个案正义中的平衡，这不仅是程序法和实体法的正确理解和适用，更要创新制度、机制，在保证裁判公正的前提下，实现诉讼效率提升，做到案件能够繁简分流，司法资源有效利用。审判体系和审判能力现代化虽然有各自的不同要求和内涵，但二者也是相辅相成的协调、统一关系，只有优化审判体系才能为审判能力提升提供制度基础，审判能力提升才能提高诉讼效率和审判效能。

刑事审判速决程序的模式发展，同样也是审判能力和审判体系现代化的必然要求。"法院作为国家治理的重要参与者，审判体系和审判能力的现代化被视作国家治理现代化在新时期的重要需求和司法体现。"③ 刑事审判速决程序模式的发展需要协同好程序正义和实体正义之间的法治关系，程序正义是现代刑事诉讼对于普通程序的基本要求，要求在刑事诉讼的各个阶段注重行为的程序化和仪式性，程序法定并严格执行是实现刑事普通程序公平、正义的基础。但诉讼效率背景下的程序正义也应有新的法治内涵，刑事审判速决程序模式的发展既尊重法律的严肃性、法定性，同时也兼顾法律的灵活性、统一性，是审判体系和审判能

---

① 周强：《以习近平总书记系列重要讲话精神为指导　全面推进审判体系和审判能力现代化》，《法律适用》2016年第7期。
② 周强：《以习近平总书记系列重要讲话精神为指导　全面推进审判体系和审判能力现代化》，《法律适用》2016年第7期。
③ 刘艳红：《大数据驱动审判体系与审判能力现代化的创新逻辑及其展开》，《东南学术》2020年第3期。

力现代化发展的制度探索和创新。刑事审判速决程序模式带来的保证公正前提下的快速审判能够满足人民群众对公平正义的追求。

（二）刑事诉讼构造理论现实发展的需要

从刑事诉讼构造来看，庭审中控、辩、审三方在法庭上平等武装、控审分离、控辩分离是现代刑事司法文明最重要的标志，也是刑事诉讼特征体现最为明显的阶段。刑事诉讼中控、辩、审三方的三角形结构是人类历史发展过程中对诉讼构造的全面总结，是最理想的诉讼样态，但是这种样态只有在完整的刑事诉讼庭审中才能得到体现和展演。在刑事审判中，法官居中裁判，不偏不倚，守卫法律权威的尊严和神圣，正是因为法官中立的裁判者地位，法官主持的法庭审判才被赋予了维护法律权威性和正当性的重要作用，也被给予恢复社会秩序的裁决权力，也表明法官在保障刑事诉讼中被告人人权的重要作用。因此，庭审实质化实际上反映了一个国家法治文明现代化的基本状况，在刑事诉讼中，庭审实质化体现为法庭辩论、法庭调查、证据的质证和事实的认定，而完整的刑事审判庭审可以通过法官的居中裁判和控辩双方有效参与庭审解决案件涉及的程序和实体问题，提升司法公信力和维护诉讼人权。但是，在非对抗式的新程序理念下，基于公正与效率的价值平衡，发展刑事审判快速审判模式，就不能拘泥于理想中的刑事诉讼构造特征，严格要求控辩庭审中的对抗和质疑，而应该在维系刑事诉讼基本构造特征的前提下适当程序简化。

（三）刑事诉讼程序对于事实真相判定的效率需要

刑事诉讼中的庭审重要意义在于查明犯罪事实真相，从而确定被追诉者法律责任。通过案件庭审，法庭调查和法庭辩论是认定案件事实和证据的基础，经过量刑阶段作出法律裁判，法庭的结论就是对被告人行为性质的认定。由于法官是居中裁判，控辩双方的诉讼主张和请求可能被支持，也可能被否认。因此，完整的刑事庭审既是对双方举证的认定或排除，也是对控辩审三方是否严格遵守诉讼规则的程序检验。审判程序是一种对已经发生的历史性事件依据相关证据进行回溯性证明的过程，在法庭审判过程中，由于受到主、客观因素的影响，或者基于证据规则价值判断的需要和规定，一些证据不能收集或者失去证据能力而被排除，还有部分证人或者鉴定人不能出庭作证，部分证据证明力无法认定，这就有可能使控、辩双方诉讼主张存在诉讼风险，这也是目前非对抗式的新程序理念形成的现实效率需要。在被告人认罪前提下，在刑事审判中建立快速审判模式是减少庭审争议、缩短诉讼时间的必然选择。

（四）刑事审判中控辩双方的非对立关系是事实真相发现的保障

从刑事追诉的基本原理来看，整个刑事诉讼进程就是控方进攻，辩方防守的局面，以控方提起公共诉讼开始，以辩方被告人获得有罪或者无罪判决结束，作为一个整体和过程，刑事审判是对被告人不认罪情形下的控辩双方争议事项进行审理，以司法裁判方式解决其间争议。在审判过程中，庭审为发现案件事实真相，设置了法庭调查和法庭辩论的诉讼进程，目的是通过控辩双方对于争议事项的攻、防对抗，使法官能够对控辩双方的证据进行取舍和认定，因而诉讼中的各项证据规则和诉讼原则就会充分发挥作用，这使庭审中的对抗性愈加激烈。当然，这种对抗激烈程度也在一定范围内和程度上影响法庭的裁判方式和裁判难度。因此，如果控辩双方通过非对抗激辩就可以使法官能够形成成熟、稳定心证，那么就有利于法官作出公正裁判，法官可以最大限度考虑控辩双方的意愿和真实想法，理想的控辩非对抗对于法官裁判可以形成相对满意的法律效果和社会效果。

二 对于审判确定性和冲突消解的预期是刑事审判快速审判模式发展的观念支撑

（一）宽严相济的刑事政策要求

我国在 2005 年的全国政法工作会议上正式通过了宽严相济的刑事政策的批复，并于 2010 年出台了《关于贯彻宽严相济形势政策的若干意见》，明确将宽严相济刑事政策作为我国基本的刑事政策，其目的在于化解社会矛盾，预防和减少犯罪。宽严相济刑事政策最终完成向立法的转变是在《刑法修正案（八）》的制定过程中。① 刑事政策的变化在我国体现在实体和程序两个方面，实体方面表现于罪的议定与刑罚的选

---

① 孙万怀：《宽严相济刑事政策应回归为司法政策》，《法学研究》2014 年第 4 期。

择,包括了罪与非罪的界限;程序方面基于价值考虑在刑事政策角度进行体现,包括了认罪认罚后的程序选择和量刑建议等。"宽严相济刑事政策具有抽象性和指导性的特点,必须借助于刑事立法与司法的同步细化,实现政策的制度化转变与法治化实现。"① 宽严相济的刑事政策作为当前我国纲领性的基本刑事政策,对我国实体法和程序法的立法、司法、执法,包括司法改革都具备指导意义。宽严相济的深入推行需要实体与程序法律制度的同步完善,不论宽严,皆是如此。② 从理论上来看,宽严相济的刑事政策不仅是对20世纪80年代严打刑事政策的反思,也是对惩办与宽大相结合单向性思维的放弃,宽严相济刑事政策更多地体现了刑事案件处理过程中多个参与主体的利益诉求,也是"当宽则宽""当严则严"。

宽严相济的刑事政策在实体法适用领域区分了重罪与轻罪的差异化处理,但区分轻罪、重罪并非宽严相济刑事政策的目的,而是对社会危害性和危害结果进行区分并适用层级不同的刑罚处罚。"在程序法上,应科学设计以'宽'为先的制度保障,根据犯罪的微轻重,大力完善速裁程序、简易程序和普通程序的制度建设。"③ 更好地发挥宽严相济刑事政策预防犯罪,使刑事实体法、程序法在修复社会关系、社会秩序方面发挥更大作用,是宽严相济刑事政策最终目的。轻罪概念和范围的提出,在宽严相济刑事政策指导下,刑事案件的诉讼程序也就能够按此思路进行适度调整,因此2012年《刑事诉讼法》修改就进行简易程序适用范围的调整,扩大了刑事诉讼简易程序条件要求,从2014年开始进行速裁程序试点至2018年《刑事诉讼法》修改正式确立速裁程序,基于公正与效率价值平衡考虑,2018年也正式确立了刑事缺席审判程序。这些快速审判刑事案件的特殊程序的创制既是宽严相济刑事政策的基本要求,也是提高刑事审判效率,保障刑事政策的现实需要。

(二)在刑事审判中避免僵化地适用法律

程序法定决定了在刑事审判中应当按照法律预设程序展开刑事追诉

---

① 卢建平:《宽严相济与刑法修正》,《清华法学》2017年第1期。
② 卢建平:《宽严相济与刑法修正》,《清华法学》2017年第1期。
③ 卢建平:《宽严相济与刑法修正》,《清华法学》2017年第1期。

活动，严格遵守各项法律规定完成诉讼活动，正当程序是对刑事诉讼的根本性要求，这也决定了控辩双方合意在程序适用中的有限空间。但是在部分案件中，被告人已经认罪或者已经取得了被害人谅解，形成认罪认罚具结书或者刑事和解协议，虽然国家权力机关应当严格按照国家法律规定开展刑事审判，但是上述案件的特殊情形和当事人的主观意愿也应当被充分考虑和采纳。如果在刑事审判过程中，不考虑上述案件的特殊情形，必然会引致一系列不良后果，因为这种审判模式虽然执行了法律正当程序，但是当事人主观意愿和要求并未被充分考虑，当事人利益诉求并未得到满足，也即刑事审判所达到预期的诉讼效果和社会效果。因此，在法律许可范围内，控辩双方根据法律规定就审判程序和案件处理方式进行协商，是避免僵化适用法律的良好选择，这也是对严格适用法律程序的有益补充，是法律正当程序刚性和柔性相结合的体现。

（三）刑事审判的诉讼功能够实现

在经历刑事审判前程序后，控、辩双方关于案件证据和事实认定以及法律适用方面的争议就被提交法庭，法官居中主持庭审，经过法庭调查、法庭辩论，对案件争议证据、事实、法律适用事项作出结论并进行裁判。因此，庭审中法官对案件实体事项拥有最终决断的权力，这就要求法官依据法律和一定的价值判断，通过庭审结束争议事项的论辩并作出正确、公平、公正裁判。由于刑事诉讼构造的特殊性，控、辩、审三方形成的三角形构造使控、辩双方能够平等武装，产生控辩对抗和审判中立、控审分离的诉讼结构特征。在正当程序的引导下，法官驾驭庭审过程并使控、辩双方地位得到充分体现并有效参与庭审。这种程序的公正性虽然是实体公正性产生的基础，也容易在形式上使控、辩双方达成共识，对法官裁判产生认同感，但是在案件事实、证据已经基本无异议的情形下，或者被告人认罪、认罚的前提下，仍然适用完整庭审程序，虽然可以实现实体公正，但是法庭迟延的裁判对于审判确定性和冲突消解的预期，不能完全实现刑事审判诉讼功能。

（四）刑事审判更好地保障被告人权益

惩罚犯罪自然是刑事诉讼的应有之义，但保障被告人权亦是刑事审判的重要目标，而且这也是各国刑事司法文明现代化的标志。对被告人的人权保障，在刑事审判中，可以分解为程序性权利保障和实体性权益保障两个方面。一般地，刑事诉讼法对于被告人的权益应当作出明确规定，但是通常也只是作出原则性规定，在实际操作过程中，更多的还是需要程序运行中的弹性和灵活性进行配合。这就需要庭审中法院协助被告人进行程序选择，也是现代刑事诉讼程序的诉讼权利和诉讼程序多样化的体现。被告人根据法律规定对自己权利的任何处分都是合法、有效的，既可依法行使，亦可选择效率。在这个意义上，保障被告人人权其实就是对被告人诉讼权利行使选择权的尊重，只要被告人意思表示在法律规定的赋权范围内，就应当予以保障和支持。从实际效果看，也许最终效果未必对被告人有利，但这样毕竟是之前被告人经过认真思考、权衡利弊后作出的选择和意思表示，是被告人自己认为的利益最大化，所以这种决定就不存在争议，因为报告人在权利处分问题上不仅选择了自己作用，而且产生了法定效果，达到相对确定的审判预期。

三 权利本位意识的确立是控辩双方选择适用刑事审判快速审判模式的合意基础

（一）公正效率的价值平衡

公正与效率在刑事司法中永远是一对难以调合的基本矛盾，体现在整个刑事诉讼过程中，既是刑事诉讼正当程序所要求的价值目标，也是在公平、正义实现过程中的基本矛盾。按照唯物辩证法的观点，公正与效率在刑事司法领域内的关系既是矛盾的，也是统一的。完全可以认为，没有诉讼效率，刑事司法公正性就会削弱；没有司法公正，诉讼效率再高，也无任何意义，很可能冤假错案就是片面追求司法效率所致。公正与效率作为刑事司法的核心与基础，相互依存、不可分离，是实现社会公平、正义的完整价值体系，这也包括了实体和程序两个方面要求。

刑事司法中的公正和效率必须进行适当价值平衡，司法资源的有限性决定了审判刑事案件的刑事诉讼活动不可能不惜任何代价追求公正，这种绝对公正对诉讼效率是负作用，法庭不能为查明案件事实无限期展开法庭调查和证据质证，基于诉讼效率考量，法庭只能在客观事实与法律事实间做出选择。因此,除了实体法层面公正与效率的考虑,更多的是在程序法层面对公正与效率进行价值平衡,实现公正与效率的有效统一,而刑事诉讼快速审判模式的发展与创新就基于这种价值判断。当然,这种价值判断也只能通过具体适用才能检验是否达到公正与效率的要求。

刑事诉讼快速审判模式的功能表现在推进案件繁简分流,提高诉讼效率,保障诉讼各主体合法权益,减少审判羁押比例。刑事诉讼的速裁模式就是这种价值平衡的一个例证,速裁程序适用提高了刑事案件审结效率,确保了个案公正,尤其解决了轻罪案件的快速审结,使司法实践中诉讼延迟得到缓解。在速裁程序适用中,被告人认罪认罚的,量刑时可以考虑从宽处理,这体现了宽严相济的刑事政策,维护了刑罚罪责刑相适应原则,同时也实现了公正与效率在刑事司法中的价值平衡,增强了刑事诉讼裁判结果良好的社会效应和法律效果。公正与效率的兼顾与平衡可以实现司法资源优化配置,使法院将更多资源倾斜于复杂疑难案件,防止冤假错案的发生。

(二) 刑事审判中的诉讼效益追求

效益是基于效率而产生的利益,应该属于以最小的代价获得最高的回报,实现利益最大化。效益原本是经济学术语,后被引入法学研究,显然在法律产品供给过程中,也存在效率提升产生最大效益的问题。民事诉讼中提出了"诉讼爆炸"的说法,体现了诉讼案件大量增加,法院不堪重负的实际状况,但是在刑事诉讼中,由于普通程序基于法律程序正当性的价值考量,同样面临着案件数量增加如何提高效率产生良好效益的问题。诉讼效率主要解决额定时间范围内处理刑事案件的数量,但是诉讼效益则更为看重通过效率提升而产生的后果,这就包括了法律后果和社会后果,因此诉讼效益就要求刑事审判程序设置尽可能缩短诉讼时间,简化程序要求,节省诉讼资源。诉讼效益要求刑事审判程序设置能够产生减少上诉、抗诉、申诉、上访的法律和社会后果,减少司法资源过度投入,因此对于部分案件进行繁简分流实现快速审判就成为刑事审判程序设置的必然选项。

(三) 刑事诉讼快速审判的基本功能

在刑事诉讼中对案件进行快速审判，除效率因素外，仍然对于被告人意义重大。无论简易程序、速裁程序，被告人在有关其诉讼权益掌控和行使中具备主动性和决定权，这充分体现了刑事诉讼程序设计对于被告人主体地位的认同和尊重，是对被告人诉讼权利主动性的机制鼓励。在普通程序和快速审判程序二者之间选择，被告人对于程序严谨但冗长的普通程序适用存在畏惧心理，通常希望能够得到早日结案，结束诉累。这时的刑事诉讼快速审判程序选择就能够满足被告人的效率要求，由于立足被告人自由意志的决定结果，因而将来引发上诉、申诉、上访的可能性就大为降低。刑事诉讼快速审判程序的设置很大程度上提升了现代刑事司法文明的品质，和一般的普通程序相比，快速审判程序中的简易程序和速裁程序对被告人进行法定赋权，给予被告人选择审判程序的机会与权利，实现控、辩双方的协商与对话，这当然给刑事审判的程序运行除公权力之外，注入了权利因素，使公权力和权利之间能够制约而配合。

(四) 刑事审判的权利行使平衡

刑事审判解决的是个人、国家之间的利益安排，强调解决代表国家进行刑事追诉的控辩双方的利益争端，这就涉及国家、被告人、被害人三种利益主体，而这种权益分配与行使就由庭审中法官进行审断和裁判。检察机关代表国家利益与国家强制力开展证据采集与支持公诉，经过法定程序对被告人定罪量刑，以恢复社会秩序，抚慰被害人使被害人获得物质补偿和精神补偿的救济途径。当然，刑事审判也是平衡不同利益主体的运行场域，在法律允许的范围，使诉讼各参与方利益实现途径和方式得到相对平衡。刑事审判各利益主体的有效参与，按照法定程序进行适度交流、对话、协商，使控、辩双方立场和态度充分知晓，缩小认识分歧和争议点，然后在案件处置的实体和程序选择方面形成合意。这也说明，适度在刑事审判中引入对话和协商有利于不同利益主体充分交流，能够最大限度满足各自诉讼利益追求。

第五节　刑事审判速决程序模式发展的合理限度

刑事审判毕竟和民事、行政审判是有很大不同，刑事审判主要解决被告人刑事责任的有无及刑罚问题，而刑罚则涉及被告人自由、财产、政治权利，甚至生命权剥夺等方面，这是普通民事、行政审判活动不能相比的。在刑事审判中，涉及多个参与主体，利益关系错综复杂，所以必须严格庭审程序和规则才能保证审理结果公正，这使刑事审判中控辩双方的权利让渡必须谨慎进行。在我国刑事诉讼中发展普通程序快速审判模式就以"试验立法"开始，目的就是在试点中发现问题，及时总结经验进行相应制度完善。虽然经历了试点到立法，但是速裁程序，也包括认罪认罚从宽制度的实施，实施时间总体较短，所以，将普通程序快速审判的简易程序、速裁程序两种模式的适用控制在合理限度内，是必要的，也是最低限度程序正义要求，避免出现实体正义受损情形的出现。

一　快速审判的异化

刑事审判中设置快速审判程序以及相关配套制度和一个国家的历史文化和传统理念密切相关。一般来说，在宽容、开放、文明的文化背景下，才能有权利意识的关注与重视，才能有权力的行使限缩，才能有人格尊严的维护，这些也都是刑事诉讼快速审判程序设置的基础。只有上述价值观念的形成，快速审判体现的诉讼程序和实体处理方案才能被社会认可和接受。换言之，如果仅国家公权力机关推崇快速审判方式，但不能被社会公众认可和接受，那么刑事快速审判方式的存在合理性和必要性就会受质疑，说到底，刑事诉讼本身也是一种文化现象，想要植根社会并且不断发展变化被社会文化接纳认可，就需要得到社会公众普遍认可，实现司法资源调合诉讼参与各方利益的调节器功能，满足修复社会关系的根本需求。但是，无论如何，刑事诉讼的快速审判方式的设置不能简单异化为被告人只要认罪认罚就能获得程序简化和量刑优惠的交易机制。在快速审判方式运行过程中，任何一个环节处理不当均会为之后构成隐患，使争议再起，诉讼程序重启，司法资源被重复浪费。因此，刑事审判快速审判程序的设置一定要全方位考虑被害人损害赔偿和心理修复，被告人真心悔过、教育改造，社会关系修复等诸多问题的解决，使快速审判程序发挥有用的维护社会秩序功能。

二 通过刑事诉讼审判树立法律的权威性问题

（一）刑事审判正当程序的最低保障

刑事诉讼活动和民事诉讼、行政诉讼活动最大的区别在于其以国家名义合法地通过强制措施的采取开展追诉活动，惩罚犯罪必然是刑事追诉的主要任务，这也是刑法和刑事诉讼法的立法初衷。虽然我国宪法和刑事诉讼法均规定了分工负责、互相配合、互相制约的刑事诉讼原则，但是刑事诉讼中的证据确认、事实认定、定罪量刑必须通过法定的正当程序进行，否则诉讼行为无效，这也是对于分工负责、互相配合、互相制约的刑事诉讼原则行使的基本要求。目前的刑事审判速决程序中的程序简化使正常刑事诉讼程序所要求的法律正当程序虚化，认罪认罚从宽制度使分工负责、互相配合、互相制约的刑事诉讼原则中的配合因素加大，体现程序正义的原则和制度规范被简化，犯罪嫌疑人、被告人，甚至被害人合法权益保障堪忧。

（二）刑事审判过程本身是法律尊严的彰显

在依法治国的背景下，对于法律的信仰和遵从，必须依靠其专属的权威和地位。现代社会中，法律无疑是强调国家、社会、个体三者之间关系的最终标准，这也说明国家和国家职能的行使机构、社会组织和个体的自然人均在当代法律规定的限度内活动，不能任意妄为。但是，法律的权威性必须通过一定的保障机制完成，刑事司法制度中的刑事审判就是其重要组成。首先，通过刑事审判活动并作出公正裁判，彰显了国家对犯罪行为的否定态度，而犯罪行为是严重违反国家法律的禁止性规定，应受国家追诉和刑罚惩罚。其次，通过庭审裁判对被告人定罪、科刑，从而树立法律的权威性。对被告人定罪、科刑是在充分保障其合法诉讼权益的基础上，依据庭审确定的证据和事实裁断，因此，刑事诉讼过程中的程序和实体保障的正当性决定了司法裁判的公正性。刑事审判活动不仅是对于被告人的追诉程序,更是通过公开审判给被告人、被害人等诉讼参与人,及至全社会以法治教育,使司法裁判获得广泛公信力和认同。

三 快速审判程序中的司法责任制问题

(一) 冤假错案的追责

司法责任制是当前司法改革的核心要素,司法责任制要求司法工作人员法定职责行使的正当性,也即于法有据,也要求司法工作人员履职违法时应受到责任追究。司法责任制内容丰富,体系完整,包括了司法权和审判权运行机制的改革,司法工作人员履职的法律保障,司法工作人员职责和权限的法定以及司法工作人员履职中违法行为的责任追究四个方面制度体系。一般认为,人民主权、权责一致、司法廉洁是司法责任制的理论支点。司法责任制的规定是以促进司法审判的公平、正义为目标,要求司法活动必须依法展开,遵循基本司法活动规律,目的是达到审理者裁判,裁判者负责。司法责任的承担以裁判行为的合法性、结果的正确性为判断依据。司法责任制包括了法官的充分独立的司法裁判权,分解为责任担当和责任证实,意味着法官依法独立行使职权以及对法官错误裁判的问责。公权力之下的潜在运行风险是显而易见的,而掌握公权力的人,如果权力没有相关制度约束、控制或者限制不力,那么,权力行使中的异化和风险就会加大,这也使司法工作人员承担司法责任的可能性增加。在刑事诉讼快速审判过程中,法官行使审判权,调控诉讼参与主体的权利、义务分配,也即决定被告人的定罪、量刑以及被害人利益保障。但是,如果法官在执行法律过程中,对其行使司法权制约不力出现程序、实体违法,或者权力借用,或者对于法官业绩考核异化,使刑事诉讼快速审判程序成为一种工具使用,发生冤、假、错案的风险加大,存在司法责任制问责可能性,因此保持刑事诉讼快速审判程序合理限度也是司法责任制的基本要求。

(二) 法官的司法责任是公正审判案件的责任

近年来,对于刑事诉讼程序在国家法治建议中的重要性和价值获得了充分共识,刑事诉讼立法对于程序性制度建议给予了充分的重视和关切。刑事审判是刑事诉讼法规定的各项程序发挥作用的重要阶段，也是检验审判程序中诉讼行为合法性的重要环节，这也是"以审判为中心"理念的基本要求。虽然刑事审判的存在是应控、辩双方的应诉要求而生，但是刑事审判的运行超然于控辩双方，是刑事诉讼构造的重要一方，因此，庭审在刑事诉讼中的作用发挥决定了刑事诉讼构造的效果。与其他诉讼形式相比，刑事诉讼在恢复被犯罪行为破坏的社会秩序方面具有决定性作用，通过刑事审判昭示了犯罪行为受到了应有惩处，这对于被害人和社会公众不仅是安全感回归，更是精神抚慰，有利于社会恐惧心理消除，这也就避免了私力救济处置刑事争端。也许刑事审判依据的证据和事实认定和客观真相不一致，但这也是根据法定的规则和价值判断合法认定，这就使现实的争端通过既定程序转换为个别和技术问题加以解决，将冲突、争端带来的冲击进行缓解，社会公众道义要求获得保障和实现。

刑事普通程序的价值在于"看得见的正义"，体现诉讼程序公平、公正的运行机制，也是各参与主体权力、权利、义务、责任价值承担的实践、范围和方式。所谓依法，不仅是行为依据，而且是可以预期的行为状态。要求高，成本就高，因此刑事普通程序的完整性必须要求各个诉讼阶段的人力、物质保障。所有的案件均适用完整的刑事诉讼程序在全世界范围内的任何国家都是做不到的，这也是刑事审判速决程序模式自2012年开始，在我国快速发展的原因。在保证公平正义的前提下，经过轻罪案件审理中的优化资源配置，提高诉讼效率，在控辩协商基础上适用普通程序快速审判模式，案件快速审结。尤其是现在经过法官、检察官员额制改革，能够审理案件的入额法官数量有限，而案件数量仍然在上升，法官、检察官办案数量庞大，压力日益增加，而刑事审判速决程序模式发展亦是对应法官、检察官员额制司法改革的相辅相成。刑事审判速决程序模式虽然发展较快，在深化办案质量前提下，提高了诉讼效率，但是程序简化或省略使庭审不再完整，因此在简易程序、速裁程序运行中如何建立监督机制需要进一步研究。

第二章 轻罪案件简易程序

第一节 问题的提出

轻罪化刑事立法和以轻罪为主体的刑事司法已然成为我国刑事法治改革发展的重要方向。预防逐渐成为与惩罚并存的犯罪化事由，轻罪案件数量也将随着刑事立法能动主义而大幅增加。截至2020年10月，判处三年有期徒刑以下刑罚的轻罪案件占比已从54.4%上升至83.2%，判处非监禁刑（含免于刑事处罚）的被告人比例从20%增至30%。与之相反，重罪被告人的数量从始至终处于下降趋势。[①] 伴随轻罪案件数量不断增长的趋势，刑事诉讼普通程序发展亦逐渐呈现以下趋势特点，一是进一步完善刑事诉讼程序规定和证据规则，保障犯罪嫌疑人、被告人诉讼权利，实现司法公正；二是司法机关以案件事实为依据，以追求诉讼效率为目标，构建案件简易处理机制，高效处理犯罪嫌疑人、被告人没有争议的案件。

"程序公正必须被视为具有独立的价值。刑事诉讼程序公正既是现代刑事司法的独立价值取向，又是司法结果公正的保障，它有助于结果公正的实现。坚持程序公正的标准要求，有助于法律实体公正的实现。也使当事人真正拥有独立的诉讼主体地位，其人格尊严得到尊重，从心理上愿意接受和承认裁判结果的公正性和合理性。使社会公众对程序及裁判结果产生信服和满意，有利于其维护国家法律的权威和尊严，使法律的实施达到立法者的目的，整个社会形成一种良好的法律秩序。对实

[①] 冀莹：《美国轻罪治理体系的现状、困境及反思》，《政治与法律》2022年第1期。

行依法治国建设社会主义法治国家具有重要的作用。"① 只有以公正价值健全相应法律制度，促使法院践行公正审判理念，不断提高司法公信力，才能让人民群众在每一个司法案件中都感受到公平正义。② 司法实践表明，公正审判案件能够为双方当事人提供平等救济机会，保障民众基本权利，维护国家打击和预防犯罪、治理社会的职能，进一步提高司法公信力和司法权威。为此，轻罪案件适用简易程序应当以公正为价值取向，保证案件高质量审结。

轻罪行为具有相对较轻的可谴责性、行为人的易预防性、罪责的轻微性以及案件数量的巨大性等特征，由此决定轻罪制度应当以行为规训和诉讼效率为首要价值追求。轻罪是对公民规范信赖与规范意识的强调，而非强调刑罚的威慑与隔离功能，因此迫切需要改变以重罪为主的传统刑事制裁体系。司法机关应区别对待重罪、轻罪和微罪，并作出精细化规定，这与我国刑事政策的发展一脉相承，也是宽严相济刑事政策的内在要求。③ 目前，我国已经形成由普通程序、简易程序和速裁程序所组成的刑事诉讼审判程序体系。通过域外相关立法和制度梳理，讨论分析适用简易程序办理轻罪案件的成因及其存在问题，由此提出完善我国轻罪案件适用简易程序的具体思路。

第二节　刑事简易程序发展历程回顾

1996 年，《刑事诉讼法》正式确立刑事诉讼简易程序。至此，刑事诉讼审判程序包括普通程序和简易程序两种审判模式。2012 年《刑事诉讼法》修改，对刑事诉讼简易程序予以进一步完善。2014 年"速裁程序"改革试点对刑事诉讼简易程序再次简化。2018 年修改《刑事诉讼法》增加刑事速裁程序和认罪认罚从宽制度，刑事诉讼简易程序由

---

① 张月满、聂静：《刑事诉讼程序公正及其实现》，《政法论丛》2000 年第 3 期。
② 孙长永、王彪：《论刑事庭审实质化的理念、制度和技术》，《现代法学》2017 年第 2 期。
③ 周光权：《论通过增设轻罪实现妥当的处罚——积极刑法立法观的再阐释》，《比较法研究》2020 年第 6 期。

单一性向多元化方向发展，程序自身摆脱单纯追求效率的倾向，日益体现司法正当化，改革于法无据走向有法有据。

一　1996年正式创建刑事诉讼简易程序

刑事诉讼简易程序最早规定于1996年《刑事诉讼法》之中，主要指基层人民法院对具备特定条件的案件进行简化审理的诉讼程序。适用简易程序审理案件范围包括自诉案件和公诉案件，公诉案件主要以轻微刑事案件为主，适用于可能判处三年以下有期徒刑、拘役、管制或者单独适用附加刑的刑罚，且公诉案件适用简易程序必须由检察院建议或者同意为前提；自诉案件范围仅包括"亲告罪"和"被害人有证据证明的轻微刑事案件"，不包括"公诉转自诉案件"。依据1996年《刑事诉讼法》第一百七十一条及司法解释规定，自诉案件启动或者适用简易程序仍然必须具备"事实清楚、证据充分"的条件，否则法院将"说服自诉人撤回自诉或者裁定驳回"。① 简易程序审理刑事案件带来一定积极效果，能够提高审判效率，优化司法资源配置，减轻办案压力。

有关简易程序的法律制度在司法实践中展开运行后，逐渐显露不足，无法满足审判实践需要，为此，1998年最高人民法院出台《关于执行〈中华人民共和国刑事诉讼法〉若干问题的解释》（以下简称《解释》），就简易程序的具体适用作出多达14条的司法解释，详细规定简易程序之具体操作。② 2003年，最高人民法院、最高人民检察院和司法部联合出台了《关于适用简易程序审理公诉案件的若干意见》（以下简称《意见》）以及《关于适用普通程序审理"被告人认罪案件"的若干意见（试行）》，进一步细化刑事诉讼简易程序，创设普通程序和简易程序之外的一种特殊简易程序即"普通程序简化审"程序。从实际效果来看，普通程序简化审对于缓解我国司法资源紧张，弥补简易程序不足，促进刑事案件程序分流，起到积极作用。但是，由于刑事诉讼

---

① 陈岚：《海峡两岸刑事简易程序之比较》，《现代法学》2009年第5期。
② 陈岚：《海峡两岸刑事简易程序之比较》，《现代法学》2009年第5期。

法并未明确作出规定,导致普通程序简化审面临诸多正当性质疑。① 如有学者认为普通程序简化审有违程序法定原则,创设了新的诉讼程序;由于被告人认罪的自愿性、真实性缺乏足够保障,可能有损诉讼公正。② 有的学者提出,适用普通程序简化审以被告人认罪为前提,口供可能以新的形式成为"证据之王";该程序使得客观真实的诉讼证明标准受到挑战;在该程序中,被害人的诉讼权利有可能被忽略。③ 因此,需要明确普通程序简化审具体操作流程,根据案件类型的不同规定相对应的简化审程序;保障被告人获得有效法律帮助,确保被告人实现选择权;让被害人参与到简化审程序中,从而维护被害人诉讼主体地位。

公安机关办案追求快速侦查、快速终结,人民检察院对刑事案件快速逮捕、快速起诉,法院对普通案件简化审理。在公安机关、检察院和法院处理的刑事案件中,适用简易程序审理的公诉案件数占公诉案件总数的比率呈逐年上升趋势,涉及的罪名主要为侵犯公民人身权利、财产权利和妨害社会管理秩序领域的轻微刑事犯罪。检察机关对简易程序的启动起主导作用,全国大部分地区的检察机关拒绝出庭支持公诉,少数地区检察机关为配合法院评审活动等需要出席法庭。因适用简易程序审理的案件事实清楚、证据充分、双方当事人争议少,所以检察机关对此类案件多采用检察建议、纠正违法等方式履行监督职责。由于简易程序适用条件严格,须获得控审双方同意,同时各地司法实践与习惯的不同导致对简易程序适用范围产生不同理解。

二 2012年扩大简易程序适用范围

1996年《刑事诉讼法》确立的刑事简易程序在实践运行中逐渐出现适用率低、适用案件范围窄、程序启动手续繁琐、公诉人不出庭影响诉讼职能等问题,难以实现其"分流案件,节约司法资源"的目的。④

---

① 宋英辉:《我国刑事简易程序的重大改革》,《中国刑事法杂志》2012年第7期。
② 宋川:《刑事案件普通程序简易审质疑》,《国家检察官学院学报》2003年第3期。
③ 许建丽:《对"被告人认罪案件"简化审的反思》,《法学》2005年第6期。
④ 郭立新、郭冰:《案件快速处理程序的改革与立法发展》,《国家检察官学院学报》2012年第5期。

2012年对《刑事诉讼法》再次进行修改，这次修改立足司法实践和社会迫切需要，以基本国情为基础，体现民主与法治，与国际刑事司法准则相衔接，大部分内容涉及简易程序改革和完善。2012年《刑事诉讼法》第二百零八条规定，"基层人民法院管辖案件，符合下列条件的，可以适用简易程序审判：（一）案件事实清楚、证据充分的；（二）被告人承认自己所犯罪行，对起诉书指控的犯罪事实没有异议的；（三）被告人对适用简易程序没有异议的。人民检察院在提起公诉时，可以建议人民法院适用简易程序。"明确简易程序审理方式和审理期限，体现简易程序立法目的；规定不得适用简易程序审理案件类型，即判处死刑和无期徒刑案件不得适用简易程序进行审理。与1996年《刑事诉讼法》相比，2012年《刑事诉讼法》扩大了刑事简易程序案件范围，包括基层人民法院审理的、可能判处无期徒刑以下刑罚的案件，规定适用刑事简易程序例外情形，尊重被告人诉讼主体地位，被告人对指控事实无争议、同意适用简易程序审理案件方可适用。

2012年《刑事诉讼法》第二百一十条规定："适用简易程序审理案件，对可能判处三年有期徒刑以下刑罚的，可以组成合议庭进行审判，也可以由审判员一人独任审判；对可能判处的有期徒刑超过三年的，应当组成合议庭进行审判。适用简易程序审理公诉案件，人民检察院应当派员出席法庭。"第二百一十四条规定："适用简易程序审理案件，人民法院应当在受理后二十日以内审结；对可能判处的有期徒刑超过三年的，可以延长至一个半月。"上述规定表明，将合议制审判组织形式纳入简易程序范畴正是以简易程序层次性的科学、合理的界定为基础。新刑事诉讼法中的这一改变，使我国的刑事简易程序在理论上也表现得更加严谨、更加丰富。[①] 2012年《刑事诉讼法》规定的简易程序，即可能判处三年以下有期徒刑刑罚的独任制简易程序和可能判处有期徒刑超过三年的合议制简易程序，打开简易程序多元化类型大门。

---

① 樊崇义、艾静：《简易程序新规定的理解与运用》，《国家检察官学院学报》2012年第3期。

三 2014年推行速裁程序改革试点

2014年6月27日,第十二届全国人民代表大会常务委员会第九次会议通过了《关于授权最高人民法院、最高人民检察院在部分地区开展刑事案件速裁程序试点工作的决定》(以下简称《决定》),授权最高人民法院、最高人民检察院在北京等18个城市对事实清楚、证据充分、被告人自愿认罪、当事人对适用法律没有争议的危险驾驶、交通肇事、盗窃、诈骗、抢夺、伤害、寻衅滋事等情节较轻,依法可能判处一年以下有期徒刑、拘役、管制的案件,或者依法单处罚金的案件,进行为期二年的刑事速裁程序试点。① 2015年,最高人民法院、最高人民检察院对试点情况进行总结,指出适用刑事速裁程序审理案件使刑事诉讼效率得以明显提高。2016年9月3日第十二届全国人民代表大会常务委员会第二十二次会议授权最高人民法院、最高人民检察院在北京、天津、上海等18个地区开展刑事案件认罪认罚从宽制度试点工作,该项工作推进过程中,刑事速裁程序继续被推行适用。

速裁程序试行作为刑事诉讼制度对司法资源区别配置的有益设计,使司法资源由平均分配转向区别配置,可能有效填补简易程序、普通程序等程序设计层次跨度过大的缺陷。② 从刑事速裁程序适用条件看,主要包括案件事实清楚、证据充分、犯罪嫌疑人承认所犯罪行、当事人同意适用此程序等,满足上述条件的轻微刑事案件可按照速裁程序相关规定进行处理。适用速裁程序审理的案件,人民法院应当充分尊重、保护被告人获得公开审判的权利。对于被告人以名誉保护、信息安全等正当理由申请不公开审理,公诉机关、辩护人没有异议的,经人民法院院长批准,可以不公开审理。对于"一审终审"的案件,不得适用速裁程序进行审理,对一审判决不服的,被告人可以提出上诉。因此,速裁程序中缩短审理期限是刑事诉讼理念的创新,能够节省办案时间,提升结

---

① 刘方权:《刑事速裁程序试点效果实证研究》,《国家检察官学院学报》2018年第2期。
② 洪浩、寿媛君:《我国刑事速裁程序迈向理性的崭新课题》,《法学论坛》2017年第2期。

案质量和办案效率,及时惩治犯罪,维护社会秩序,促进社会和谐稳定。

四 2018年《刑事诉讼法》增加刑事速裁程序

通过对刑事速裁程序改革试点和认罪认罚从宽制度试点工作经验的总结,2018年《刑事诉讼法》新增刑事速裁程序,从而打开刑事速裁程序新局面。该程序极大简化刑事案件开庭审理程序,但从其适用范围看,仅适用于由基层人民法院审理的被判处三年以下有期徒刑的案件。从适用环节分析,刑事速裁程序除对被告人最后陈述环节不得简化外,其余诉讼环节都可以简化。本次《刑事诉讼法》修改规定,适用速裁程序审理案件应当听取辩护人意见,对被告人没有认罪认罚的案件,不得适用速裁程序进行处理。从审判组织构成分析,相比较简易程序,适用速裁程序审理案件只能由审判员一人进行,相反,简易程序既可以通过组成合议庭进行审理,也可以通过审判员一人独任审理。作为刑事审判程序新模式的刑事速裁程序,突破刑事诉讼程序二元模式,至此形成由普通程序、简易程序、速裁程序所组成的多元化刑事诉讼程序体系,最大限度实现司法资源合理配置,协调公正与效率关系,满足被告人诉讼程序多元化需求。刑事速裁程序作为简化的"简易程序",当刑事案件满足适用简易程序和速裁程序的条件,可以并非一律适用速裁程序进行审理,适用速裁程序具有优先性。

在庭审环节设计上,速裁程序与简易程序乃至普通程序之繁简分化并不显著。[1] 与简易程序相比,速裁程序并未带来显著的程序简化。[2] 速裁试点期间,即有样本法院观察到,"速裁法官并不轻松,其承担的案件数是其他法官的8倍之多,用于审阅卷宗、研判案情的总时间非常惊人,样本法院速裁法官的加班时长也确实不低于其他法官,速裁法官

---

[1] 魏晓娜:《完善认罪认罚从宽制度:中国语境下的关键词展开》,《中国检察官》2016年第23期。

[2] 左卫民:《认罪认罚何以从宽:误区与正解——反思效率优先的改革主张》,《法学研究》2017年第3期。

感到办案压力很大"①。"加班加点成为常态",法官对速裁改革所带来的工作量变化之反馈表现出消极和抵触情绪。②

第三节 轻罪案件适用简易程序理论依据

随着刑事案件数量和复杂程度不断加大,人案矛盾日益突出。为缓解人案矛盾,保证刑事案件审判质量,缩短审判时限,迫切需要对刑事案件进行分类处理。适用简易程序处理轻罪案件是探索深化的刑事司法方式改革,有利于缓解和突破当前积案压力,降低司法成本,探讨简约、有效、人道、文明刑事司法路径,合理配置为解决不同程度刑事案件所需的司法资源,从而实现刑事诉讼理念之惩罚犯罪和保障人权、诉讼效率和司法公正的平衡。

一 轻罪案件涌现

关于轻罪,刑事诉讼法领域没有明确定义,《刑法》和《刑事诉讼法》有相近用语"轻微"一词对"轻罪"有所体现。根据《刑法》第三十七条:"对于犯罪情节轻微不需要判处刑罚的,可以免予刑事处罚,但是可以根据案件的不同情况,予以训诫或者责令具结悔过、赔礼道歉、赔偿损失,或者由主管部门予以行政处罚或者行政处分。"《刑事诉讼法》第一百七十七条第二款:"对于犯罪情节轻微,依照刑法规定不需要判处刑罚或者免除刑罚的,人民检察院可以作出不起诉决定。"《刑事诉讼法》规定自诉案件第三类,即被害人有证据证明的轻微刑事案件都是对"轻罪"的具体反映。从以上规定看,轻罪应当满足量刑方面的"轻微"以及处罚结果上的"轻微",量刑情节应当满足犯罪情节轻微,社会危害性不大;刑罚结果应当以三年有期徒刑为划分界限,轻罪应当满足三年以下有期徒刑。据此,可以将轻罪定义为:首先,应当满足语义解释"轻微、较轻"之意;其次,办理犯罪案件应

---

① 郭玉:《"认罚"何以体现:有效认罚的作出、后果及规制——对 G 市 Y 区法院改革试点样本的再研究》,《法治论坛》2020 年第 1 期。
② 孙皓:《关于刑事当庭宣判的逆向反思》,《当代法学》2020 年第 2 期。

当依照刑法规定，即犯罪情节轻微，社会危害性较小，不符合从重或者加重处罚情节，可能判处三年以下有期徒刑的犯罪。

但轻罪案件不等于简单案件。第一，轻罪案件具有量大常发特点。日常生活中群众接触轻罪案件最多，影响人民生产生活的更是轻罪案件，轻罪案件关乎群众利益。鉴于此，人民群众更加关注此类案件。轻罪案件关注度越高，人们的社会治安意识就越强，加大对犯罪惩治状况关注度，增强整个社会警示作用，更好体现刑事政策预防功能。第二，轻罪案件一般具有案情简单，证据收集较为容易的特征，可以通过加快审判速度来审结案件。第三，追求"快侦快审"过程可以大大缩短诉讼周期，避免出现因长时间羁押带来证据灭失，串供等现象，追求办案"量"的同时更加注重"质"。第四，轻罪案件因效率高，审速快而带来周期短、手续少、文书简的特征，此时需要强化监督，没有监督必然带来权力滥用，需要探索建立与之配套的监督机制。简易程序更加突出被告人自愿性，尊重被告人意愿，被告人拒绝选择普通程序审理，但同意简化程序，尤其简化对证据质证方面的程序，对于被告人来说，这是一种权利而非义务。

《刑法》之所以将轻罪予以规制管理，缘由之一在于轻罪案件数量的猛增。据资料显示，"2011年至2019年，全国法院刑事生效判决中轻罪被告人数量从80万左右上升至140万左右，占总人数比例也一直保持在75%以上，2016年最高甚至达到86.2%。2019年10月23日《最高人民法院关于加强刑事审判工作情况的报告》中也明确指出，2014年至2018年五年期间，全国各级法院判处被告人三年有期徒刑以下刑罚的占81.6%，同比上升5.8%。2020年10月15日《最高人民检察院关于人民检察院适用认罪认罚从宽制度情况的报告》（以下简称《最高检认罪认罚制度适用报告》）指出，从1999年到2019年的20年期间，我国刑事犯罪结构发生重大变化，起诉严重暴力犯罪从16.2万人降至6万人，被判处三年有期徒刑以下刑罚的轻罪案件占比从54.4%上升至83.2%。"[①] 2013年劳动教养制度被依法废止，大量轻微

---

① 段陆平：《健全我国轻罪诉讼制度体系：实践背景与理论路径》，《中国刑事法杂志》2021年第2期。

刑事案件出现在刑事诉讼程序中,加剧公检法机关"案多人少"矛盾。废止劳动教养制度没有规定相衔接法律措施,导致法律法规内容出现空白。轻罪案件大量涌现迫切需要简化审理程序,促进案件快速审结。依据现实需要适用简易程序解决轻罪案件冗积问题,坚持法治原则,确保办案质量,达到节约资源目的,同时缩短对犯罪嫌疑人、被告人采取人身强制措施时间,维护合法权益。保障有罪者受到法律追究,无罪者及时得到释放,短时间内恢复被破坏的社会秩序,营造社会和谐氛围。

二 刑事诉讼价值之公正效率要求

公正是一个国家应有的根本价值理念,是所有社会活动追求的目标。公正和效率作为刑事诉讼价值,辩证统一,相辅相成,两者之间既有统一性又有冲突性。统一性即公正是有效率的公正,效率是坚守公正的效率。"效率是正义的内涵之一,它不是独立存在的,它是通过正义这一中介才与司法发生联系的,正义包含效率,只有公正基础上的效率才能被司法和社会所接受、容纳。"[1] 司法公正为公、检、法三大机关追求的最高目标、建设法治国家的必然要求。法治改革目的在于最大限度实现司法公正。但一味地通过处罚犯罪追求公正,忽视程序有序性和公正性,将导致处罚不公甚至冤假错案出现,亦将有损司法效益价值。因此,公正和效益价值不可任意偏废。

依据国家与社会之间关系,司法资源消耗与犯罪态势上升存在矛盾,一个国家司法资源有限,司法活动过程本身是司法资源消耗过程。社会发展同时带来不同的犯罪类型。如果对刑事案件不进行轻重区分,一律根据普通程序完整进行审理,必然加重刑事司法制度重担,带来司法资源紧缺。遵守效益性原则,以尽可能小的诉讼成本和有限的司法资源实现尽可能大的效益和利益。刑罚目的在于预防与惩戒,预防为主、惩戒为辅,刑事诉讼程序繁杂冗长不符合刑罚目的,不利于犯罪防治。相较于普通刑事诉讼程序,简易程序具有高效快捷特点,加上司法本身

---

[1] 力毅、何永军:《司法中公正和效率之关系辨正——兼评刑事普通程序简易审》,《法律科学》(西北政法学院学报)2004年第6期。

固有的公正特质,① 因此简易程序自然兼顾了公正和效率的双重价值,更是体现了公正为本、效率优先的价值要求。

三 宽严相济刑事政策全面贯彻落实

宽严相济刑事思想源远流长。古代刑事法律制度有教育刑与威吓刑并重的特点,许多朝代都奉行"刑法为主,诸法并行"的理念。1949年新中国成立以后,我国刑事政策一直沿用根据地时期形成的"惩办与宽大相结合""惩罚与教育改造相结合"。但因当时变相严打与重刑主义思想根深蒂固,惩办成为最常用手段,反而宽大成为"滞后手段"。这种"扭曲式"的思想产生了一定负面影响。党的十一届三中全会后,市场经济新发展,犯罪形式和结构发生新变化,改革原有刑事政策已成为社会迫切需要。中共中央在《关于构建社会主义和谐社会若干重大问题的决定》中,明确指出:"实施宽严相济的刑事司法政策,改革未成年人司法制度,积极推行社区矫正。"为充分保障人权、构建和谐社会,国家提出宽严相济刑事政策,有效化解矛盾纠纷,最大限度预防和减少犯罪。

宽严相济作为基本刑事政策,是指导刑事立法和刑事司法两方面的策略思想,但是对刑事司法的指导更为直接一些。② "宽严相济刑事政策的基本内容是'该严则严,当宽则宽;严中有宽,宽中有严;宽严有度,宽严审时',这是对犯罪治理历史经验科学总结,对于当今刑事立法、刑事司法和刑事执行工作均有直接指导意义。无论是费尔巴哈所谓的'立法国家的智慧'还是国内通说的'刑法的灵魂与核心',刑事政策最显著的作用便是指导刑事立法,使宽严相济的政策精神转化为刑法规范和刑法制度。"③ 宽严相济刑事政策的提出,能够充分发挥对刑事立法、刑事司法、刑罚执行和犯罪预防的指导作用,巩固其基本刑事政策的地位。

---

① 于晓青:《司法的特质与理念》,《现代法学》2003年第2期。
② 刘华:《宽严相济刑事政策的科学定位与司法适用》,《法学》2007年第2期。
③ 卢建平:《宽严相济与刑法修正》,《清华法学》2017年第1期。

《刑事诉讼法》的多次修改都体现出宽严相济刑事政策的要求。作为纲领性基本刑事政策，宽严相济刑事政策体现刑法谦抑性基本理念、准确适用法律法规，对不同刑事案件区别对待、因地制宜。"犯罪情节一般的，后果不太严重的，应当依法宽缓裁处，但是后果特别严重的，情节特别恶劣的，尽管属于民事纠纷所引发的刑事案件或者具备被害人有过错情节，也要依法严处。"① 将宽严相济刑事思想融入到刑罚体系和裁量中，推动我国刑罚结构更趋合理。调整部分刑罚，如缩小死刑适用范围、取消部分犯罪的死刑、调整一些特殊人群刑罚规定等，更好体现人道主义与宽严相济刑事政策。轻罪案件适用简易程序是对宽严相济刑事政策的全面贯彻落实，突出宽严相济刑事政策"宽"，强调刑罚"轻缓化""非监禁化"，顺应时代发展要求，进而有利于构建和谐社会。

四 司法资源优化配置

司法资源具有有限性和稀缺性特征，不得过分支取。《刑事诉讼法》对普通程序、简易程序以及速裁程序的相关规定，一定程度上有利于实现司法资源优化配置。在司法体制改革大背景下，案多人少矛盾加剧，法院面临"诉讼爆炸"之困。有限司法资源解决社会矛盾显得"供不应求"。因此，为满足人民群众对多元化司法需求，需要对案件区别对待、合理选择诉讼程序、配置有限司法资源、提高审判效率，为社会发展服务，推动国家治理体系和治理能力现代化。

《刑事诉讼法》第二百零一条即法院对认罪认罚案件量刑建议的处理，该法条规定："对于认罪认罚案件，人民法院依法作出判决时，一般应当采纳人民检察院指控的罪名和量刑建议。"落实此条法律规定，有利于法院实现简单案件快速审判，复杂案件精确办理要求，促进合理化配置司法资源。处理认罪认罚案件采用速裁程序和简易程序审理占比均高于采用普通程序审理，且大幅缩短法院审判时间。轻罪案件适用简易程序除具有优化司法资源优势外，使公、检、法三大机关可以将更多

---

① 刘华：《宽严相济刑事政策的科学定位与司法适用》，《法学》2007年第2期。

精力和时间用于审理疑难复杂案件,进一步优化检法之间资源配置。

社会进入"轻罪、轻刑"时代,办案机制在实践层面未能很好适应被告人认罪认罚案件程序选择,没有对被告人认罪认罚案件区别对待、繁简分流,造成轻刑案件办理时限过久、嫌疑人羁押时间过长,甚至出现"关多久判多久""实报实销"现象,造成司法效率下降、司法资源浪费,不利于犯罪改造,容易引起社会对抗局面,导致社会不安定因素增加。轻罪案件快速处理机制的实施,公、检、法、司各单位均进行自我加压,大幅压缩办案时间,相比以前,侦查阶段和审判阶段均减少四分之三,审查起诉阶段减少二分之一,力求实现轻罪快侦、轻罪快诉、轻罪快审,刑事诉讼各阶段充分体现从快原则。从司法实践出发,灵活选择最适合案件的诉讼程序,有利于提高诉讼效率,缓解司法资源紧张。

第四节 轻罪案件适用简易程序基本要求

一 轻罪案件适用简易程序目的

刑事案件大量积攒、司法拖延问题日趋严重,"为节约国家司法资源,使之合理配置;为使普通程序的价值真正得以实现,避免大材小用;为提高诉讼效率,解决案件积压状况,于是,刑事诉讼简易程序应运而生"[①]。简易程序具有简化庭审阶段、省略部分诉讼环节的特征,所以应当严格依法处理刑事案件,充分体现简易程序之"简易"要求。如简易程序审理自诉案件,需要自诉人直接到法院起诉,人民检察院不需要派员出庭;法律规定在案件受理后人民法院应当在20天以内进行审结,对可能会判处刑期超过3年,可以延长至1个半月;犯罪事实清楚、证据充分的简单轻微刑事案件采取简便方式进行审理,一定程度上忽略普通程序某些诉讼环节,起到程序简化作用,对及时惩罚犯罪,提高办案效率都有着极其重要的意义。

简易程序的基础是普通程序,所以应当首先注重刑事诉讼普通程序

---

① 刘广三、周伟:《论刑事诉讼简易程序的若干正义要求》,《论坛》2004年第5期。

的正当化改革,只有建立在正当化基础上的简易程序才具有正当性。①刑事司法领域适用简易程序审理轻罪案件,保证公平正义理念下构建更加合理的简易程序制度,缓解积案压力,严格贯彻落实人道主义和宽严相济刑事政策,将刑事司法成本纳入可控范围之内。避免对司法资源过度浪费和审理轻罪案件采用复杂诉讼程序,对相同案件和不同案件有所区别,确保整个诉讼过程体现刑罚正义。如果复杂诉讼案件不能及时审结,忽视诉讼程序及时性,出现案件久拖不决现象,必然损害犯罪嫌疑人、刑事被告人实体权益,加重他们的社会、心理和经济压力。为了让犯罪嫌疑人、刑事被告人切身感受到社会对他们的真诚挽救、人格尊重和权利保护,促使其悔过自新和再社会化,必须营造一个正当司法环境,创建并运行良好司法程序配套制度。

二 域外主要法治国家刑事简易程序立法概况

刑事案件速裁程序作为简易程序的一种新形式,使得简易程序不再困于单一形式。事物是不断发展的,法律并非一成不变,在面对普通程序冗繁工序压力下,世界各国积极探索建立适合自己国家体制的诉讼程序。坚守扬弃原则,发挥法律继承和法律移植作用,借鉴各国有益经验,创新和完善简易程序,推动我国法治建设进程,实现建设法治国家目标。域外各法治国家都有"繁简分流"、轻罪案件快速审理的法律规定和成功理论基础及实践经验。运用比较法研究方法,本书选择具有代表性的美国、德国、法国、意大利、日本,将国外对轻罪案件简化审理与我国适用简易程序审理轻罪案件进行对比总结,从而明晰轻罪案件适用简易程序原则。

(一)美国刑事简易程序

美国刑事诉讼的正常程序非常复杂耗时,一个重大、复杂的刑事案件可能拖延很长时间。美国的刑事犯罪比较严重,而且罪名很多,如果刑事案件都经过刑事诉讼的全部过程,则整个美国的刑事司法系统将不

---

① 杨宇冠、刘晓彤:《刑事诉讼简易程序改革研究》,《比较法研究》2011年第6期。

堪重负。① "美国联邦刑事诉讼程序分别由《美国联邦刑事诉讼规则》和《美国司法官审理轻微犯罪程序规则》规定。除普通程序之外，美国有两种形式的简易程序：司法官审理轻微犯罪程序和辩诉交易程序。所谓司法官审理轻微犯罪程序，是指对于《美国法典》规定的轻罪、微罪案件以及此类案件的申诉案件，经被告人的书面同意，由司法官或者地区法院法官进行简单审理并立即裁判的简易程序。所谓辩诉交易程序是指在刑事诉讼中，为了己方利益，检察官一方和被告方律师或者被告人一方可以协商达成协议，由被告人对检察官所指控的犯罪或者较所指控犯罪为轻的犯罪，或者与所指控犯罪相关联的犯罪，作出有罪答辩或者不辩护也不认罪答辩，而由检察官向法官提议撤销其他指控，或者建议法官给被告人一项特定的判决，或者同意在被告人请求一项特定判决时不予以反对，或者同意一具体判决是对该案的恰当处理，法官不参与上述协商但可以接受协议，并按协议判决和处刑的简易程序。"② 这两种简易程序由州司法官、地方司法官或者地区法院法官独任审判。

美国最主要的刑事速裁程序是辩诉交易制度。辩诉交易最早可追溯到英美法系国家，该制度主要通过各国对简易程序的相互借鉴和吸收形成。美国的辩诉交易适用范围极为广泛，可适用于轻罪和许多重罪案件。③ 一些争议较大的案件由陪审团审理，联邦法律以及一些州的法律并没有对辩诉交易进行限制。辩诉交易的内容包括指控和量刑两种。指控交易，检察官采取同意减轻指控或者撤销某些指控的措施使被告人对起诉书中被指控作出有罪答辩。与量刑有关的交易，检察官享有向法庭提出建议对被告人判处较轻刑罚的权力，从而换取被告人有罪答辩。辩诉交易涉及的权利包括辩护权、选择权和知情权。作为被告人享有的基本权利，辩护权即被告人享有获得律师为其辩护的权利，保障被告人享有与公诉人一样平等的地位。如果被告人没有聘请律师，在任何诉讼阶段都有权聘请律师，必要时法院可为其指定律师。选择权是指被告人作

---

① 杨宇冠、刘晓彤：《刑事诉讼简易程序改革研究》，《比较法研究》2011年第6期。
② 王国枢、项振华：《中外刑事诉讼简易程序及比较》，《中国法学》1999年第3期。
③ 刘根菊、李利君：《刑事简易程序比较研究》，《比较法研究》2009年第5期。

出有罪答辩后,有权自愿选择是否适用辩诉交易,司法机关不得强迫被告人适用该程序。知情权主要指被告人对案件和程序方面的知情权利,法庭应当保证被告人的知情权。

美国的辩诉交易程序中,各诉讼阶段都体现契约自由思想,提倡控辩双方就量刑或者刑事责任方面进行协商交易。其诉讼模式体现为当事人主义的诉讼模式,诉讼程序的主体是控辩双方,两者处于平等地位,对诉讼程序都有支配力,协商解决案件事实问题、证据问题、定罪量刑等问题,法官中立,在整个诉讼程序过程处于消极被动地位。美国辩诉交易制度有优点也有缺点,优点在于"提高诉讼效率,缩短案件处理的时间,节约司法资源;缺点在于辩诉交易中的被追诉者多数情形下的认罪是被迫而非自愿,这对被追诉者不公平。此种情形下,无罪的人对洗刷罪名的困难望而却步。辩诉交易往往对职业犯罪人更为有利,而对偶犯和非职业型的犯罪人不太公平"①。这实际上有损于公正,并且在道德上有害。

(二) 法国刑事简易程序

受美国辩诉交易制度影响,法国引入并创设轻微案件认罪协商制度。法国犯罪类型因刑事犯罪被科处刑罚的严重程度划分为违警罪、轻罪和重罪,法院设置上也相应设立违警法院、轻罪法院和重罪法院。犯罪案件属于轻罪与违警罪的,检察官和被害人直接申请法院传唤犯罪嫌疑人,重罪案件在起诉庭移送审判的裁定作出后方可由法院审判。违警法院由法官、检察官和书记员各一人组成,轻罪法院一般情况下由三名法官组成,特殊情况可由法官一人审判。轻罪和违警罪相较于重罪而言处罚较轻,程序处理上存在差别。违警罪和轻罪犯罪程度低,处理案件更加简单快速。重罪案件处理各阶段,预审和移送起诉是必经程序,违警罪和轻罪的预审并非必经程序,简化移送起诉程序。轻罪案件适用程序具有选择性,要么由合议庭进行审判,要么采用法官独任审理,实践中后者居多。重罪案件审判程序适用参审制,除职业法官外,还有由9名陪审员组成的陪审团参加庭审和合议。轻罪与重罪的划分意味着在犯

---

① 周伟:《解读美国辩诉交易制度》,《政法论坛》2002年第6期。

罪处罚和法院管辖方面存在区别，实体法领域轻罪未遂时只有在法律有明文规定的时候才加以处罚，重罪未遂一律应受刑罚处罚。

检察官选择适用简易程序，会将案卷材料及公诉书送交法庭。法官可不经事先辩论作出无罪宣告、判处罚金，根据案件情况判处附加刑。此外，对于可能判处5年以下监禁刑或科处罚金作为主刑的轻罪被告人，可以适用事先承认犯罪事实出庭程序。检察官可以提出较轻的量刑提议，被告人在律师协助下10日内决定是否接受。被告人如接受检察官量刑提议，法官经审查认为刑罚适用得当，则认可该提议作出裁判。如被告人表示拒绝接受检察官量刑提议或者法官经审查后不予认可检察官的量刑提议，案件须转由一般程序进行审理。检察官拥有提请转换程序的权力，用普通程序替代简易程序。

简易程序审理违警罪的最大特点是不进行辩论，即法官可以不经法庭辩论，不听取被告人辩解，直接作出决定。原因是多数违警罪案件事实清楚明了，警官确认无异议后不必再进行法庭辩论，如果法官认为有必要进行法庭辩论的，此时简易程序可转回普通程序进行审理。

简易程序适用于所有的五级违警罪，甚至包括违警罪累犯的情形。只有劳动法典中的违警罪以及由未成年人所实施的第级违警罪不能适用简易程序。简易程序审理之后，法官可作出无罪或有罪的裁定，并判处罚金或其他附加刑。对其裁定，法官无须说明理由而只须载明被告人的姓名、出生日期、出生地点、法律身份、案发时间、地点、适用法规条文以及判处罚金的数额。[①] 法国违警罪通过扩大警察职权，进而维护统治秩序。由于全球化和司法国际化的发展，使得违警罪在各个国家的影响越来越大。

(三) 德国刑事简易程序

德国《刑事诉讼法》规定的简易程序是指对于案情简单或者证据清楚的案件，经检察院申请，刑事法官或者评审法庭进行审判的诉讼程序。德国《刑事诉讼法典》规定了普通程序、被害人参加程序以及特

[①] 卢建平：《法国违警罪制度对我国劳教制度改革的借鉴意义》，《清华法学》2013年第3期。

别程序。普通程序和特别程序都有及时、简单、速决的特征，应属于简易刑事程序范围。作为特殊程序的刑事处罚令程序也属于简易刑事程序范围。刑事处罚令程序发端于德国，又称处刑命令程序，"是指在由刑事法官、陪审法庭审理的程序中，对于轻罪案件，依检察官的书面申请，刑事法官、陪审法庭可以不经审判而以书面处罚令来确定对犯罪行为的法律处分的简易程序"①。刑事简易程序体系是一种高度类型化的司法体系，因案件不同而适用不同程序，因地制宜实现各类案件价值与利益权衡取舍，体现公平与正义价值追求。

德国处罚令程序起源于1846年的普鲁士法典。② 作为一种采用书面审理轻微犯罪案件的程序，不通过开庭审理就可以快速无障碍地得到解决。《德国刑事诉讼法典》第407条规定，基层法院的刑事法官判处罚金或1年以下有期徒刑（不包括本数）并宣告缓刑的轻罪行为（Vergehen）是处罚令程序的主要适用情形，它没有罪名的限制。③ 例如，《德国刑法典》第242条第1款规定，如果行为人被指控犯有盗窃罪，法律规定刑期为5年以下自由刑或者金钱刑。如果按照既有犯罪事实，被指控人可能被判处罚金或者1年以下有期徒刑，那么此种行为就属于轻罪行为，可以适用处罚令程序。《德国刑法典》第249条第1款规定，如果行为人被指控犯有抢劫罪，法律规定的刑期为不低于1年自由刑，那么此种行为就不属于轻罪行为，不适用处罚令程序。法官是唯一可以签发处罚令的主体，以检察官提出申请为前提。《德国刑事诉讼法典》第407条第1款规定，如果检察官根据侦查结果认为被指控人有足够犯罪嫌疑被指控犯罪，足以提起公诉，但没有法庭审理的必要，应当提出申请。检察官在审判程序开始后可以申请处罚令，根据《德国刑事诉讼法典》第408（a）条的规定，法官需要审查是否符合第407条规定的条件，以及考察是否存在被告人缺席、不到庭或者由于其他重要原因使

---

① 王国枢、项振华：《中外刑事诉讼简易程序及比较》，《中国法学》1999年第3期。
② 李倩：《诉讼分流背景下刑事速裁程序评判——以德国刑事处罚令为参照》，《中外法学》2020年第1期。
③ 李倩：《诉讼分流背景下刑事速裁程序评判——以德国刑事处罚令为参照》，《中外法学》2020年第1期。

得审判难以进行的情形。如果法官经过审查认为没有疑问，则会签发处罚令；如果法官经过审查，裁定拒绝签发处罚令，法官会继续先前未完成的庭审程序。① 德国的处罚令程序，大幅度减轻司法系统的诉讼负担，在提高诉讼效率的同时，保证司法公正，对各国刑事快速审判程序产生了深远影响。

德国对轻罪案件的审理主要体现于羁押必要性审查、轻罪案件处罚以及刑事处罚令程序方面。德国对轻罪案件以不羁押为原则，羁押为例外。对轻罪案件羁押有很高要求，犯罪案件发生场合，首先要审查是否需要羁押，犯罪满足羁押条件，才可采取强制措施，否则不允许羁押。通常情况下，轻罪案件往往达不到羁押必要性要求，对轻罪案件的处罚，更是表现出很宽容的态度。德国《刑事诉讼法》规定，对于轻罪案件，当行为人责任轻微，不追究责任不致发生社会危险，危害公共利益的，经法院同意，检察院可以不予追究，对尚未受到最低刑罚威胁，行为所造成后果显著轻微的犯罪决定不予追究的，无须法院同意。对案件已经提起公诉的情况下，满足上述条件，检察院、被诉人同意，法院也可以在程序的任何一个阶段停止。

（四）意大利刑事简易程序

1988年意大利新的刑事诉讼法典通过以前，案件积压情况特别严重。1988年意大利通过新的刑事诉讼法典，改变以往单一简易程序形式，在"处罚令程序"基础上另行规定了四种简易程序，提高诉讼效率，加快诉讼进程。意大利刑事诉讼程序分为简易程序和普通程序，简易程序即简易审判程序。现行刑事诉讼法关于简易程序的规定可以看出，意大利总共有五种简易程序形式，包括简易审判程序、依当事人的要求适用刑罚程序、快速审判程序、立即审判程序和处罚令程序。

1. 简易审判程序

简易审判程序，是指对除可能判处无期徒刑案件外的所有刑事案件，被告人为获取刑罚的减轻，向法官提出适用该程序的申请，法官在

---

① 李倩：《诉讼分流背景下刑事速裁程序评判——以德国刑事处罚令为参照》，《中外法学》2020年第1期。

初期侦查后的初步庭审中不经过法庭审理程序，仅根据侦查案卷直接对案件作出迅速判决的简易程序。① 适用范围不包括判处终身监禁的案件，被告人在选择适用该程序处理案件的，应当征得检察官的同意，向法官提出申请，法官经申请后，根据案卷对案件作出快速判决。通过该程序获得刑罚的减轻，但其上诉权受到了限制，对无罪判决、罚金或者缓刑判决不可以提出上诉。

2. 意大利式的辩诉交易程序

意大利式的辩诉交易程序，又被称为"依当事人的要求适用刑罚程序"。它是指在宣布开始第一审法庭审理之前，未提出适用简易审判程序申请的被告人和检察官可以要求法官按照其双方协议的刑罚种类和标准适用替代性刑罚或者减轻财产刑、监禁刑，法官即以判决的形式确认双方协议的简易程序。② 该程序以当事人要求为主导，双方当事人在审前就判刑问题达成协议，法官只需依照当事人申请依据达成的协议作出处理。法官需要对双方达成的协议内容及程序的合法性和正当性进行审查，无须进行审判。意大利式辩诉交易程序是在借鉴美国辩诉交易程序基础上所形成的。在大陆法系背景下，有一定英美法系职权主义的特色。选择适用意大利式辩诉交易程序处理案件对减刑作出限制，减刑幅度最高不能超过法定刑的三分之一，法院最终判刑必须在二年有期徒刑或拘役之下。绝对禁止针对被告人的犯罪性质，检察官和辩护律师进行交易。检察官不同意进行认罪交易的，法官可直接接受被告方提出的有关减刑方面的要求，法官不参与双方当事人之间的交易。

3. 快速审判程序

快速审判程序，是指对被告人在犯罪时被当场逮捕，且逮捕获得认可，检察官认为应当予以追诉的案件，或者逮捕虽未获得认可但被告人和检察官同意适用该程序的案件，或者被告人在讯问中作出认罪答辩的案件，被告人经检察官的提交或者传唤，应当接受法官的立即审判而不

---

① 杨宇冠、刘晓彤：《刑事诉讼简易程序改革研究》，《比较法研究》2011年第6期。
② 杨宇冠、刘晓彤：《刑事诉讼简易程序改革研究》，《比较法研究》2011年第6期。

要求适用简易审判程序，或者依当事人的要求适用刑罚程序的简易程序。① 快速审判程序一般适用于下列案件：犯罪现场发现或者当场逮捕被告人，检察官可在 48 小时内送交法官，要求直接审判或者批准逮捕；被告人未被当场发现，检察官掌握足以证明被告人实施犯罪的充分证据，要求快速审判；犯罪现场当场抓获被告人，因需要对案件进行全面调查，检察官可在 14 日后要求直接审判；被告人坦白案件事实，检察官记录在案后 14 日内要求法官直接审判。快速审判程序的案件无须初步庭审，有时甚至省略了初期侦查程序，而径由检察官提交至法官进行快速审判，必须有强有力的证据证明被告人应当得到刑罚惩罚。

4. 立即审判程序

立即审判程序，是指对证据清楚的刑事案件，检察官在将被告人登记犯罪消息后的 90 日内，经预先询问被告人，检察官或者放弃参加初步庭审权利的被告人均可以要求法官立即审理并判决的简易程序。② 立即审判程序与快速审判程序的简易性都体现在审前环节的省略或简化，控辩双方在审判阶段未要求简化程序的，都适用普通程序关于开庭审理的相关规定。两者同时又有明显区别。首先在适用对象方面，立即审判程序适用于证据清楚的刑事案件不包括现行犯，快速审判程序包括现行犯和被告人被讯问时对犯罪供认不讳的案件。其次在程序发动方面，检察官要求立即审判需满足在登记犯罪消息后 90 日内，预先讯问被告人的条件，快速审判程序中当场逮捕现行犯获得认可的，被告人自逮捕后 14 日内提交法庭接受审判，被告人在讯问过程坦白的，自登记犯罪消息后 14 日内传唤出庭受审。再者相比于立即审判程序，快速审判程序的庭审准备期限更短，被告人为庭审作辩护准备的期限不超过 10 日。最后在庭审程序选择方面，被告人选择适用立即审判程序的，可要求简易审判或要求认罪交易，被告人选择适用快速审判程序的，被告人只能要求简易审判。

---

① 杨宇冠、刘晓彤：《刑事诉讼简易程序改革研究》，《比较法研究》2011 年第 6 期。
② 杨宇冠、刘晓彤：《刑事诉讼简易程序改革研究》，《比较法研究》2011 年第 6 期。

5. 处罚令程序

"处罚令程序,是指负责初期侦查的法官依照检察官的请求,就公诉案件中检察官认为只应当适用财产刑的案件,或者替代监禁刑而科处财产刑的案件,或者替代监禁刑而科处财产刑的案件,无须经过侦查或者审判而直接发布处罚令的简易程序。"① 就量刑而言,检察官可以要求法官将法定刑减轻至一半的刑罚。法官可以拒绝检察官的请求,如果法官同意了请求,应当发布处罚令。检察官的建议,被告人也有权拒绝。如果拒绝,被告人可在自送达处罚令 15 日内提出异议,要求适用简易审判、立即审判或辩诉交易程序。对几名共同被告人同时适用处罚令的,其中部分人提出异议的,该异议对其他被告人也有效。如果被告人没有提出异议或异议没有得到支持,法官应当执行处罚令。② 异议获得支持的,法官通过发布命令,适用其他程序进行处理。适用处罚令程序解决的案件不得提出上诉。

(五) 日本刑事简易程序

日本的刑事简易程序包括简易公审程序、略式程序、交通案件即决裁判程序等。适用简易公审程序的案件,检察官宣读起诉书后,被告人对起诉书进行有罪陈述的,法院在听取检察官、被告人及辩护人的意见后,对被告人认罪部分依据简易程序作出裁定,对可能被判死刑、无期惩役或无期监禁以及最低刑期为一年以上的惩役或监禁案件,不得作出此种裁定,应当依据普通程序进行审理。简易命令程序是指法院根据检察官的请求,对于有权管辖的案件,在公审程序进行之前,以简易命令的方式判处一定的罚金或罚款时所适用的程序。③ 简易命令程序适用范围限于处罚范围为 50 万日元以下,且被告人书面明确表示同意适用该程序。检察官认为可适用简易命令程序的,应当在提起公诉的同时书面提起简易命令的请求,提供适用此程序必要的材料。法院经审查后,决定是否适用简易命令程序。交通案件即决裁判程序用以解决交通刑事案

---

① 王国枢、项振华:《中外刑事诉讼简易程序及比较》,《中国法学》1999 年第 3 期。
② 杨宇冠、刘晓彤:《刑事诉讼简易程序改革研究》,《比较法研究》2011 年第 6 期。
③ 杨宇冠、刘晓彤:《刑事诉讼简易程序改革研究》,《比较法研究》2011 年第 6 期。

件，只可判处50万日元以下的罚金、罚款，可并处缓刑、没收及其他附加处分。法院同意适用即决裁判程序的，公开进行审理，被告人必须到庭，以简易方法调查事实、作出裁判。如果双方对此裁判不服，可以在收到裁判之日起14日内请求正式审判。

三 轻罪案件适用简易程序原则

上述各国对轻罪案件与重罪案件的管辖法院和处理方式进行区分，处理轻罪案件适用专属的简化程序，实现了诉讼效率的提升。为推动法治建设发展，满足司法体制改革要求，习近平总书记在2019年中央政法工作会议上指出，"要深化诉讼制度改革，推进案件繁简分流、轻重分离、快慢分道"。2020年2月，中央全面依法治国委员会第三次会议审议通过《关于深化司法责任制综合配套改革的意见》，要求深化案件繁简分流。简易程序作为法定程序，对轻罪案件的处理应符合侦诉审需求。《刑事诉讼法》虽规定简易程序，但处理轻罪案件仍存在不契合的情况，需要结合现状进行完善。适用简易程序审理轻罪案件，必须做到犯罪严重性程度、社会危害性程度与简易程序羁押期限、诉讼程序和定罪量刑相对应。有些国家对于轻罪案件犯罪嫌疑人并不直接采取羁押措施，体现刑事诉讼比例原则。综上所述，轻罪案件适用简易程序应当遵守以下原则。

（一）自愿认罪原则

适用简易程序处理认罪认罚从宽案件应当根据犯罪嫌疑人真实意思表示，审查其自愿认罪认罚的真实性，保障其对程序适用的选择权，同时还应保护因情势变更等客观原因要求转换普通程序的权利。法律法规没有明确规定沉默权，也没有严格的"排非规则"，侦控机关讯问犯罪嫌疑人律师无权在场，因而无法保证被追诉人认罪是否出于自愿。因此，适用简易程序审理认罪认罚从宽案件应当始终坚持自愿认罪原则为指导，确保认罪认罚从宽制度及简易程序适用的正当性和合法性。

（二）告知原则

刑事诉讼活动中，及时告知犯罪嫌疑人、被告人享有的辩护权及法律赋予的其他诉讼权利是公检法机关应当依法履行的法定义务。侦查、起诉机关应当将指控的罪名及事实、理由、有关程序决定和犯罪嫌疑人可以行使的主要诉讼权利主动让犯罪嫌疑人知晓。[①] 适用简易程序处理案件，要告知犯罪嫌疑人选择此类程序所享有的权利和可能带来的法律后果，保证犯罪嫌疑人对程序选择的知悉权。犯罪嫌疑人选择适用快速简易处理程序的，应当告知犯罪嫌疑人"存在其他从重情节的，并非一律导致从轻处理"。司法实践中，《刑事诉讼法》虽规定对于检察院移送给法院的证据目录、证人名单和主要证据复印件或照片，辩护人有查阅的权利，但仅限于在法院查阅。而此时犯罪嫌疑人已经完成了案件诉讼程序的选择。然而对于犯罪嫌疑人、被告人而言，在程序的选择上很可能难以做出正确选择，即使选择适用简易程序，也可能是盲目的。因此法律应当保障犯罪嫌疑人对涉案证据的知情权，避免犯罪嫌疑人选择程序出现模棱两可的情况。

(三) 分段简化、及时简、及时严原则

轻罪刑事案件的简易化处理，应当在刑事诉讼程序各阶段进行简化，包括侦查、审查逮捕、审查起诉、审判阶段，形成贯穿于刑事诉讼程序全过程的全面程序简易化处理机制。按照普通程序审理的案件应当保持正义与效率平衡，切不可牺牲正义来追求效率，不可片面追求正义或者效率。轻罪案件无法通过适用简易程序进行处理，应当及时转换为普通程序进行审理，避免案件久拖不决。

(四) 分工负责、相互配合、协调运作原则

刑事诉讼法基本原则之分工负责、互相配合、互相制约原则要求公检法专门机关进行刑事诉讼要分工负责、互相配合、互相制约，以保证准确有效地执行法律。分工负责要求公检法机关应当各自负责各自领域，不能混淆各自管理范围。公安机关、人民检察院、人民法院之间应当相互配合、相互协调，轻罪案件适用简易程序整个过程以及各自负责的诉讼环节都体现保障刑事轻罪案件简化审理的协调和畅通，确保诉讼高效有序进行。

[①] 蔡国芹：《程序正义视野下的犯罪嫌疑人知情权》，《中国刑事法杂志》2008年第2期。

第五节 轻罪案件适用简易程序实践状况

一 轻罪案件适用简易程序司法实践

简易程序在司法实践中的具体适用，在很多地方被积极探索实践，如有的地方推行了集中移送、集中审查、集中起诉、集中开庭的"四集中"工作模式；有的地方建立了专人承办、专人出庭的工作机制；一些地方出台相关文件，通过规范讯问方式、出庭程序、庭审时间等，兼顾办案质量和效率。但简易程序适用率总体偏低，没有像人们期待的那样承担起大量刑事案件的分流任务。根据有关资料显示，最近几年全国基层人民法院审理刑事案件有一半以上的案件判处5年以下有期徒刑，大多数案件在不能适用简易程序或者普通程序简易审时，只能选择普通程序审理的情形，此时适用普通程序审理的多数案件都具有犯罪事实清楚、证据确实充分、犯罪嫌疑人认罪、辩护人对指控事实无异议的特征。适用简易程序审理案件的，诉讼活动反而因为某些客观原因而繁杂，无法体现出程序的"高效"。

二 轻罪案件适用简易程序积极效果

2003年，最高人民法院、最高人民检察院和公安部联合出台《关于适用简易程序审理公诉案件的若干意见》和《关于适用普通程序审理"被告人认罪案件"的若干意见（试行）》。2006年，最高人民检察院出台《关于依法快速办理轻微刑事案件的意见》。最高人民法院和最高人民检察院经全国人大常委会授权，于2014年在北京等18个试点地区对认罪认罚从宽案件简化审理开展试点工作。2015年，最高人民法院发布《人民法院第四个五年改革纲要（2014—2018）》，提出要健全轻微刑事案件快速办理机制。2016年，最高人民法院和最高人民检察院总结试点成功经验时，经授权在原试点地区开展刑事案件认罪认罚从宽制度试点工作，扩大速裁程序适用范围，将其纳入此次试点工作。最高人民法院于2016年发布《关于进一步推进案件繁简分流优化司法资源配置的若干意见》，提出从司法实践和司法规律出发，推行刑事案件繁简分流改革，科学合理运用司法资源，严格遵守法律规定快速审理简单案件。总结刑事速裁程序试点工作成功经验，强化诉讼各阶段协调衔接。为此，2018年第十三届全国人民代表大会常务委员会第六次会议作出《关于修改中华人民共和国刑事诉讼法的决定》，正式将认罪认罚从宽制度和刑事速裁程序纳入其中，从而使其于法有据。认罪认罚从宽制度和速裁程序入法，为全流程快速办理轻罪刑事案件提供了程序保障。

适用简易程序审理轻罪案件取得一定积极效果。如2002年，北京市海淀区人民法院在探索轻罪案件适用简易程序模式过程中，采用法官一人独任审理案件，总结出由法官一名、法官助理四名和书记员两名进行审理的简易审判机构模式，由上述人员组成审判组，相互配合，将案件审时控制在20分钟左右，在庭宣判率几乎达到百分之百。2005年，由该审判组审结案件达2000多件，全年结案率达到最高。2022年，在深圳市坪山区检察院积极推动下，区委政法委、区法院、区检察院、区公安分局、区司法局正式会签《关于实施轻罪案件快速处理机制的规定（试行）》，标志着广东省首个由政法委统筹协调，公、检、法、司共同参与、各司其职、紧密配合的轻罪案件快速处理机制正式建立，坪山区政法工作改革创新迈出重要一步。轻罪案件适用简易程序适应法治建设，符合司法改革政策要求，是国家治理体系和治理能力现代化的体现，为探索轻罪案件快速办理积累丰富经验。

三　轻罪案件适用简易程序存在的问题及成因

法治国家的核心就是要对涉及公民生命、自由及财产等基本权利的刑事惩罚措施实行罪刑法定。[①] 简易程序具有适应刑事案件自身特点，提高审判效率之特征。刑事案件千差万别，繁简不一。对于案件事实清楚，证据确实充分，控诉方和辩护方并无争议的刑事案件，不必要一律适用普通程序进行审判，适用繁琐的诉讼程序并无实际意义，反而会降低诉讼效率，增加司法机关办案压力。简易程序也具有

---

① 参见卢建平《论法治国家与刑事法治》，《法学》1998年第9期。

避免拖延诉讼，节约诉讼成本之特征。简易程序处理相当一部分刑事案件，可以免除讼累、加快办案进度、节约诉讼成本、实现刑事案件繁简分流，也能减轻诉讼当事人的诉讼负担。但根据司法实践状况，基层人民法院适用简易程序审理案件比重日益降低，究其原因，可以概括为以下几个方面。

（一）简易程序具体操作存在困难

简易程序落实到实践层面，具体操作存在困难。简易程序虽简化程序，提高效率，但司法人员选择适用简易程序办理案件的投入并未因此减少。为全面了解案情，法官在开庭审理前要进行审查，全面了解案件材料，法官必须仔细阅读预审卷宗。尽管适用简易程序来审理轻罪案件，但开庭准备阶段的时间并未减少，宣判之后对判决书的制作、送达、归案等阶段的时间与普通程序相同，这些都没有做到简化。适用简易程序审理案件的，以自愿性为前提。轻罪案件适用简易程序诉讼成本不降反增，诉累负担并未减轻。

检察院提起公诉前，认为案件可以适用简易程序进行审理的，可在审查报告中提出意见，按照所提起的公诉程序报请决定，与此同时制作《适用简易程序建议书》，并随案移送。法院在征得被告人、辩护人同意时方可决定适用简易程序，并制作《适用简易程序决定书》等，这些前置程序都不同程度增加了司法机关在人力、物力、财力方面的消耗，浪费大量时间，与诉讼及时性相悖。选择简易程序审理案件，审判过程发现不适宜适用简易程序继续审理应当及时转换为普通程序审理，同样带来时间等资源的损耗，问责压力以及上下沟通问题。对轻罪案件进行公告，大大增加了轻罪案件程序时间，加重司法负担。

（二）被告人程序选择权等权利得不到应有尊重

刑事简易程序由于强调效率价值，在一定程度上对被告人的诉讼权利会有所克减，使被告人难以进行较为充分的辩护，且被告人因缺乏相关法律知识与诉讼经验，很可能做出对自己不利的程序选择。[1] 简易程

---

[1] 张璐：《刑事简易程序的改革与完善——以我国台湾地区相关立法为参考》，《法学杂志》2012年第10期。

序的选择权来源于被告人有权选择按正当的普通程序审理案件的权利。[①] 简易程序目的是保障人权，从上文可以得知虽英美法系和大陆法系这两大法系对简易程序称谓不同，但都体现了对人权的保障和维护。各国司法实践体现出被告人的程序选择权得到充分保障。回到国内，根据程序主体性原则，被告人有权利选择正当的普通程序审理案件，相应有选择简易程序的权利，有利于增进判决说服力，对于轻罪案件适用简易程序，可以节约司法资源，体现刑法罚当其罪，教育预防为主，惩罚为辅原则，但实践中司法机关由于行使国家公权力，其职权意识过强，对被告人实体方面和程序方面权利尊重意识太弱，过分追求惩罚，对教育感化视而不见。

刑事诉讼由控诉、辩护、审判三大职能构成，辩护职能作为三大诉讼职能之一，保障司法公正，体现程序正当。适用简易程序审理案件，保障被告人的辩护权显得十分重要，切实保障被告人获得法律帮助的权利，但实际适用起来存在困难，被告人在简易程序中很少委托律师进行辩护，由于法律规定获得法律援助力度和指定辩护范围有限，难以保障被告人诉讼权利的充分实现。被告人自行辩护权利得不到保障，有些法官告知义务履行不到位，在送达起诉书后当天或者两三天就开庭审理，剥夺被告人委托辩护人的权利，对于证据的行使不合理，在开庭审理时不出示相关证据。刑事诉讼法规定简易程序就以追求简易为目的，立法层面的片面追求导致被告人、辩护人诉讼权利难以得到保障，适用简易程序审理案件，只顾简化审理步骤，而忽略被告人、辩护人的实体权利，对证据进行举证、质证的权利，忽视检察院对刑事诉讼进行法律监督的职责。

(三) 程序适用各阶段难以有效衔接

简易程序作为刑事诉讼法规定的法定审判程序之一，仅适用于审判阶段，在审前阶段存在空白，所以审前阶段只能按照普通程序进行处理。对轻罪案件进行处理，除依据刑事诉讼法之外，还可以根据最高人

---

① 高一飞：《不能简化的权利——评刑事简易程序中的国际人权标准》，《现代法学》2002 年第 4 期。

民法院、最高人民检察院、司法部联合颁布的《关于适用简易程序审理公诉案件的若干意见》《关于适用普通程序审理"被告人认罪案件"的若干意见（试行）》和最高人民检察院制定的《关于依法快速办理轻微刑事案件的意见》。尽管有上述规定，但简易程序解决轻罪案件种类过于单一，使得控辩双方当事人没有选择的余地。

纵观世界各国刑事简易程序法律规定，通常可以选择适用多种刑事简易程序。美国刑事诉讼法程序除普通程序外，还包括两种简易程序：司法官审理轻微犯罪程序和诉辩交易程序。意大利《刑事诉讼法典》规定，刑事诉讼程序包括普通程序和简易程序，其中简易程序包括简易审判程序、意大利式辩诉交易程序、快速审判程序、立即审判程序和处罚令程序，这五种程序的共同特征在于简捷、迅速。日本刑事诉讼简易程序包括简易公审程序、略式程序、交通案件即决裁判程序等。国内刑事诉讼简易程序相较之下类型单一。在选择程序方面的限制，不利于案件繁简分流以及效率的提高。

第六节　简易程序适用轻罪案件具体思路

一　改进简易程序

"简易程序类型的多样化不仅是程序类型化理论的体现，更是二战后各国与地区缓解案件积压与司法资源有限性之矛盾的应对之策。根据不同的犯罪形势与刑事政策，在不同的政治、经济、社会背景下，简易程序的多样化趋势日益明显且十分必要。"[1] 根据刑事诉讼法规定，虽简易程序属于广义概念，但简易程序只包括审判阶段的简易程序，司法实践中很有必要创建审前阶段简易程序。刑事案件本身存在差异，适用简易程序审理案件之间也存在差别，所以简易程序模式也应呈现多元化，为当事人程序选择提供多种可供选择的模式，从而最大限度发挥刑事诉讼简易程序功能与价值。分析国外刑事简易程序适用规则，借鉴简易程序多元化构建经验，从而摆脱简易程序单一模式，推动建立多元化

---

[1] 刘根菊、李利君：《刑事简易程序比较研究》，《比较法研究》2009年第5期。

刑事简易程序。

法律对简易程序庭审活动作了简化规定，但对审前程序及庭后程序如何简化并未作出规定。司法实践中存在"简者不简"现象，如适用简易程序的案件，庭外工作与普通程序相差不大，文书制作、案件审批仍然沿袭旧有做法。仅仅庭审程序的简化并不能大幅缩短办案期限，而简易程序的审限却比普通程序缩短很多，致使公诉人并不热衷于适用简易程序。对此，应针对性简化简易程序各环节，将简易程序与普通程序真正区别开来。一是审批程序"放权"。能否适用简易程序，应由司法人员依法决定。二是法律文书"精简"。简易程序案件做庭前准备时，只制作必要的法律文书和工作文书，探索文书格式化、审查报告简易化，"三纲一书"等适用于普通程序的文书可以省略。三是庭审程序有"侧重"。庭审中，公诉人可以只摘要宣读起诉书中的案件事实、罪名等重点内容；对控辩双方没有异议的事实、证据，可以不讯问，仅宣读证据目录；对需要讯问询问、示证质证的，应当突出重点，针对有争议的证据进行；法庭辩论应重点围绕有争议的问题，特别是量刑问题进行辩论。① 保证选择适用简易程序的被告人可以从宽处理，让"用者有利"，也能够促使被告人自愿选择简易程序等快速审理程序。

二 确保人民陪审员全程参与

确保人民陪审员全程参与，充分保障被告人诉讼权利。刑事诉讼法规定，人民陪审员在参加审判活动时，权利等同于法官，但法律另有规定的除外。由此可知，人民陪审员全程参与刑事案件，体现司法公正。人民陪审员在人员组成方面具有广泛性和基层性，参与审判活动有利于扩大审判程序社会公开范围、提高案件审理透明度、发挥公众对司法审判的监督作用、促使法院依法行使职权、避免司法腐败的滋生、提高司法公信力、增强人民群众对法院的信任度。成员可以凭借自身经历以及知悉的法律法规，充分发挥庭前"调解者"作用，提高结案率。

人民陪审员全程参与诉讼程序有利于法律宣传，提高公民法律意

---

① 孙谦：《全面依法治国背景下的刑事公诉》，《法学研究》2017年第3期。

识。参加案件审理过程的人民陪审员在案件结束后,将了解到的法律规定、审理案件所体现的法律精神以及法官判案结果和依据理由等带到社会中,向周围的人宣传在陪审中接触的各种案件,以案释法。通过宣传使人们对人民法院工作有了较为全面、深入、客观的了解。另外,人民陪审员通过宣讲、说服等传播方式,影响、矫正、规范社会行为,把接触者的认识引向良知,从而服从于社会正义,以此达到法律宣传的效果和目的,有效提高公民法律意识。法官由于受过专业法律教育,必须严格依法办案,在处理案件过程中由于代表国家司法形象和身份,同时与当事人接触时因语言方面存在难以理解的情形,使得法官与当事人之间存在一定距离感。相反,人民陪审员的组成成员来源于社会,来源于基层,与人民大众零距离,其将所知悉的法律知识通过简单明了的语言表达给群众,拉近与群众之间的距离,有利于化解社会矛盾。

三 探索办案模式集约化、科技化

部分地区探索实践集中移送、集中审查、集中起诉、集中开庭的"四集中"办案模式,将办案流程集约化,节约大量办案时间,但是公安机关、检察院、法院三大机关在机制层面对接配合尚不够健全。应当加强各机关间的沟通协调,如检察机关可以商请侦查机关尽可能集中移送审查起诉、对接法院安排固定时间集中开庭审理,检察机关自身则应探索"简案专办",由专门人员或办案组专门办理,调整现有办案方式与"四集中"不对接的问题。此外,有条件的地方还可以积极利用科技手段,探索远程视频提讯、出庭和送达等方式,甚至实现"三地四方"视频开庭方式。"三地四方"即"法院、检察院、看守所"三地,"法官、公诉人、被告人、辩护人"四方。[①] 广东省深圳市及所辖地区、东莞市、浙江省杭州市西湖区、福建省福州市苍山区等不少地方已经实现远程视频庭审,大大提升诉讼效率。

---

① 孙谦:《全面依法治国背景下的刑事公诉》,《法学研究》2017年第3期。

四　加强对犯罪嫌疑人、被告人权利保护

刑事诉讼作为公安机关、检察院、法院等专门机关代表国家行使公权力来解决被追诉人刑事责任的活动，犯罪嫌疑人、刑事被告人的诉讼权利与公权力相比处于弱势地位，因此必须保障犯罪嫌疑人、刑事被告人享有相应诉讼权利才能与国家机关抗衡。域外法治国家的法律充分保障被告人选择适用简易程序审理时的诉讼权利，相比国内法律规定，犯罪嫌疑人、刑事被告人的诉讼权利保护程度薄弱。保障犯罪嫌疑人、刑事被告人诉讼权利，提高简易程序适用率，可以从以下几个方面对犯罪嫌疑人、被告人权利进行保护，做到"简化程序、保障权利"。第一，明确程序选择权。依法赋予犯罪嫌疑人、被告人自愿选择程序的权利。尊重犯罪嫌疑人、被告人对刑事诉讼程序的自主选择权，公权力机关不得采取强迫手段使得犯罪嫌疑人、被告人就简易程序适用达成合意。第二，保障告知权。相关司法工作人员必须做好法律释明工作，充分保障犯罪嫌疑人、被告人的告知权。对犯罪嫌疑人、刑事被告人的告知做到详细、全面，保证犯罪嫌疑人、刑事被告人清楚知道适用简易程序的条件和法律后果，以及同意适用简易程序所享有、减损的权利。

五　普通程序简易审立法确认

普通程序简易审这一概念可以追溯到2003年，普通程序简易审针对可以适用普通程序进行审理的案件，满足事实清楚、证据确实充分、被告人有罪答辩，通过简化部分审理程序，快速审结案件。根据《刑事诉讼法》相关规定，审判程序整体上包括普通程序和简易程序，不包括普通程序简易审。因此，普通程序简易审不具有独立性，不可作为独立诉讼程序进行适用。普通程序简易审主要适用于被告人认罪认罚案件，法院在审理此类案件可对普通程序进行简化，以达到追求诉讼效率的目的，从而节约司法资源。根据立法法规定，法律、诉讼程序的创制权限由立法机关行使，除此以外其他机关不享有创制诉讼程序的权利。普通程序简易审来源于最高人民法院、最高人民检察院和公安部所作的司法解释，法律法规并没有作出明确规定；上位法优于下位法的法律适

用规则也表明普通程序简易审没有立法方面的依据。同时，普通程序简易审作为刑事诉讼普通程序在满足特殊条件下的一种审判方式，按照普通程序各阶段进行审理，严格意义上说并没有省略任何诉讼阶段，所以并不是创制出的新诉讼程序，本质上属于刑事诉讼普通程序范围。因此，需要在立法上对普通程序简易审进行确认。

普通程序简易审存在一定合理性和必然性，确立普通程序简易审体现司法资源合理配置。社会经济快速发展，刑事司法案件日益增多，根据审判程序相关内容，对于某些轻罪案件，适用简易程序出现困难，此时再转为普通程序审理此类案件使得程序变得繁杂[1]，导致诉讼成本加大，消耗不必要的诉讼资源，因此普通程序简易审的存在很有必要。普通程序简易审和简易程序虽都有"简易"一词，但两者不能等同，有必要将普通程序简易审与简易程序功能进行区分。适用简易程序和普通程序简易审解决案件都具有限制性，但限制条件不同。普通程序简易审的限制条件包括被告人认罪、对指控的犯罪事实无异议等，不适用于未成年人犯罪案件，盲、聋、哑人犯罪案件，以及其他不适用此程序审理的案件等。普通程序简易审由于从整体上属于普通程序，因此具有普通程序的特征，普通程序简易审虽对普通程序的法定步骤没有简化，但在一定程度上简化了庭审方式。相比之下，适用简易程序要保证刑事案件审判质量，不能为简便、省事而将不应适用刑事简易程序的案件仍按刑事简易程序审理。

适用普通程序简易审的案件逐渐增多，使得此程序有一定案件数量基础。普通程序简易审体现司法公正的理念，能够有效化解社会矛盾，对于社会稳定具有巨大促进作用。这种审理方式符合司法实践要求，由此获得社会大众普遍支持；有效降低积案压力，使得司法机关集中力量解决疑难、复杂案件。普通程序简易审对程序进行简化需要满足以下要求，首先应当遵守公正原则。司法的生命力在于公正。[2] 公正在刑事诉

---

[1] 张璐：《刑事简易程序的改革与完善——以我国台湾地区相关立法为参考》，《法学杂志》2012年第10期。

[2] 周新：《我国刑事诉讼程序类型体系化探究——以认罪认罚从宽制度的改革为切入点》，《法商研究》2018年第1期。

讼中处于核心地位，任何刑事诉讼活动都不得违反公正原则。其次注重办案质量，从案件事实出发，在需要简化时及时对程序进行简化，无须简化的必须按照普通程序进行审理。最后简化程序过程中，对普通程序明文规定不得简化的情形和程序，必须严格依照该规定不得简化，保证普通程序各阶段的完整性，比如被告人的最后陈述权不得简化。适用普通程序简易审的案件，也要注意保护被告人合法权利。依据现有刑事诉讼法相关规定，被告人相对处于弱势一方，有些被告人的法律素质不高、对认罪认罚后果不清楚、没有辩护人在场，诉讼权利很难得到保障。因此，需要保障被告人诉讼权利，防止国家滥用刑罚权。

适用简易程序审理轻罪案件，符合宽严相济刑事政策要求，体现公正效率价值取向，有利于优化司法资源配置。虽然轻罪案件适用简易程序取得一定积极效果，但是在具体司法实践中仍然存在诸多问题，包括简易程序实际操作面临困难、被告人程序选择权和辩护权等程序性权利和实体性权利得不到有效保障、简易程序在刑事诉讼前后阶段难以衔接等。本书通过对比域外轻罪案件适用简易程序司法实践，借鉴有益经验，以进一步完善我国适用简易程序处理轻罪案件相关制度。既需要强化公安机关、检察院、法院三机关相互配合、相互协作机制，保证在刑事诉讼各阶段衔接协调，又需要充分保障被告人程序选择权和辩护权，确保人民陪审员全程参与案件审理，努力探索非对抗诉讼格局，促进司法资源优化配置，从而实现效率与公正的动态平衡。

第三章 轻罪案件速裁程序

第一节 问题的提出

刑事速裁程序与刑事案件数量快速增加、犯罪轻刑化等密切相关，包括简易程序、普通程序在内共同构成梯次多元化的刑事诉讼程序，备受国内刑事法学界关注。当前中国正处于社会转型特殊时期，刑事犯罪呈轻微化高发态势，尤其是醉驾入刑及劳动教养废止后犯罪圈的扩大，部分地区基层司法机关"案多人少"的矛盾不断加剧。① 纵观刑事诉讼法改革主线，主要是以诉讼正当性、公平性、合法性为主，但在轻微罪入刑、案多人少压力下，司法改革亦需适应新要求，将提升诉讼效率作为改革重点之一。为合理配置司法资源，提高刑事案件审判效率，我国于20世纪90年代开始对刑事案件进行繁简分流，作为为刑事审判速裁程序提供本源的基础性程序，刑事审判简易程序于1996年产生，并作出相应必要限制性规定，对于适用简易程序，必须满足一定条件。2006年，最高人民检察院立足程序分流原理，出台《关于依法快速办理轻微刑事案件的意见》，提出采用"轻案快办"改革方案审理案件，一定程度缓解了速决程序理论研究不足及适用不充分等问题。② 2012年刑事诉讼法重大修改，简易程序适用标准进一步明确，以"繁"和"简"为标准适用简易程序，摒弃可能判处刑罚"轻"或"重"的标准，进

---

① 李本森：《刑事速裁程序的司法再造》，《中国刑事法杂志》2016年第5期。
② 参见最高人民检察院出台《关于依法快速办理轻微刑事案件的意见》（2006年12月28日最高人民检察院第十届检察委员会第六十八次会议通过）。

一步优化繁简分流机制。2014年8月，刑事速裁程序正式在全国18个城市开展试点工作，对于推动刑事司法领域的民主立法、科学立法具有重要标杆意义。在试点过程中，各地司法机关创造性开展试点工作，为速裁程序立法工作积累了丰富实践经验。2018年10月，刑事速裁程序和认罪认罚从宽制度共同被写入新修订的《刑事诉讼法》中，刑事速裁程序作为独立于简易程序和普通程序之外的刑事案件快速处理程序，正式成为提高刑事诉讼程序效率的"助推器"。

刑事速决程序追求目标重点在于效率价值，全国人大常委会颁布相关改革规定，在适当时候将已有刑事简易程序进一步简化，如此创设出刑事速裁程序。设立刑事速裁程序能够有效缓解法院压力，也可有效串联当前已有刑事审判程序，但受刑事诉讼法中刑事审判速裁程序相关规定及具体适用要求限制，刑事速裁程序适用率较低，且功能未得到有效彰显，实践效果有待进一步提升。同时由于目前适用刑事速裁程序仍以强调效率价值为主，容易对当事人诉讼权利造成损害。当事人权利保障不足，其合法权益将难以维护，有损司法公正。强调兼顾效率价值与公平价值，保障当事人合法权利亦成为当前亟须解决的问题之一。通过对轻罪案件适用速裁程序动因、程序诉讼功能、实践特点、积极效果及存在问题等进行理性思考，分析指出当前我国刑事速裁程序之缺陷，并提出刑事速裁程序相关完善建议，以促进轻罪案件刑事速裁程序在我国的本土化发展。

第二节　轻罪案件适用速裁程序的动因

一　刑事审判速裁程序司法需求

（一）强化诉讼文明、实现司法公正价值的现实需求

传统纠问制模式下，刑事被告人在刑事诉讼中属于被追诉的客体，被告人诉讼权利特别是人身权利缺乏基本保障，这也是古代刑事诉讼受到诟病的原因之一。现代刑事诉讼制度改革下，被告人诉讼地位不断提高，其中包括赋予被告人在程序选择方面较大程度的自主性，具有人文

主义色彩。而适用刑事速裁程序的前提条件之一为自愿认罪，一定程度给予被告人独立选择权，同时也是世界各国刑事案件快速处理程序共同接受的条件。由于指控方对犯罪事实具有充分证据支撑，并且存在被告人主动认罪后的证据印证，从而保证案件在发现真实方面具有审结的基础条件。① 在轻罪刑事案件中，大多数被告人基于自身利益及审判成本综合考量，自愿与控方配合以尽快审结案件，恢复正常生活。同时由于不同案件具有不同复杂性及法律上的不确定性，特别是被追诉人在指控认知上存在差异性，因而各国立法在法律援助或值班律师制度方面均有所规定，为被告人在认罪与程序选择方面提供专业法律服务。现代司法理念中的人文主义在刑事速裁程序中兼顾诉讼效率与被告人合法权益，极大提高被指控人的诉讼主体地位，是强化诉讼文明、实现司法公正价值的客观现实需求。

(二) 全面从宽型司法理念推动刑事审判速裁程序发展与完善

新民主主义革命时期已出现对认罪认罚犯罪分子从宽处罚的司法政策，但从宽具体依据与实现效果仅以自首、坦白、立功、缓刑等内容规定于刑事实体法中。长期以来，刑事诉讼领域受传统观念影响，重刑思想严重，造成刑事诉讼中对犯罪处罚"严厉有余，宽宥不足"，特别是未真正实现"当宽则宽"。目前刑事诉讼法中逐渐新增的刑事和解、未成年人附条件不起诉及被告人承认所指控犯罪适用简易程序等诉讼模式不断发展，但审前羁押率较高、"押判倒挂"等问题尚存。刑事速裁程序出现，明确认罪认罚为判断被追诉人是否具社会危害性的重要参考因素之一，体现审慎采取羁押性强制措施的精神②，对节约司法资源、保障被告人合法权益以及满足刑事审判现实需求等方面具有重要司法意义。刑事速裁程序作为轻罪案件主要适用程序，受全面从宽型司法理念助力，通过更轻司法干预手段帮助被告人回归社会，妥善处理社会矛盾，在实践中不断发展与完善从而建构更为科学的刑事案件分流程序体系。

---

① 李本森：《刑事速裁程序的司法再造》，《中国刑事法杂志》2016年第5期。
② 叶青：《轻罪刑事政策背景下速裁程序构建之思考》，《江淮论坛》2020年第6期。

（三）刑事速裁程序是当前诉讼爆炸现实下保障司法公信力的必要手段

当前法治社会持续推进，广大人民群众权利意识得到普遍提升，为维护自身合法权益而提起诉讼已为常态。基层法院法官平均每年办案数量二百余件，多者甚至超三四百件，对于案件数量增长同时保证办案质量唯有采取分流方式。虽然国家运用公权力以保障司法权威性与公信力，但社会满意度与司法质量才是能否为大众信服的核心标准。对轻微刑事案件处理不可简单追求司法效率，应建立在公平价值基础之上进行。舍弃部分程序建立刑事速裁程序虽易受社会质疑能否真正实现司法公正，但速裁程序足以启动之前提条件在于被追诉者认罪同时认可量刑，接受刑罚主观意愿较强，一定程度弥补审判程序简化所致司法权威减损的风险。司法公信力之要求表现为人民群众对司法裁判结果认可及自愿遵守相应结果，如对所有轻微犯罪均采用刑事审判普通程序审理，因诉讼时间过长、诉讼结果不确定等问题，反而容易使司法公信力受挫。

（四）刑事速裁程序是拓展多层次刑事诉讼构造的现实需求表现

传统刑事诉讼中，公安、检察院、法院三机关互相配合、分工负责、相互制约，检察院、法院分别负责审查起诉与审判工作，具有鲜明的中国式控审关系特色。完美庭审结构为等边三角状控、辩、审结构，该结构从古至今为多数国家或地区所采用。在刑事审判普通程序模式下，法官作为中立裁判者，在法庭调查阶段对当事人讯问、发问，并对涉案证据予以质证、核实，之后通过法庭辩论阶段对控、辩双方就定罪、量刑、涉案财物处理等进行分析并形成心证，代表公平与正义作出最终裁决。为满足当前我国刑事案件分流适用程序要求，平衡公正价值与效率价值二者关系，形成新型非对抗模式程序构造，刑事审判普通程序诉讼模式亟须变革，传统审判步骤与方式、方法应在刑事审判基本原则与框架下做出适当变通，形成更为简化的刑事审判程序，以满足多层次刑事诉讼架构拓展的现实需求。

二 司法实务运行规律推动刑事审判速裁程序建构与规范

发挥主观能动性前提在于尊重客观规律,司法运行的客观规律包括司法法治、中立、谦抑、公开、衡平及终局六大规律性。① 第一,司法法治规律侧重权力、权利及程序法定,此规律意味司法实务运行必须严格依照法律规定展开,是司法运行规律之核心。第二,司法中立规律要求法官在司法实务过程中应做到不偏不倚,以中立身份代表法律对案件公正裁决,不受外界干预形成独立心证。第三,司法谦抑规律,此规律要求检察机关与审判机关双方需保持谦抑,不得相互替代对方行使权力并作出决定。该司法规律亦可被认为刑事法律之特有规律。司法谦抑规律并非表明法检两机关双方无法彼此干预,法检机关之间存在制衡关系,适度干预有助司法公平正义实现。第四,司法公开规律。司法公开是司法运行本质要求之一,意指司法实务活动应敞开大门,实现司法与公众良性互动,使司法透明化、公正化。作为三权分立产物,司法形成本质即权力制约与监督,司法运行公开能够兼顾实现实体正义与程序正义。第五,司法衡平规律。司法衡平规律表明控、辩、审三方建构于审判中心主义下呈等边三角形样式,相互制衡,地位平等。第六,司法终局规律。此规律表明司法运行结果不仅要求程序终了,实体问题亦需得到处理,同时意味司法运行效率已至最高性。

上述司法运行规律之间相互作用,成为刑事诉讼法程序设置与完善的根本动因。第一,追求审判公正同时提升诉讼效率为刑事审判速裁程序设置目的,追求诉讼效率与司法法治规律、衡平规律存在关联。司法法治规律侧重权力运行与权利实现,表明法律除为司法运行作出具体规定及提供依据同时应积极推进司法工作快速、顺利完成,抛弃效率价值无法达到司法运行的最优目的。司法衡平规律不仅要求司法裁判公正,亦追求在合理期限内成就,即裁判结果于公正、效率二者统一下产生。第二,司法中立规律与谦抑规律亦为刑事审判速裁程序基本动因之一。刑事诉讼最核心要求即中立,司法中立规律表明权力与权利之间存在对

---

① 董玉庭:《司法制度创新性的判断——以司法主业为切入》,《法学》2018 年第 9 期。

等关系。司法谦抑规律则影响速裁程序建构模式，实务中检察机关基于当事人同意适用速裁程序同时认罪认罚情况下，根据案件事实与行为性质，检察机关可建议审判机关对案件适用速裁程序审理，此决定仅通过建议方式告知而非通知，对案件是否真正适用速裁程序仍需由审判机关独立做出决定。第三，司法公开规律与终局规律对确立适用刑事审判速裁程序同样起重要促进作用。明确适用标准及相应后果是公开规律要求司法运行透明应有之义，实现刑事诉讼速裁程序适用，必须将该程序纳入刑事诉讼法体系之一部分，使法律规定透明化。终局规律要求司法运行结果应当在实体与程序上予以明确，只有通过固定程序才能予以实现。

三　合意式刑事诉讼理念的客观要求

合意式刑事诉讼理念的形成具有明确法律规范与制度基础，同时也存有坚实的司法实践基础。合意式刑事诉讼指被追诉人对控诉方所提主张或所做诉讼行为予以认可，在控辩双方之间形成合意，由司法机关依据合意及法律规范处理案件的方式、方法。[①] 有观点认为合意式诉讼理念可被称为"合作性司法"，即那种建立在被告人自愿认罪基础上的诉讼程序，被认为是"最低限度合作模式"。在此前提下，被追诉方与侦查机关、公诉机关经过协商和妥协所进行合作，被称为"协商性公力合作"，被追诉方与被害方经过协商而力图达成和解过程，则被统称为"和解性的私力合作"。[②] 目前刑事诉讼法有关简易、速裁程序适用条件规定，实质已包含被害人与被追诉人之间以达成上述合意作为程序适用必备条件之一。

具有重要诉讼价值的合意式刑事诉讼理念，推动刑事审判速裁程序不断发展。诉讼源于争议，诉讼过程形成控辩双方平等对抗，但此对抗模式亦存较多缺陷，除耗费控辩双方大量精力对抗致诉讼效率降低，控辩双方亦可能采取各种非法手段争夺权利以达己方诉讼目的，对审判方

---

① 王新清：《合意式刑事诉讼论》，《法学研究》2020年第6期。
② 王新清：《合意式刑事诉讼论》，《法学研究》2020年第6期。

形成正确、合理心证产生影响，裁判公正性受挫。对抗虽仍为诉讼常态，但刑事诉讼程序中控辩对立双方并非绝对不存在达成合意解决问题的可能。① 如果被追诉人在刑事诉讼中承认诉讼双方合意，在提出相关证据、认定案件基本事实及认罪认罚等方面达成一致，双方对抗程度将大幅降低甚至可能消灭对抗。

合意式刑事诉讼理念最核心价值在于简化诉讼程序。刑事诉讼具有多重价值追求，承担重要司法使命，但核心目的在于定纷止争，解决被告人与国家和被害人之间所存纠纷。纠纷解决是其他刑事诉讼目的实现基础，刑事诉讼真正目的未充分实现表现之一即为被告人与被害人在刑事诉讼结束后依旧存有不同意见。刑事诉讼普通程序以解决冲突为出发点，基于控辩双方之间全面对抗设定，裁判方根据法律规定程序，对控辩双方之间存在众多争议逐个解决。如果控辩双方能够对其中一个或数个争议问题达成合意，相关诉讼程序即可予以简化，对提升诉讼效率方面具有积极促进作用，控辩双方通过合作、协商与彼此妥协，达成合意数量不断增多，诉讼程序越发简化，甚至可能从量变发生质变，形成非对抗合意式诉讼机制，诉讼程序由此简化，诉讼效率获得大幅提升。

第三节　速裁程序的诉讼功能

一　提高办案效率

基层法院案件立案数量目前呈现爆发式增长态势，中国裁判文书网刑事判决书统计数据中轻罪案件数量逐年上升，以及实行法官员额制改革后，全国法院系统入额法官人数约为11万人，相比过去减少10万人左右，同时法官离职、辞职、退额现象严重，致短期内案件数量与办案人数比例无法平衡。目前"案多人少"现状依旧存在，各级法院尤其是基层法院办案压力激增。对刑事案件进行繁简分流，实现简案快办、繁案精办是提高办案效率，降低司法机关工作压力必然选择。

迟到的正义并非正义，为实现公正与效率进一步有机统一，刑事速

---

① 詹建红：《刑事诉讼契约研究》，中国社会科学出版社2010年版，第164页。

裁程序应运而生。过去我国审前羁押、超期限羁押问题已存在许久，不同轻重程度与不同性质案件均面临羁押或审理时间过长问题。适用刑事速裁程序能够从整体提速，减少轻微刑事案件长期不决问题，实现轻案快办司法目标。同时，建构刑事速裁程序能够合理配置司法资源，将更多司法力量用以办理重大、疑难、复杂案件。对各类案件基于不同性质及轻重程度进行分流使案件类型化，并以法律规定的相应诉讼程序处理，最大程度利用好司法资源，保证案件有效审理同时提高司法机关整体办案效率。

刑事公诉案件办案流程包括侦查、审查起诉、审判、执行四阶段，如果侦查阶段与审查起诉阶段司法机关收集证据不足、案件事实未完全查清，审判阶段就无法对案件快速审理，影响整体办案效率。缺乏速裁程序的整体流程，并不能实现侦查阶段与审查起诉阶段的有机推进。减轻法院工作压力，以期适用刑事速裁程序，对侦查机关与检察机关办案能力与水平就需提出更高要求，促使侦查与检察两机关既不失办案质量同时又能加快办案效率。案件审查起诉完毕移送至法院后，适用刑事速裁程序审理期限相比刑事简易程序审理期限至少能够缩减10日至30日，使办案法官审案压力得到缓解，审判机关整体办案效率得到提升。

二 刑事诉讼民主化，提升被告人权利意识

刑事速裁程序对被告人诉讼主体地位强化使刑事诉讼民主化，确保被告人能够对己方所享有各项诉讼权利予以选择，在特定情况下仍有能力与检察机关抗衡，稳定双方制衡关系。我国《刑事诉讼法》及其他相关法律均存有被告人诉讼权利保障的相关规定，在刑事诉讼过程中，追求司法公正实现之重要性胜于追求效率价值，被告人所享有重要权利的实现需依托相应法律规定予以保障，体现"简化程序而不减少权利"要求。

刑事速裁程序中被告人拥有诸多诉讼权利，首先是知情权。诉讼过程中被告人行使其他各项权利的前提为被告人拥有充分知情权，司法机关对被告人应充分告知关于认罪认罚从宽机制、速裁程序适用条件及程序性事项简化等内容。强调保障知情权，使被追诉人清楚了解程序流

程、适用条件、各项权利及适用不同程序法律后果等。其次是程序选择权。刑事速裁程序能否适用最重要条件为被告人是否同意，除案件本身满足刑事诉讼法关于速裁程序适用条件外，被告人基于自身价值取向对适用刑事审判普通程序或速裁程序独立享有充分最终决定权，不受任何组织或个人干涉。被告人享有实质程序选择权既表明被告人能够有效参与刑事速裁程序，体现被告人程序选择自愿性，同时突出刑事诉讼过程中被告人的诉讼主体地位，帮助被告人及时行使各项诉讼权利，体现出刑事速裁程序的价值追求。最后陈述权及上诉权亦为被告人重要诉讼权利。被告人最后陈述权保证案件最后裁判前被告人可就案件相关事实情况与相关法律责任发表独立意见与观点。刑事速裁程序在极力简化法庭调查与法庭辩论环节情况下对被告人最后陈述环节仍予保留，足以说明最后陈述权之重要性。该权利作为直接言词原则具体体现，通过被告人最为集中、明显地表达自己观点，迫切希望法官能够更为准确掌握案件真实情况或了解被告人实施犯罪行为后的悔悟心理，帮助法官形成正确心证，对法官作出公正裁判具有重要参考价值。不少学者提出应当取消刑事速裁程序上诉权，对速裁程序适用一审终审制度，否则与一审认罪认罚行为相互矛盾。① 因当前刑事速裁程序在实践中运行未趋于成熟，上诉权具有程序方面重要救济功能，亦是"简化程序不减权利"又一具体体现，所以立法者仍然保留该项诉讼权利。被告人在适用刑事审判速裁程序中拥有上诉权对于保障被告人合法权益、实现公正司法具有重要作用与意义。充分保障上述被告人各项诉讼权利，使刑事诉讼更为民主化，被告人权利意识能够获得极大提升。

三 裁判结果认同，减少争议

在刑事速裁程序中，控辩双方自愿达成数个一致意思表示，不断削弱庭审中双方之间的对抗性程度，进而形成完整合意式诉讼模式，促进控、辩双方对裁判结果中关于刑事责任追究、损害赔偿等方面相互认同，减少双方争议。

---

① 郭沙沙：《刑事速裁上诉制度刍议》，《北京警察学院学报》2023 年第 3 期。

首先在刑事责任追究方面，控、辩双方相互能否达成合意直接影响裁判结果认同。第一，控、辩双方对于控方提出某项证据表示承认并达成合意后，审判机关可省略对该证据质证、询问过程，形成裁判结果后，控、辩双方不会就该证据产生异议。若双方能够对控方提出所有证据表示认同，将会在裁判结果中的定案依据方面减少大量争议。第二，控、辩双方就案件基本事实若能达成合意，即可免去审判机关对查明案件事实方面所负证明责任，对双方后期基于案件事实形成裁判结果相互认同亦有帮助。第三，控、辩双方对控诉方关于定罪量刑方面指控若能达成合意，审判机关即可就该方面问题省略法庭辩论环节，快速产生双方认可刑事裁判结果，减少双方争议。

其次在损害赔偿方面，刑事诉讼法规定被害人因受被追诉人犯罪行为侵害而致遭受物质损失，有权提起附带民事诉讼。当被追诉人就被害人所提附带民事诉讼赔偿请求没有异议并自愿接受被害人所提刑事附带民事诉讼赔偿内容，即在双方之间形成损害赔偿合意。公诉机关一般情况下针对被害人所提损害赔偿请求及被害人与被追诉人之间就损害赔偿所达成的合意，在不违反法律规定情况下大都予以认同。① 损害赔偿合意达成从另一方面助力控、辩双方对裁判结果认同，减少双方争议。

四 有利于被告人回归社会

构建基于被告人认罪认罚而对案件进行分流处理的快速办案机制，设立刑事速裁程序，明确轻罪案件在刑事审判过程中程序方面从快处理、实体方面从轻处罚原则。针对被追诉人认罪认罚的轻微刑事案件，刑事速裁程序优先适用非羁押性强制措施，以适用缓刑为主，充分发挥社区矫正功能改造被追诉者，避免对被追诉人适用监禁刑服刑期间与其他罪犯产生思想"交叉感染"，帮助罪犯改造自身并早日回归社会。

上述措施实施目的在于切实贯彻宽严相济的刑事政策。宽严相济的刑事政策指对待不同犯罪分子，根据其具体犯罪行为、主观恶性、社会危害性及人身危险性等因素，采取区别对待、宽严结合司法运作手段，

---

① 王新清：《合意式刑事诉讼论》，《法学研究》2020年第6期。

从而更有效打击犯罪，实现社会和谐的一种刑事司法政策①，该政策要求集中有限司法资源针对重大、危险犯罪并予以严惩，对待轻微刑事案件尽可能采取非刑罚化措施处理。司法机关如果对任何犯罪都处以严苛刑罚，犯罪分子为"趋利避害"将想尽一切办法逃避刑事处罚制裁，与改造犯罪分子、促使早日回归社会司法目的背道而驰，加重犯罪分子与国家司法之间对抗。基于刑法谦抑性思想，轻罪案件适用刑事速裁程序正是对社会危害性及人身危险性不大、主观恶性较小犯罪分子采取更轻处罚措施，避免轻罪案件犯罪分子正式进入刑事司法程序，最大限度帮助犯罪分子早日回归社会，促进社会秩序和谐稳定。

五　有利于被告人与被害人社会关系修复

作为合意式诉讼理念具体制度表现，刑事速裁程序另一重要功能在于形成非对抗性庭审模式，促成被告人与被害人之间刑事和解，双方之间达成相关合意，对修复被告人与被害人之间社会关系具有重要意义。

适用刑事速裁程序，首先被告人与被害人通过达成各项合意，促成刑事和解完成，被告人与被害人通过沟通协商，对因被告人犯罪行为所致损害结果以物质或其他方式补救，一定程度救济被害人所受损害，获取被害人谅解。之后双方基于所达成补救合意尽最大努力行使权利及履行义务，对修复双方社会关系起到积极作用。其次，作为影响从宽处罚幅度重要参考因素之一，被告人当庭认罪悔罪能够缓解被害人对因被告人犯罪行为而形成的憎恨心理。同时，就被告人认罪认罚行为及被告人与被害人之间相关合意达成，审判机关予以参考后作出相对较轻刑事从宽处罚，实现对被告人惩戒与教育相结合的刑事司法效果，亦有利于感化犯罪分子，而非因适用较重刑事处罚加剧被告人与国家、被害人之间矛盾。被告人与被害人在适用刑事速裁程序过程中双方主观心理变化是双方社会关系修复之根本。最后，刑事速裁程序轻罪案件大多由日常、邻里纠纷引起，适用刑事速裁程序化解被告人与被害人之间所存矛盾纠

---

① 耿亮：《宽严相济刑事政策视阈下的刑事司法研究》，《重庆广播电视大学学报》2016年第1期。

纷，将有助改善双方日常交往关系，极大程度减少双方未来再次因矛盾纠纷而致实施犯罪行为可能，促进社会秩序和谐稳定。

第四节 域外相关速裁程序之考察

一 英美法系国家相关制度

英美法系国家快速审理刑事案件程序主要以辩诉交易制度及认罪认罚程序、简易程序为基础，根据各个国家自身经济、社会、文化实际情况不断探索与完善并形成各具特色的刑事快速审判制度，多以20世纪70年代辩诉交易制度为主不断发展至今。

（一）美国流水线式司法与辩诉交易制度

流水线式司法是美国对案件进行轻重分流具体表现之一，基本技术操作为司法机关将轻微刑事案件先行筛选提取，之后对诉讼过程各方面尽可能予以收缩，使其能够在数十分钟甚至几分钟内审结。流水线式司法对案件审理相较传统美国对抗式诉讼而言，其复杂性程度大幅度降低，审理案件更为简便快捷，对有效提升司法诉讼效率、缓解案件数量庞大以至积压问题有明显帮助作用，是美国刑事诉讼领域一项重要司法制度。[①]

美国辩诉交易制度最早记载可追溯至公元18世纪，指被告人所做有罪答辩是源于获取政府方面提出的合理对价期望。[②] 20世纪70年代美国联邦最高法院审理布莱迪案（Brady v U.S.）确立辩诉交易制度合宪性，之后为响应宪法修正案中所提到"在任何刑事诉讼中，被告人享有快速审判权利"这一规定，美国通过《联邦迅速审判法》，自此，辩诉交易制度开始在美国普遍适用。与上述流水线式司法适用轻罪案件处理不同，辩诉交易制度既可适用于轻罪案件也可适用于重罪案件。在辩诉交易制度下，被告人可以放弃更多自身权利与检察机关就减少被指

[①] ［美］爱伦·毫切斯·泰勒、南希·弗兰克著：《美国刑事法院诉讼程序》，陈卫东、徐美群译，中国人民大学出版社2002年版，第303页。

[②] 陆海：《刑事速裁程序改革研究》，博士学位论文，中南财经政法大学，2019年。

控犯罪罪数或量刑方面减轻达成相关协议，从而换取更轻刑事惩罚。该制度具有如下优点，第一，被告人在各个诉讼阶段都能明确认知自己所拥有各项诉讼权利。美国在权利告知方面十分具体明确，通过权利告知清单使被告人在各个诉讼环节均能够知晓其所享有不同诉讼权利，同时不仅包括法官，警察、检察官以及辩护律师均对被告人所享有权利与应当承担义务负解释、说明责任。第二，在协议内容方面有较强变通性。除被告人与检察机关可在量刑轻重方面进行协商，甚至对罪名及罪数方面亦可进行协商变通。第三，一旦确定适用辩诉交易制度，不可转换其他程序，目的在于为防止因被告人在诉讼过程中反悔导致诉累无故增加，降低诉讼效率，削弱辩诉交易制度司法地位。被告人一旦选择适用辩诉交易制度，即表示对其他程序选择权利的放弃，不得在诉讼过程中再次要求程序转化。第四，某些情况下被告人对适用辩诉交易制度仍拥有上诉权。被告人在与检察机关就案件处理进行协商变通过程中，检察机关一般会提出被告人放弃上诉权要求，使被告人所拥有上诉权消灭，但是在辩护律师对被告人做无罪辩护或适用辩诉交易制度有违被告人自愿情况下，被告人前期所失上诉权自动回归保留。虽然美国辩诉交易制度能够给予被告人有效程序自主选择权，亦可极大限度提升诉讼效率，但须经法官同意，该制度适用广泛性及任意性使法官大多不仔细核实被告人有罪答辩真实性情况下即同意适用该项制度，而检察机关可通过先行故意加重罪行指控并将其作为与被告人谈判筹码，与被告人谈判过程中再次将其加重部分刑罚予以撤销，以此加速诉讼，规避其他不确定因素，同时又能使被告人所受刑罚与原刑一致。该操作方式不仅严重损害被告人所拥有合法权益，同时违背辩诉交易制度立法目的，产生更为严重的矛盾。

（二）英国认罪处罚程序、简易程序与警察警告程序

英国认罪处罚程序被视为世界上最早出现的刑事速决程序模式，可追溯至17世纪。限于对被告人权利保障不足，致使刑事审判过程中辩护律师参与度不高，该程序在过去司法实践中未能够真正发挥其诉讼效率提升与维护司法公正作用。当事人主义诉讼主义模式兴起后，被告人诉讼权利逐步得到保障，但诉讼效率低下问题仍未得到有效解决。对此

第三章 轻罪案件速裁程序

英国法院迫切需要一种能够快速提升诉讼效率、缓解案件堆积压力的刑事速裁程序，从而推动认罪处罚程序出现。认罪处罚程序是指在被告人对其被检察机关所指控犯罪行为予以承认前提之下，去除法庭调查环节，将审判重心置于定罪量刑之上的一种刑事速决程序。英国将刑事犯罪分类为两种，包括简易罪与可诉罪，简易罪通常由治安法院管辖受理，可诉罪则由常规刑事法院审理。[1] 认罪处罚程序在被告人做出无条件认罪答辩情况下，不论简易罪抑或可诉罪均能够予以适用。首先，治安法院一般对可能判处6个月以下监禁刑或罚金以下案件适用认罪处罚程序。庭审初期，治安法院先行启动答辩听证程序以确认被追诉人是否对所指控罪名予以无条件承认，之后视被告人答辩情况决定是否适用认罪处罚程序，或转为普通审理程序、辩诉交易程序审理。[2] 若选择适用认罪处罚程序即表明被告人无条件认罪，诉讼即可进入量刑环节并作出裁判。被告人在一审裁判上诉期内只能基于量刑部分表示不服而提起上诉，否则二审法院将会发回一审法院重新审理。普通法院对可诉罪适用认罪处罚程序与治安法院审理主要区别在于法院需就被告人对自己罪行陈述及检察机关所提证据核查确认无误，后直接进入量刑环节。英国认罪处罚制度相关规定与我国刑事审判速裁程序适用条件方面存在一定相似之处。

英国于20世纪50年代将简易程序写入《治安法院法》中，该程序专属于治安法院对审理简易罪及部分可诉罪时予以适用。治安法院适用简易程序案件范围与认罪处罚程序相同，即可能被判处6个月以下监禁刑或罚金以下案件，适用该类程序审理案件无须陪审团参与，由法官独任审理。适用简易程序同样需被告人同意，事先征得被告人意见并由其做出选择，否则不得适用，同时精神病人不得适用简易程序，许多程序适用规定均与我国刑事审判速裁程序类似。[3]

警察警告程序是对刑事案件处于侦查阶段的分流机制，该程序在英

---

[1] 程味秋：《中外刑事诉讼比较与借鉴》，中国法制出版社2001年版，第277页。
[2] 陆海：《刑事速裁程序改革研究》，中南财经政法大学博士论文，2019年。
[3] 栾峥：《我国轻刑快审机制的立法完善——与英国轻罪简易程序的比较研究》，《哈尔滨师范大学社会科学学报》2016年第5期。

美法系国家中普遍存在，尤其以英国为典型。英国通过警察警告程序授予警方以警告、劝诫方式处理轻微刑事案件代替诉讼程序，适用警察警告程序需满足以下条件：警方有证据证明当事人行为能够适用有罪判决；该行为社会危害性较小，行为人主观恶性不大；警方已向行为人明确说明适用警告程序意义及其法律后果；行为人态度良好，认罪悔罪并且明确同意接受警告。基于警察警告制度发展过程如今形成另一项英国独创特色制度，即附条件警告制度，该制度设立目的在于加强对被害人权利保障，实现程序正义。新制度在警察警告制度基础上增加另外规定，即行为人须在规定期间内履行相关法律义务，可免除被检察机关追诉而仅受侦查机关警告、劝诫。虽然该制度历史并不悠久，但如今已覆盖英国所有地区，在司法实践中其重要作用已日益凸显。

二 大陆法系国家相关制度

同英美法系国家刑事诉讼制度相比，大陆法系国家同样注重程序正当性，但其刑事诉讼建构更为侧重强调公权力，即国家司法权力是查明事实真相，实现公平正义决定性力量，此为大陆法系国家刑事司法制度核心所在，同时也是大陆法系国家一贯坚持而形成的刑事诉讼活动规律。对国家司法权力重视并非绝对，在西方人权思想发展影响下，诸多大陆法系国家开始注重人权保障问题，认为给予被告人一定选择权能够有利于促进刑事速裁程序更好实现公平正义，产生积极诉讼效果。自此，各个大陆法系国家开始逐步探索尝试，已形成各具特色的不同刑事速裁制度。

（一）德国处罚令程序与简易程序

德国处罚令程序指在检察机关申请下，审判机关针对轻微刑事案件可采取书面处罚令决定尚未审判案件结果的法律处罚程序。[①] 处罚令程序在德国拥有悠久历史，1879 年德国《刑事诉讼法》以专编形式正式确立处罚令制度法律地位，立法目的在于对轻罪案件进行分流，提高办

---

① 汪建成、甄贞主编：《外国刑事诉讼第一审程序研究》，法律出版社 2006 年版，第 148 页。

案效率。第二次世界大战后，协商性司法理念被处罚令程序吸纳，形成科学快速审案机制并不断完善修改沿用至今，因程序简洁、高效，目前德国超一半以上刑事案件均以处罚令程序结案。德国法律规定，以最低刑为1年以下刑罚期限作为判定犯罪行为属轻重罪之标准，最低刑1年以下即为轻罪，反之为重罪，而处罚令程序则适用于前者。① 处罚令适用机理是检察机关对可能判处罚金或资格刑等轻微刑事案件，通过向法院书面申请以处罚令形式对犯罪人予以制裁，替代刑事诉讼提起。处罚令程序具有如下特点：第一，地方法院独任庭与合议庭均可适用。第二，属于轻罪类别案件，事实清楚，证据确实、充分，检方认为确无审判必要。第三，可以仅对案件进行书面审理，简化部分庭审程序。第四，未成年犯罪行为人不得适用处罚令程序。第五，处罚令应当及时送达被告人或其法定代理人。第六，处罚令程序依检察机关申请启动，无须被告人同意适用。

受协商性司法理念影响，德国刑事诉讼简易程序于20世纪20年代进入德国《刑事诉讼法》，之后近百年时间，德国对其刑事诉讼简易程序多次修订完善，形成新型刑事简易程序并沿用至今。德国刑事简易程序指对于事实清楚，证据确实、充分且可能判处一年以下监禁刑或驾驶权剥夺刑并能够立即审理案件，经检察机关申请，可对审判程序进行简化以提升诉讼效率②。与处罚令程序类似，简易程序仅限地方法院适用，检察机关向法院申请即可适用该程序，无须被告人同意，另外被告人必须已成年，未成年人绝对不得适用简易程序审理。简易程序本质为简化刑事普通程序，实践中通常对法庭调查环节予以简化，并可略过庭审直接作出裁判。由于德国在检察官权力行使上主张"单向性"与"非平等性"，其权力行使方式仍属于一种职权式行使方式，存在检察机关与被告人协商不足等问题。

（二）日本简易公审程序、略式程序及起诉犹豫制度

简易公审程序于20世纪50年代进入日本《刑事诉讼法》，该程序

---

① ［德］克劳斯·罗克辛：《德国刑法学总论》（第1卷），王世洲译，法律出版社2005年版，第3页。

② 陈卫东：《刑事诉讼法资料汇编》，法律出版社2005年版，第499页。

指被告人庭前承认犯罪事实，在检察机关宣读起诉书后被告人做有罪答辩，法院听取各方意见后根据被告人意愿简化庭审程序并作出相应判决。① 简易公审程序设立目的在于针对被告人承认所犯罪行案件，通过适用简易公审程序简化庭审中非必要性环节，从而提高诉讼效率。简易公审程序一般仅适用轻微刑事案件，对于1年以上自由刑或惩役犯罪不得适用，同时适用该程序决定权仅限法院，不以检察机关、被告人及其辩护人同意为前提。如果法院认为所受理案件不应适用简易公审程序而属正式程序审理范围，即便在之后审理过程中发现案件本应适用简易公审程序审理，也必须按照正式程序继续审理，不得转换程序，但如果在庭审前期决定适用简易公审程序，在审理过程中法官认为案件应当适用正式程序审理，则可撤销简易公审程序适用裁定，依照正式程序对案件进行重新审理。②

略式程序又被称为简易命令程序，该程序基于对德国刑事处罚令程序借鉴与深化形成。略式程序指法官可不经正式审理，直接根据检察机关针对轻罪犯罪行为人定罪量刑请求予以审查和确认的一种速裁程序。法院通过书面审理方式对检察机关所提交处罚令申请进行审理，略去整个开庭审理阶段，易出现司法裁判不公。③ 为维护因略去开庭审理过程而致司法公正性丧失，日本《刑事诉讼法》规定，适用略式程序在案件移送过程中应当全卷移送，同时适用略式程序被告人仍享有异议权，可向审判机关提出异议使程序转化至正式程序开庭审理。略式程序适用范围为最高可能被判处50万日元罚金，同时可能与没收或缓刑等其他附加刑并处的刑事案件，若法院在适用略式程序审理案件过程中认为该案不宜继续适用该程序，应及时转化为正式审判程序开庭审理。请求适用略式程序案件比重在日本已占多数，为每年刑事案件总量95%左右，其中大多以违反交通法规案件居多，是日本解决轻微案件适用最为典型的速裁程序。

---

① 郑丽萍：《域外简易程序考察和评析》，《社会科学战线》2014年第3期。
② 郑丽萍：《域外简易程序考察和评析》，《社会科学战线》2014年第3期。
③ ［日］田口守一：《刑事诉讼法》，张凌、于秀峰译，中国政法大学出版社2010年版。

日本起诉犹豫制度又被称为暂缓起诉制度，该制度与我国刑事诉讼中关于对情节轻微危害不大刑事案件作酌定不起诉之规定类似，指检察机关在对犯罪行为人犯罪动机、犯罪情节、所遭受境遇及犯罪所致后果等因素进行综合分析评判后，认为不需要进行追诉的，可以作出不起诉决定。[①] 起诉犹豫程序源于日本"检察官微罪不诉制度"，可追溯至19世纪80年代，基于日本起诉便宜主义创设，目的在于快速减轻日本各地审判机关案件堆积压力以及缓解司法工作所造成经济问题。起诉犹豫制度仅限以下适用对象：犯罪情节轻微的少年或老年人、对犯罪后果已采取有效补救措施的犯罪分子、情节显著轻微且属偶犯的犯罪分子及其他应当适用起诉犹豫制度的轻微刑事案件。因赋予检察机关起诉阶段较大自由裁量权，不论裁量权建构如何完善，均应对行使裁量权予以必要监督以保证司法公正性。对此日本《刑事诉讼法》规定，检察官作出不起诉决定后须及时通知控告人，并说明相关理由及依据，若控告人不服，可在收到不起诉决定后7日内申请检察机关所在地法院请求审判，由法院组成合议庭对案件审理并作出裁判，这种监督机制成为日本起诉犹豫制度重要亮点。

（三）意大利简易审判程序与依当事人要求适用刑罚程序

意大利简易审判程序指在案件初步侦查完成后，经检察机关批准，由被告人向法院申请适用的一项快速审判制度，被告人通过申请适用该程序换取较轻刑事处罚。简易审判程序在意大利适用范围广泛，除可能被判处无期徒刑犯罪分子外都可予以适用。[②] 该程序适用必须以被告人主动提出为前提，同时须获得检察机关批准，法院经审查后认为能够适用该程序的，可根据侦查环节所认定事实及获得证据在不开庭情况下即定罪量刑。法院在适用该程序处理刑事案件或者法院认为检察机关不同意适用该程序有误时，均有权作出相比正常裁判低30%左右量刑幅度

[①] [日]松尾浩也：《日本刑事诉讼法新版》（上），丁相顺译，中国人民大学出版社2005年版，第176页。

[②] 王国枢、项振华：《中外刑事诉讼简易程序及比较》，《诉讼法学·司法制度》1999年第9期。

处刑判决。简易审判程序仅适用独任制审理，公诉人与辩护人均应到庭，被告人对所作判决可提出上诉，但是，上诉权因国家对司法效率考虑须受一定限制，如仅判处财产刑案件不得上诉、免于刑事处罚案件不得上诉，同时部分被判处有罪判决案件检察机关不得抗诉等。简易审判程序一定程度上满足意大利司法机关对不同刑事案件进行分流需求，部分缓解司法机关由于案件数量庞大而导致的诉讼压力。

意大利依当事人要求适用刑罚是意大利刑事司法改革过程中最具特色的制度，指在一审法庭宣布开庭前，被告人与检察机关可就应当适用刑罚拟定协议，法官经审查确认后即可依该协议作出判决[①]。该项制度被称为意大利模式辩诉交易制度，但由于意大利拥有深厚大陆法系国家传统，立法者在设立该项制度过程中除吸收辩诉交易制度精神外亦做出诸多保留，使其在具体规定上与美国辩诉交易制度存有较大区别。依当事人要求适用刑罚程序主要具有如下特点，第一，被告人与检察机关均可就适用该程序向法院提出申请，且双方在协议过程中只能就量刑方面内容协商确定，不得协议罪名方面内容。第二，审判机关不得变更双方协议内容，仅就原协议作出判决。第三，依当事人要求适用刑罚程序适用范围限最高刑5年以下自由刑，绝对排除有组织犯罪案件。第四，任何诉讼阶段均可适用该程序，包括上诉阶段。第五，审判机关对案件相关证据、双方协议真实性、被告人是否自愿均需全面仔细审查以确保司法公正性。第六，适用该程序不需被告人做认罪答辩。

意大利刑事速决程序适用率较低，与其他国家适用刑事速决程序提高司法效率的明显效果相比产生强烈反差，其速决程序设立目的虽在于缓解刑事积案所导致的司法机关工作压力，但被告人不愿适用相关刑事速决程序根本原因也在于此。由于意大利刑事积案情况严重，若被告人选择普通审判程序，案件有可能被严重拖延以致长期甚至永远不会受到审判，该选择为被告人提供一定逃避法律责任机会，导致意大利刑事速决程序被束之高阁，难以对提高司法工作效率产生较大积极作用。

---

① 施鹏鹏：《意大利刑事协商程序及其启示》，《人民检察》2022年第7期。

第五节 我国速裁程序的实践状况

一 司法实践特点

区别我国刑事速裁程序与传统简易程序,刑事速裁程序诉讼效率较高,但适用范围相对较窄。刑事速裁程序可直接省略法庭调查和法庭辩论环节,是对审理程序最大限度简化。目前刑事速裁程序自2014年开始在部分地区试点后于2018年写进刑事诉讼法中,程序适用过程显现诸多特点,首先在适用范围方面,刑事速裁程序严格适用于同时满足以下四种条件情况[①]。第一,被告人自愿认罪认罚。第二,被告人可能被判处三年以下有期徒刑、拘役或管制等刑罚,即属于社会危害程度不大、主观恶性较小刑事轻罪案件。第三,案件事实清楚,证据确实、充分,已具备对案件进行起诉并进行定罪量刑条件。第四,基于被告人自主意愿,同意审判机关对案件适用刑事速裁程序进行审理。同时满足以上四种法律规定条件即可对案件适用刑事速裁程序。适用速裁程序在庭审程序简化方面主要省略法庭调查及法庭辩论环节,但为确保程序适用合理性,审判机关对案件事实情况及相关证据仍需做出实质性审查。其次,我国《刑事诉讼法》除上述速裁程序适用条件规定外,亦作出相关禁止性规定,刑事轻微案件出现以下情况,审判机关即适用刑事普通程序对案件进行审理,禁止选择或继续适用速裁程序。[②] 首先,被告人属于盲、聋、哑人或尚未完全丧失辨认或控制能力精神病人。速裁程序禁止对这类生理、心理存在障碍的被告人适用的主要原因在于维护此类被告人合法权益,生理、心理存在障碍被告人在诉讼过程中其独立分析能力或表达能力不足,无法自主、完整、充分表达自己内心真实意愿,为确保速裁程序适用合理性,实现审判公正,切实尊重被告人诉讼权利,对此类被告人不得适用刑事速裁程序。其次,未成年人不得适用刑事速裁程序。针对未成年人涉嫌刑事犯罪,司法实践中通常采取对未成

---

① 参见中华人民共和国《刑事诉讼法》第222条。
② 参见中华人民共和国《刑事诉讼法》第223条。

年人关护帮教型审判方式进行审理，并且对未成年人须进行法庭教育。刑事速裁程序价值追求在于兼顾公正与效率处理刑事案件，程序过程难以充分体现对未成年人教育感化挽救的方针，所以针对未成年被告人不得适用刑事速裁程序。第三，如果出现被告人对适用刑事速裁程序存有异议或辩护人做无罪辩护情况则须以普通程序审理案件。对适用刑事速裁程序的异议包括共同犯罪案件中部分被告人存有异议，涉及被告人对所指控犯罪事实、罪名、量刑建议或程序适用存在异议，以及被告方与被害方之间未能就附带民事诉讼赔偿等事项达成调解、和解协议。① 被告人提出异议即表明对程序选择反悔，只得转为普通程序审理，否则违反《刑事诉讼法》速裁程序限制性规定。辩护人做无罪辩护表明被告人行为可能不构成犯罪或者不应当追究刑事责任，对待该情况法院应当秉持高度谨慎的态度，通过普通程序对案件进行全面细致审查，不得继续适用速裁程序审理案件。第四，具有重大社会影响的刑事案件不得适用速裁程序，该类案件社会关注度较高，处理不当易产生严重不良社会影响，严重挫伤国家司法公信力，不属刑事速裁程序适用范围。

启动刑事速裁程序方式，一种源于审判机关主动适用，即当法院经过对案件审查后认为案件满足刑事速裁程序适用条件情况下，告知被告人相关情况，在取得被告人同意后启动刑事速裁程序对案件进行审理。另一种启动方式为侦查机关、被追诉人及其辩护人向检察机关建议适用刑事速裁程序，检察机关对案件进行审查后认为可以适用刑事速裁程序审理案件，向法院申请适用。② 因刑事速裁程序本质为由法院主导的审判程序，所以案件是否适用速裁程序审理，决定权掌握在法院手中。

审理方式上，因刑事速裁程序适用范围属认罪认罚类案件，案件审查重点在于被告人认罪认罚自愿性与真实性，要求速裁案件必须通过开庭审理而非书面审理方式进行。开庭审理认罪认罚案件，法官能够充分听取公诉方、被告方等多方主体意见，从而对案件真实情况及认罪认罚

---

① 程溪：《认罪认罚从宽与刑事和解的衔接机制构建》，《公安学刊》（浙江警察学院学报）2017 年第 6 期。
② 参见《人民检察院刑事诉讼规则》第 439 条。

具结书签署合法性进行确认。案件审理开始前，为保持诉讼平衡，建立相应控、审制衡关系，检察机关必须派员出庭。庭审过程一般不进行法庭调查与法庭辩论，目的在于加快庭审进度，但刑事速决程序适用重要目的之一在于追求事实真相、维护参与主体诉讼权利，若一方主体呈递材料存在问题或发表异议意见，则需根据实际情况恢复相应程序以发挥庭审应有功能，确保审判公正性。基于"简化程序不减少权利"的速决程序适用要求，在判决宣告前，审判机关应当听取被告人最后陈述意见及辩护人意见。区别省略法庭调查与法庭辩论环节，保留被告人最后陈述权，有助于法官发现案件真实情况及突显对被告人人格尊严的尊重，同时能够通过陈述过程向旁听群众宣示法律及劝诫民众切勿违法，具有一定教育功能。

我国刑事速裁程序在证据证明标准方面目前仍存较大争议。《刑事诉讼法》在刑事速裁程序证据证明标准方面并未作出具体规定，各地司法机关目前对速裁程序适用及我国刑事速裁程序发展未趋于成熟，受司法改革阶段性限制。但实践中司法机关适用速裁程序审理案件对证明标准方面要求相较刑事普通程序与简易程序已有实际降低倾向，根本原因在于如果速裁程序在证据证明标准方面仍严格要求，无疑会造成司法资源极大浪费，使案件因司法人员证明责任加重而致无法实现诉讼效率提高目的。

二 适用速裁程序所产生的积极效果

《最高人民法院、最高人民检察院关于刑事案件速裁程序试点情况的中期报告》反映我国刑事审判速裁程序在2018年正式进入我国《刑事诉讼法》之前，相关试点运行工作已取得十分亮眼的效果，具有重大示范价值与现实意义。[①]

首先，诉讼效率明显提高。最高人民法院及最高人民检察院抽样统计发现检察机关对案件审查起诉周期相较过去平均20天左右直线降低

---

① 参见人民网：《"两高"全国人大常委会刑事案件速裁程序试点情况报告》，法制网2015年11月，http：//politics.people.com.cn/n/2015/1102/c70731-27768108.html。

15日，多数轻微刑事案件审查起诉用时已缩短至5—6天，九成以上刑事速裁案件法院能够在10日以内审结完毕，诉讼效率高于司法实践中适用简易程序审理案件近一倍以上，同时当庭宣判率能够达到近百分之百。刑事速裁程序试点过程中检察机关抗诉率以及附带民事诉讼原告人上诉率几乎为零，极大程度提高刑事案件结案效率。

其次，认罪认罚从宽精神得到充分体现。刑事速裁程序试点工作中，所有刑事速裁案件被告人被采取拘留、逮捕措施情况占总体案件数量一半左右，对被告人适用监禁刑则仅占三分之一，相比刑事简易程序均有较大程度降低。试点结果充分表明刑事速裁程序不仅能够较大幅度提高诉讼效率，同时亦有效降低羁押性强制措施与监禁刑适用率。各试点地区司法工作人员对刑事速裁程序适用满意度超九成以上，被告人对该程序适用满意度甚至近百分之百。适用刑事速裁程序，通过减少审前羁押，对被告人从快、从宽处理，准确兑现宽严相济刑事政策，有效避免"刑期倒挂"现象，充分体现认罪认罚从宽精神，有利于犯罪人更好自我改造及回归社会。

再次，适用刑事速裁程序同样重视对被告人与被害人诉讼权利的保障。速裁程序虽对庭审中法庭调查与法庭辩论环节有所简化，但针对当事人诉讼权利仍同普通刑事审判一样予以重视。在充分保障被告人关于获得法律帮助权、程序适用选择权以及被告人最后陈述权的同时，通过推动调解、和解程序适用，量刑方面激励与法庭教育等方式，敦促被告人对因犯罪行为所造成的被害人损失予以赔偿救济，在庭审过程中强调被告人与被害人有效参与，保护当事人合法权益，及时有效化解双方社会矛盾。对于刑事速裁程序涉及国家机密、商业秘密及个人隐私案件，同刑事普通程序一样不予公开审理。公开审判原则由宪法确定，我国刑事、民事及行政诉讼法均作有相应规定，目的在于增加司法透明度，强化社会监督对刑事审判公正性带来的积极作用，但为保障被害人与被告人合法权益，公开审判亦须存在例外情形，刑事速裁程序在当事人权利保障方面同样适用例外不公开审理情形。

此外，刑事速裁程序推广与普及促进我国司法体制改革整体推进。刑事速裁程序试点工作是我国于司法体制改革下所进行的一次具有重要意义的尝试，通过前期先行实践，后加以立法方式，按照办案者负责、决定者负责、审理者裁判、裁判者负责目标，推动司法责任制具体落实，通过当庭宣判、当庭送达方式，实现诉讼文书审批制度改革与发展，同时在法官检察官员额制改革、规范量刑等方面亦起到积极促进作用。适用刑事速裁程序虽同样暴露出诸多问题，但我国当前正处于社会主义法治国家建设阶段，该程序出现仍具重要司法意义，是我国实现刑事审判能力与审判体系现代化要求的现实表现，符合我国司法实务运行规律，顺应历史潮流与国家法治发展需求。

最后，刑事速裁程序促进司法机关与行政机关之间协调与合作。作为刑事审判程序之一部分，速裁程序能够得以适用同样离不开侦查部门、检察部门配合。推动侦查部门与检察部门之间高效紧密合作，实现快速审结案件同时保证司法公平正义，通过速裁程序将侦查、审查起诉、刑事审判三个环节融入同一程序之中，以实现各司法行政部门之间紧密合作，加快案件处理速度，提高司法工作效率。

三 速裁程序在实践过程中存在的问题及其原因所在

（一）适用范围过窄，限制性适用规定较多以致无法充分发挥刑事速裁程序作用力

刑事速裁程序的立法目的是满足基层人民法院快速处理大量轻微刑事案件从而缓解案件积压带来的司法工作压力，但在司法实践中该程序真正优势并未完全发挥。目前，刑事速裁程序以可能判处三年有期徒刑以下刑罚案件为适用条件，但在司法实践中仅以适用民间纠纷而导致的轻微伤害案件及醉酒驾驶机动车构成危险驾驶罪等法定刑较低案件为主。由于适用率较低，致使我国《刑事诉讼法》中部分规定长期处于休眠状态。取消速裁程序适用罪名限制，以可能判处3年有期徒刑以下刑罚为界限一定程度上能够扩大程序适用率，使案件处理焦点从定罪量刑方面转为案件能否适用速裁程序上，但是受其他适用条件与限制规定影响，刑事速裁程序适用范围仍然有限。目前适用刑事速裁程序所审理案件大部分属于刑事速裁试点工作中规定的十一种罪名，致使适用刑事速裁程序案件在所有刑事案件中占比较低，无法充分发挥刑事速裁程序

作用，造成过去所预期的"一个刑事案件只需原来一半时间即可审理完成"的构想停留在理论之上。适用范围过窄同样导致另一问题，即在案件审理过程中，如果法院认为案件不属于刑事速裁程序适用范围，那么在审查起诉阶段检察机关针对适用速裁程序所作案件审查报告简化即失去意义，此时检察机关须重新制作检察报告，不仅无法达到加快司法工作效率目的，更容易造成更多办案成本增加。

造成该问题主要原因有两方面，一方面由于法律规定速裁程序排除适用条件限制过多致适用范围过窄。首先表现在对盲、聋、哑人及尚未完全丧失控制或辨认能力精神病人不得适用该程序问题上。法律规定如此限制适用条件根本目的虽在于维护生理、心理存在障碍群体合法权益，在对此类案件材料、证据审查较为谨慎，但如此严格限制性规定不仅在一定程度上限缩刑事速裁程序适用范围，从不同角度出发辩证思考，该限制性规定同时亦忽视此类弱势群体程序选择权。如果能够给予当事人或其法定代理人对适用刑事速裁充分程序选择权，即更具对当事人诉讼权利特别保障之意义。其次，对于未能够达成附带民事诉讼调解、和解协议案件不得适用速裁程序的限制性规定似可取消。适用刑事速裁程序重要目的在于提高诉讼效率，使被告人能够快速因其犯罪行为受到法律制裁，而非尽可能逃避损害赔偿责任。该条件限制虽能够表明被告人在同意适用该程序方面或不至适用刑事速裁程序基本要求，但应当清楚包括轻微案件在内任何刑事犯罪都可能对国家、集体或个人利益产生一定影响，此情况下取得被害人妥协相对比较困难，所以设置如此限制条件无疑增加速裁程序适用范围局限性。另一方面，基于案件办理责任终身制要求，最长 15 日审理期限使法官在审判过程中存在顾虑。受较短审理期限限制，办案人员一般更倾向于选择程序适用率较高、证据核查较为容易的典型案件适用刑事速裁程序，以避免因案件裁判不当致职业风险上升。部分证据审查较为复杂、涉及繁琐司法程序及涉案人数众多但能够适用刑事速裁程序案件，适用独任制审判方式，法官难以正确把握审理方向，基于实现公正与决后责任考量，法官对这类案件一般不选择适用速裁程序，同样造成速裁程序适用率过低问题。

(二) 被害人合法权益难以得到有效保障，参与权受忽视，被告人"重罪轻判"

适用刑事速裁程序审理案件重点在于推进审判效率同时保障被告人诉权，但由此可能造成被害人合法权益遭受损害，使被害人参与权失衡，如何兼顾二者是当前适用刑事速裁程序面临之重要困境。目前我国刑事诉讼法并未规定被害人权利保障相关条款，致被害人没有独立诉权，其相关诉求仅通过向检察机关申请得以表达，其诉讼主体地位较低，且不享有独立上诉权利。在签订调解、和解协议方面，被告人与被害人达成协议可在一定程度上表明被害人同意适用该程序及认可审判机关对被告人判处较轻刑事处罚，但在庭审过程中如果被害人欲反对该程序适用，其诉求也不能向法官当庭表示。同时，速裁程序可能出现对被告人"重罪轻判"以致被害人无法接受裁判结果的问题。如果被害人基于上述原因在判决结果生效之前请求检察机关抗诉，一旦缺乏充足抗诉理由，则会面临抗诉被法院驳回问题，同时有可能致使被告方反悔使案件被推翻重审，因此检察机关对是否抗诉亦存顾虑而不提起，致被害人再无其他任何救济手段，相关诉讼权利无法得到保障，难以实现司法之公正性。

目前我国《刑事诉讼法》并无检察机关应当听取被害人相关意见的明文规定，只规定在庭审阶段被告人享有最后陈述权利，而被害人若想要表达其意见大多仅通过庭前与检察机关之间沟通，在检察官听取被害人所述相关意见过程中容易出现一定程度意思理解偏差导致检方无法向审判法官转达被害人正确意思表示，同时检察机关在制作量刑意见书时不会听取被害人相关意见，一定程度上有损被害人意见表达权利，现行法律并无相关规定。该问题出现源于我国刑事诉讼立法方面尚存缺漏，学界对此仍存较大争议。

(三) 量刑标准与幅度不明确

明确适用速裁程序从宽处罚幅度，完善量刑优惠政策，是从法律上对被追诉人予以对价保护。① 基于被追诉人认罪认罚情况下，检察机关

---

① 刘广三、李艳霞：《我国刑事速裁程序试点的反思与重构》，《法学》2016年第2期。

就指控罪名与罪数等与被追诉人进行协商并达成合意，以此形成量刑建议交法院审查。实践中绝大多数被追诉人同意甚至期待通过舍弃一定权利从而获取量刑优惠，同时被告人更加在乎实体方面的优惠，宁可舍弃相关程序权利优惠。

检察机关在速裁程序适用过程中所提量刑建议对法院作出裁判结果具有重要影响作用，但同时亦存在诸多问题。首先，被告人与检察机关实际协商地位不平等。认罪认罚从宽制度下量刑建议优惠协商由检察机关占据主导地位，有权把握协商主要方向，一旦检察机关对于被告人提出意见不予认可，双方之间则无法达成合意。对被告人而言，聘请辩护律师也只能尽力帮助被告人收集更多有利证据，以及维护被告人自愿、自由表达其个人意见。若被告人与检察机关无法达成协商合意，被告人只能被促使做出更多让步以此获得比正常裁判更优惠的刑事处罚，严重影响被告人诉求表达。其次，我国地域辽阔，人口众多，各地经济发展速度与水平不一，导致不同地区相同类型或情节类似案件出现"同案不同判"问题，主要表现在对案件严重程度判定与定罪量刑差异方面。针对同等情况不同对待产生不同裁判问题，对我国司法公信力建设影响重大，因此我国刑事诉讼速裁程序在立法工作方面亟须设置合理量刑标准，以尽快提高办案机关执法司法规范性，推动司法公信力提高。

(四) 整体流程有待进一步优化

虽然刑事速裁程序在提升法庭审理效率方面具有积极作用，但亦仅限于审判程序而未完全包括审前各项程序，无法突出该程序在法院审判工作之前所应具有的效率优势。具体原因在于，第一，法律对于适用刑事速裁程序未根据侦查阶段设置相应时限规定。当前轻微刑事案件数量不断上升，检察机关与审判机关必须以更快速度处理大量案件，但《刑事诉讼法》中适用速裁程序所规定起诉与审判期限对司法机关而言仍难以满足，致使诸多刑事轻微案件不得不转入简易程序或普通程序审理。通过法律完善相关规定，明确及限缩侦查阶段相应时限，才能以此向审查起诉阶段和审判阶段分配充足时间，平衡速裁程序整体办理期限。第二，适用速裁程序内部审批流程未予简化。影响速裁程序整体办案效率重要原因之一在于刑事速裁案件机关内部审批流程繁琐。审查起诉阶段检察机关需对案件侦查过程及相关材料予以审查，而审判机关在庭审前同样需要核查侦查机关与检察机关所递相关案件材料，因不同机关对案件情况存有不同理解与不同判断标准，致案件流转过程中出现重复不必要审批流程。

(五) 值班律师制度不完善，被告人权利保障受限

《刑事诉讼法》于 2018 年正式新增值班律师制度，运用值班律师制度是在速裁程序中对犯罪嫌疑人、被告人进行保护的重要方式。诸多刑事案件被告人受不同文化水平与法律素养限制，对自己所拥有一系列诉讼权利理解不足，为保障在刑事速裁程序中被告人合法权益不受侵害，我国在制度上创新设立值班律师制度，但是目前值班律师制度仍不完善，律师角色定位还需进一步明确。

首先，值班律师法律帮助作用需进一步加强。由于值班律师仅主要负责对被告人关于程序方面问题解答，并不能介入深层次的案件实体部分，无法对案件资料深入掌握。同时由于值班律师为司法机关派出帮助被追诉人的角色，容易引起被告人误解，认为值班律师是与司法机关合作之一部分，致使被追诉人产生排斥心理，不愿配合相关工作、有效行使合法权益，使值班律师制度沦为摆设，其作用被一定程度削弱。

其次，值班律师之间工作无法衔接。值班律师工作模式为轮换值班制工作方式，如果案件在不同时间、不同阶段更换不同甚至多个律师对被告人予以帮助，不同值班律师在思维、价值取向及业务水平与素养方面均有所不同，容易对同一问题做出不同解答，给被告人带来较大误解与疑惑，使值班律师帮助结果存在浪费现象。对待此问题当前应及早采取相关措施，制定相关法律规范以改善目前尚存值班律师之间工作无法正常衔接的司法现状。

最后，值班律师本身法律专业性强弱参差不齐，现行法律规定尚缺值班律师选拔与业务水平考核相关制度。法律援助机构所选派值班律师负有重要司法责任，理应具有较高法律专业素养与一定司法实践经验，但因缺乏相关制度条件限制，致使很多业务水平欠佳的律师以通过成为值班律师而提升司法实践经验，值班律师通过为被告人提供法律帮助而拿案件"练手"，严重影响被告人诉讼权利行使。同时，因缺乏相应考

核、激励以及相关培训制度，除无法保证律师水平外，部分经验丰富的律师在权衡其他案件辩护工作时间和作为值班律师可得利益后，选择尽可能不去担任值班律师，或担任过程中怠于负起职业责任，亦有碍被告人权利行使。

第六节　速裁程序适用轻罪案件理性思考

一　速裁程序在轻罪案件程序体系中的重要地位

《刑法》自1997年全面修改以来，已多次通过《刑法修正案》对法律予以修改完善，目的在于顺应时代发展与民众期望。目前法网严密化已成显著发展趋势，严重危害社会安全重大犯罪案件数量相较过去有所减少，取而代之的是大量轻罪刑事案件，且该类案件数量呈上升趋势。对此，刑事案件类型化，准确识别轻微刑事案件，以提高司法工作效率，具有我国特色并符合宽严相济刑事政策精神内核的轻罪案件程序体系已在国家法治改革与发展进程中建构而起。

目前轻罪案件程序体系主要由刑事简易程序、速裁程序、认罪认罚从宽制度以及当事人和解的公诉案件诉讼程序等构成，作为刑事速决程序体系发展与完善过程中的最新法治成果，刑事速裁程序已成为近年来速决程序司法改革领域热点事件。刑事速裁程序自2014年开展试点工作以来，抛开程序试点具体实效与制度细节不谈，单独从刑事速决多元化探索方向来看，标志我国基于"繁简分流"司法改革方向向着完善多元化刑事速决程序体系道路上又迈进新的一步。刑事速裁程序在普通刑事简易程序基础上进一步简化，其理论深度与制度优势更为明显，属多元化刑事速决程序的重要组成部分。刑事速裁程序同刑事诉讼普通程序与简易程序相比，审理时间缩短，司法资源节省，诉讼效率提升能力更为强大。同时，速裁程序兼引入认罪与认罚概念，此为轻罪领域内认罪认罚从宽制度积极探索的重要一步。作为我国轻罪案件适用刑事快速审判模式完善先驱，刑事审判速裁程序在轻罪案件程序体系中具有重要地位。

二　强化速裁程序权利设计理念

当前刑事诉讼程序分流机制主要以"权力主导型"及"权利主导型"两大形式进行建构,"权力主导型"即对刑事案件分流完全由司法机关通过自身力量独立自主完成,其显著优势在于分流效率高、节约司法成本大、推广适用快速,但暴露出权利保障不足问题。① 而"权利主导型"则与之相反,其基本特征在于充分尊重被追诉人程序主体地位而建构的快速审判程序。刑事速裁程序目前恰属"权力主导型"分流机制,包括各种刑事速决程序模式立法与实际运行均由司法机关主导,对被追诉人权利保障明显不够充分。虽然"权力主导型"案件分流机制在提升办案效率方便具有极大优势,但容易忽视程序分流基本价值,② 因此必须强化速裁程序权利设计理念。

（一）强化被追诉人程序参与

第一,赋予被追诉人独立的刑事速裁程序提起权。被追诉人能否享有自主提起诉讼程序的权利关系被追诉人能否在认罪认罚从宽案件中拥有实质性的诉讼主体地位。目前我国《刑事诉讼法》在刑事速决程序方面虽已有速裁程序提起主体范围的相关规定,同时规定速裁程序提起需以被追诉人同意适用为前提条件,但并未对被追诉人能否独立提起适用速裁程序之权利作出相关规定,对于被追诉人诉权保障存有缺失,有必要通过立法形式赋予被追诉人以独立提起刑事速裁程序权,彻底改变目前被追诉人在诉讼过程中其实际的客体地位。

第二,建立完善权利告知机制。知情权作为被告人充分行使其他权利的前提同样具有重要意义,被告人对刑事速裁程序的量刑、诉讼权利让渡以及适用程序法律后果等内容了解与掌握等,即为知情权之一部分。目前被追诉人对其权利义务了解仅通过告知书形式得知,难以真正理解权利内容相关不足之处,对于舍弃权利换得量刑优惠也存有不解。

---

① 张宝:《刑事速裁程序的反思与完善》,《法学杂志》2018年第4期。
② 黄文艾、黄广进:《中国刑事公诉制度的现状与反思》,中国检察出版社2009年版,第326页。

应当建立与完善新型权利告知机制,规定在侦查、审查起诉及刑事审判每一项环节中都须向被追诉人告知其所拥有相关诉权,并进行相应细致解读与阐明,同时应当将行政司法机关对被追诉人权利告知义务作为强制性法律要求。

第三,改革现行刑事司法,明确只要在被追诉人承认其所犯罪行,对所指控犯罪事实没有异议情况下,即使被追诉人针对量刑建议存有异议也不影响刑事速裁程序适用。其背后原因在于对量刑建议提出不同意见不仅是被追诉人为维护自身合法权益、追求对自己最有利法律后果的人之常情体现,同时亦是被追诉人充分行使辩护权的体现。如果因被追诉人针对量刑建议存在一定异议就绝对排除适用刑事速裁程序,将会导致被追诉人辩护权无法充分实现,极大程度限缩刑事速裁程序适用范围。

(二) 规范量刑优惠

适用刑事速裁程序是以被追诉人放弃或减少一定诉讼权利为代价而换取的相比正常裁判更轻刑事处罚,只有对被追诉人给予充分量刑优惠才能吸引被追诉人积极同意适用该程序,目前《刑事诉讼法》并未明确规定相关量刑优惠标准,有必要通过立法实现优惠标准梯度化,使被追诉人能够直观看到选择适用刑事速裁程序不同情况下所能够获得的量刑优惠幅度。

第一,可以针对适用量刑优惠具体条件、适用范围等作出相应明确详细的立法规定,在全国范围内统一量刑优惠政策,防止在适用刑事速裁程序后出现同案不同判问题。侦查机关与检察机关在告知与引导被告人可适用刑事速裁程序时,同时应当明确告知被告人适用刑事速裁程序相关量刑优惠政策。目前司法实务中所参考量刑优惠政策主要依据《人民法院量刑指导意见》,其中规定被告人当庭自愿认罪可减少基准刑10%以内;能够取得被告人及其家属谅解可减少基准刑20%以内;如果被追诉人积极赔偿被害人因其犯罪行为而导致的经济损失,可减少基准刑30%以内。由于奖励在10%到30%之间,此时法官需基于内心价值判断发挥自由裁量权,综合考虑被追诉人实际情况作出判决。相关参考标准仍过于宽泛,应当逐步建立健全符合适用刑事速裁程序案件自身特性的专属性量刑优惠标准。

第二，可以通过在司法机关内部出台速裁程序相关实施细则，指导司法工作人员在办理刑事速裁案件过程中准确优惠量刑。同时可定期安排刑事速裁程序专门实践培训讲座，帮助司法机关工作人员深入了解速裁程序设立理念与制度精神，推动司法机关更好发挥适用刑事速裁程序审理案件的主动性，弥补速裁程序法律规定不足之处。

三 强化速裁程序刑事诉讼全过程适用机制

目前众多法律研究人员提出速裁程序"提前介入模式"以取代当前刑事速裁"公检法三机关流水作业模式"，强化各个部门之间适用刑事速裁程序的相互配合。虽然刑事速裁程序对提高刑事诉讼效率所发挥作用显而易见，但速裁程序依旧是基于控、辩、审三方对立模式下运行，无法避免相关重复工作耗费大量时间的问题。

（一）扩大刑事速裁程序启动主体之范围

根据现行《刑事诉讼法》规定，刑事速裁程序适用决定权掌握在基层人民法院手中，公安机关与辩护人可建议检察机关适用刑事速裁程序，而检察机关在提起公诉时可书面建议法院适用速裁程序审理案件。刑事速裁程序建立目的在于使整个司法系统在案件办理过程中加快各环节办理进度，提升诉讼整体效率。今后可将速裁程序启动主体扩大至包括公安机关与检察机关。公安机关对轻微刑事案件可在侦查阶段即按照刑事速裁程序相关要求进行侦查取证，而后检察机关经对案件审查后基于公安机关建议而适用该程序办理案件，进入审判阶段后，人民法院可通过对检察机关所提建议予以考量后适用刑事速裁程序，或者直接选择适用刑事速裁程序审理案件。如此改革完善方向同样需要公安、检察、法院三机关建立速裁程序实施细则，使启动权行使规范化、合理化。

（二）加强公、检、法三机关之间适用刑事速裁程序协调性

第一，需加强公安机关与检察机关之间的协调。首先，公安机关在立案时，应当从案件源头把握是否属于可适用刑事速裁程序的案件，如果发现案件确属能够适用刑事速裁程序审理，则应当积极按照速裁程序相关规定办理案件，如果案件可能能够适用刑事速裁程序审理，则应当

对其进行标注，方便以后对案件进行重点审查从而作出是否适用的决定。检察机关应当对侦查机关是否进入刑事速裁程序做好监督工作，以防侦查机关为拖延审限而拒绝进入该程序。其次，侦查机关也可在案件办理过程中申请检察机关先行介入，为侦查机关适用速裁程序办理相关案件提供指导与帮助。最后，侦查机关可针对刑事速裁程序设置专项办案小组，系统性简化审批流程，减少不必要文书材料。

第二，需加强检察机关与审判机关之间的协调。检察机关作为刑事诉讼三机关在案件办理过程中的居中环节部门，在案件适用刑事审判速裁程序情况下需要做到集中审查办理、集中出具量刑建议书以及集中与法院沟通。在刑事速裁案件办理过程中对被告人是否同意适用该程序更应强化相关自愿性审查，以帮助被告人有效维护合法诉讼权利。同时在制作量刑建议书方面应加强与法院沟通，提高量刑建议书被法院采纳的可能性，以此加快诉讼进度。

第四章　轻罪案件刑事和解程序

第一节　问题的提出

恢复性司法是进入 21 世纪以来国内刑事法学界开始关注继而展开研究的一个学术领域,因刑法学界积极顺应全球刑事诉讼改革潮流和满足刑事司法实践需求,助推我国刑事司法实务部门对刑事和解深入实践探索而成为一个备受关注的话题。特别是在 2002 年以后,我国积极借鉴国外恢复性司法的先进理念和经验,结合国内文化背景和司法现状,探索并构建具有中国特色的刑事和解制度。刑事和解制度是我国多元化纠纷解决机制的一种模式,为深入推进司法改革进程,促进构建社会主义和谐社会和贯彻宽严相济刑事政策提供新机制。刑事和解通过加害人与被害人平等、自愿参与沟通协商并达成协议,化解矛盾纠纷,充分保护被害人权利,帮助加害人重新回归社会以及促进修复由犯罪行为所破坏的社会关系,能够有效缓解诉讼压力,促进社会和谐稳定。在既有学术理论、司法制度和实践的基础上,2012 年我国新修订的《刑事诉讼法》首次且单章规定"当事人和解的公诉案件诉讼程序",明确和解的适用范围和条件以及从宽处理决定,2018 年《刑事诉讼法》仍然原文沿用此项规定。"当事人和解"即是目前我国学术界和实务界所一直讨论的"刑事和解"。刑事和解具有正义性,追求全面的正义、实际的正义,符合社会主义核心价值观的要求,有利于解决矛盾纠纷,维护社会稳定,更好满足新时代人民群众日益增长的美好生活的价值追求。然而,在现有学术界讨论范畴内,虽然存在"我国刑事和解制度、刑事和解制度在未成年人犯罪案件中应用的问题研究、刑事和解制度潜在风险的司法防范、重罪案件适用刑事和解的可行性分析"等研究内容,以及刑事司法中对轻伤害案件、交通肇事案件、未成年人犯罪案件、盗窃案件、寻衅滋事案件等相对较轻的案件适用刑事和解程序,但是并没有对轻罪案件适用刑事和解程序做系统的理论分析。

我国已进入新时代,人们普遍对司法提出更高要求和标准,尤其是刑事司法。刑事司法中轻罪案件适用刑事和解程序强调保障双方当事人切身利益和社会关系修复,关注被害人是否得到充分赔偿或者补偿、加害人是否顺利重归社会以及社会稳定是否得以维护等诸多现实问题,足以影响司法权威和公信力以及司法全面正义的实现,因此需要重视完善相关理论。由此,从以下四大模块对轻罪案件刑事和解程序展开较为系统的探讨,以促进轻罪案件刑事和解程序在我国的本土性发展。

第二节 刑事司法理念的转型

一 传统刑事司法理念的转型

20世纪50年代以来,社会经济快速发展、信息网络化迅速蔓延,多元、复杂的新型犯罪逐渐进入现实生活,黑社会性质犯罪、有组织犯罪、未成年人犯罪日益成为社会公众普遍关注的热点问题,社会生活秩序面临着严峻考验。有学者认为,"第二次世界大战以后,世界各国刑事政策朝着所谓'宽松的刑事政策'和'严厉的刑事政策'两个不同的方向发展,这种现象被称为刑事政策的两极化"[①]。由此,各国刑事司法理念和刑事政策不断发生变化,表现出"轻轻重重"两极分化的趋势。

纵观整个人类历史,从古巴比伦王国时期的《汉谟拉比法典》开始,各国出现一部部惩罚严厉的刑法,但是残酷的刑罚制度并没有产生真正的社会效果,也未能有效遏制犯罪,因此也就需要一种新型司法模式来改善这种状况。轻刑化理念成为世界刑事诉讼改革的潮流,各国刑罚不再以报应为主,刑事司法理念逐渐发生前所未有的变化。取而代之

---

① [日] 森下忠:《犯罪者处遇》,白绿铉等译,中国纺织出版社1994年版,第4页。

的是一种新型刑事司法理念——恢复性司法，旨在关注加害人对被害人的补偿、被害人与加害人之间关系的恢复以及社区关系的恢复。也有学者从自身研究角度出发，提出些许比较类似的概念，比如修复性司法、补偿性司法、平衡司法、关系性司法、社区司法等。实际上，前述这些概念之间存在着某种内在联系，并非是一种紧张对立的关系。诚然，恢复性司法理念改变了传统刑事司法以报应为目的的理念，两者表现出一定差异性。恢复性司法强调对于犯罪不应该只强调刑罚惩罚，也可通过非刑罚性措施使加害人积极改过自新、承担相应法律后果。不仅如此，恢复性司法还有一系列非常重要的目标，即帮助加害人掌握生活技能和交往技巧、重新回归社会，并给予其正确、及时的引导；保障被害人应有权益，充分修复精神创伤，重新使其建立起社会安全感和归属感；助推社会关系的修复，维护社会和谐稳定，提高社区控制和预防犯罪的能力。

我国亦不例外。有学者曾指出，"中国近年来兴起的刑事和解制度尽管无论在理念上还是在制度设计方面，都可以从恢复性司法中发现一些类似的要素，但两者在本质上还属于不同的两种司法模式。为避免误解，我们有必要将刑事和解制度视为一种私立合作模式，以区别传统的对抗性司法模式，也区别于那种国家公诉机关与被告方通过协商达成合作的公立合作模式。"① 我国正在探索实践具有中国特色且符合我国国情的刑事和解制度，并且在多方面体现出恢复性司法所具有的理念和精神。党的十六大以来，我国司法机关贯彻落实宽严相济的刑事政策，开始探索在公诉案件中鼓励当事人和解的新型办案方式，并在许多地区进行多元化的探索实践和发展。自从2002年北京市朝阳区检察院出台《轻伤害案件处理程序实施规则（试行）》以来，全国多地相继出台一系列有关刑事和解的规范性文件并开展试行实践，取得良好的社会效果。其中具有一定影响力的有：2004年4月江苏省高级人民法院、省人民检察院、省公安厅联合发布的《关于办理轻伤害案件的暂行规

---

① 陈瑞华：《刑事诉讼的私立合作模式——刑事和解在中国的兴起》，《中国法学》2006年第5期。

定》、2007年9月丹东市检察机关出台的《关于适用刑事和解办理刑事案件的实施办法（试行）》、2009年4月彭州市人民检察院、司法局联合颁发的《关于联合开展刑事和解工作的意见》、2012年10月太原市人民检察院出台的《办理当事人和解公诉案件的规定（试行）》、2013年12月贵州省检察机关颁布的《适用刑事和解办理刑事案件的规定》以及2013年12月海南省检察机关出台的《刑事和解案件公诉工作细则（试行）》等，最高人民检察院于2007年也提出《关于在检察工作中贯彻宽严相济刑事司法政策的若干意见》。但是由于以往没有立法的规定和统一的法律标准，各地刑事和解的相关文件在规定和适用上呈现出一定差异性。2012年新修订的《刑事诉讼法》中正式规定"当事人和解的公诉案件诉讼程序"，即刑事和解程序，明确规定和解的适用原则和条件，为全国各地区制定和完善刑事和解相关规范性文件提供了法律依据。

新时代背景下，我国刑事和解制度表现出本土化、多样化的发展形式。2019年以来，山东省高唐县探索实践基层派出所、司法所"两所共建"工作模式，规定适合调解方式解决的治安案件、刑事和解案件等交由人民调解员提前介入进行调解，取得良好的社会效果，切实增强了人民群众的法治获得感、幸福感和安全感。2020年2月10日，中央依法治国办、中央政法委、最高人民法院、最高人民检察院、公安部、司法部联合发布《关于依法惩治妨害新型冠状病毒感染肺炎疫情防控违法犯罪的意见》，规定在打击妨害疫情防控违法犯罪时，妥善处理出现的各种矛盾纠纷，对符合法定条件的治安调解、刑事和解的案件，公安机关在依法收集案件证据的同时，积极开展调解、和解工作，做到定纷止争、案结事了。[①] 2020年9月7日，江苏省检察院、省司法厅联合签署《关于进一步加强刑事和解工作的若干意见》，由人民调解委员会在各级检察院12309检察服务中心设立人民调解工作室（挂刑事和解室

---

① 杜航伟：《为疫情防控顺利推进提供有力法治保障："两高两部"相关负责人就依法惩治妨害新冠肺炎疫情防控违法犯罪的意见答记者问》，中华人民共和国司法部（中国政府法制信息网），http://www.moj.gov.cn/pub/sfbgw/zwxxgk/fdzdgknr/fdzdgknrjdhy/202002/t20200211_349291.html。

牌子），承担人民调解与刑事和解工作。全省检察机关在该工作室启动后三个月，办理刑事和解案件438件，调处一批轻微刑事案件，尤其是亲属邻里间轻微刑事案件，有效化解了矛盾纠纷，维护了社会稳定。内蒙古自治区巴彦淖尔市磴口县法律援助中心，探索实践法律援助"六延伸"举措，其中之一是向刑事法律援助领域延伸，积极参与刑事和解工作。总之，我国现代刑事和解制度是以国内形势和社会发展为背景，以恢复性正义为核心，以充分保障被害人权利、帮助加害人重返社会、恢复当事人之间关系和社会关系为目标，探索实践有特色的本土刑事和解制度，完善发展形式多、范围广、效果佳的轻罪案件刑事和解程序，必然会为我国贯彻落实宽严相济刑事政策、深化司法体制改革和新时代社会发展提供有力制度支撑。

二 刑事和解制度产生的背后原因

任何事物或者现象的产生，都是必然性和偶然性的统一。正是由于传统刑事诉讼体制存在不足，才探索出刑事和解制度，并在现实社会的需求中迅速兴起。刑事和解制度的产生，主要基于以下几种因素。

首先，监狱矫正的失败是探索新型刑事诉讼程序的助推剂。以往，我们普遍认为监狱是打击犯罪行为和改造罪犯最理想的场所，但是经过过去很长时间的实践发现，现实并非如此，并没有产生我们所预想的司法效果和社会效果，监狱教化作用明显弱化。有学者曾经指出，"监狱的存在价值可能恰恰在于本身的失败性。正是由于监狱创造了一个稳定的犯罪群体，才为国家的法庭或者监狱制度的存在提出了理由"[1]。当然，如果监狱能够起到严厉打击犯罪活动、惩罚和改造罪犯的积极作用，社会中的犯罪行为必会大幅减少，这将会导致监狱这一机构的功能逐渐丧失，甚至是该机构的消亡。但是任何一个国家机构的存在均具有一定合理性。从古至今，监狱或者牢狱之所以一直存在而没有消失，正是因为如此。

---

[1] [法]米歇尔·福柯：《规训与惩罚》，刘北成、杨远婴译，生活·读书·新知三联书店2003年版，第298页。

事实表明，监狱的主要功能并不在于矫正，反而更注重惩罚。如果监禁能够有效改造罪犯，达到预防犯罪的目的，那么美国应该是世界上最安全的国家，但是实际上并非如此。据有关资料统计，美国监狱中的在押犯，在2003年为210万，占世界监禁人数的1/4。根据凡奈斯的统计，美国的监禁率大约为新加坡的26倍，中国的70倍，法国的104倍，日本的208倍。[1] 众所周知，尽管美国具有很高的监禁率，但依然是西方发达国家中社会治安最差的国家。不但如此，监狱还带来一系列负面的社会影响：破坏罪犯与家庭之间的关系，不利于发挥家庭教育对罪犯的改造作用；监禁割裂罪犯与现实社会的联系，不益于罪犯重新回归社会；剥夺罪犯一定的社会交往和生存技能，易使罪犯产生对社会的不适感、距离感等。纵观世界各国的刑事诉讼体系，尽管自由刑仍然是各国刑罚体系的重心，但是由于自由刑存在一定弊端和消极影响，已受到越来越激烈的批判，特别是短期自由刑。从司法实践来看，在监狱中短暂的服刑，并没有起到足够的震慑和矫正作用，反而更容易使罪犯之间产生交叉感染，容易产生对被害人和社会的不满，造成重新犯罪的可能性不断增加。而且，从监狱中释放出来的罪犯，重新进入社会之后，极易对社会产生不适感。如果没有得到及时有效的引导和帮助，他们将很难融入到社会生活中，由此丧失对生活的信心和勇气，甚至可能产生对社会的仇视，进而引发一系列社会稳定问题。

其次，被害人权利未得到充分保障要求进一步完善落实司法正义。在原始社会时期，被害人不可能求助任何公共力量，反而只能依靠所谓的"私力救济"来维护自身合法权益，"私权处刑"现象比较严重。然而，随着国家和法律的出现，国家设立公共权力机构，为被害人提供强有力的"公力救济"，被害人的权益和诉求因此得到很大满足。但是伴随着法律和制度对国家权力行使的限制，犯罪行为不再被认为是侵犯被害人个体权益，反而是侵犯了国家、社会的整体利益，致使被害人在刑

---

[1] Daniel W. Van Ness, Restorative Justice Around the World, A Paper Prepared for the United Nations Crime Congress: Ancillary Meeting Vienna, Austria, 2000.

事诉讼中的地位一落千丈,逐渐被忽视。[①] 由此,国家在整个司法体系中具有主导地位,整个诉讼结构变成控辩审模式,被害人个人不能再参与刑事诉讼程序,也不再享有主动与加害人私了的权利,甚至沦为"案外人"。这样一来,刑事司法整体的重心开始以加害人为导向,忽视和遗忘了被害人,出现"加害人的权利得到及时有效保障,被害人权益没有受到同等待遇"的现象,有违司法正义价值理念,导致被害人认为社会不公平、司法无正义。20世纪50年代以后,这种现象开始有所改善,被害人开始被关注和同情。要想将被害人引入刑事诉讼程序,并充分保障被害人权益,就必然要探寻一种新的纠纷解决机制,以弥补传统刑事诉讼体制存在的不足。在现有司法体制的基础上,刑事和解所开创的正是一条保护被害人权益和帮助加害人重归社会的平衡之路。

最后,司法资源有限、诉讼效率低下是深入推进司法改革、探索新型纠纷解决机制的重要因素。在司法实践中,为有效控制和预防犯罪,国家需要投入大量司法资源,包括公安机关、检察机关、审判机关、监察机关、看守所、监狱等机构的人员以及物质、财产等。特别是新时代社会公众法治意识不断增强,对诉讼程序的正当性要求也越来越高,这必然会投入大量人、财、物,导致诉讼成本大幅上升。当然,也并非只有犯罪问题才需要投入成本。社会健康稳定运转不仅需要依靠司法,还有经济、科技、文化、教育等多项领域。因此社会资源有限的情况下,就要求在深入推进司法改革背景下,努力实现司法资源优化配置和最大化运行,以降低诉讼成本。

为促进司法资源优化配置、节约司法成本以及提高诉讼效率,世界各国都试图进行司法改革,以缓解正义和效率之间的紧张关系。例如,很多国家在诉讼程序进程中,设置转处措施,以分解国家诉讼体制压力;建立繁简分离的案件分流机制,重整既有司法资源,进一步提高诉讼效率;实行辩诉交易制度,在现有诉讼体制下引入协商机制以提高刑事诉讼效率;采用普通程序的简易化,扩大受案范围,简化或者省略诸

[①] 杜宇:《理解"刑事和解"》,法律出版社2010年版,第38页。

多诉讼环节,从而大大节约了司法资源。① 毫无疑问,这些措施仅仅是在既有的诉讼体制框架内进行,并没有从根本上改变原有的司法理念和一元化的纠纷解决模式。然而,随着社会转型不断深化和社会矛盾纠纷不断涌现,司法资源的有限性与刑事案件的日益增多,两者之间的对立变得更加明显,而刑事和解却在某种程度上能够优化司法资源配置,提高诉讼效率,进而缓解此种对立关系,为新时代社会发展和深入推进司法改革提供有益新途径。

三 轻罪案件刑事和解的理论分析

(一) 关于轻罪案件的不同观点

本书旨在讨论轻罪案件的刑事和解程序,因此首先要对"轻罪"这一概念有所理解,才能对此类刑事和解程序做进一步分析。目前,关于轻罪主要有以下几种观点。

一种观点认为,轻罪可以从形式和实质两个方面进行界定:形式上,可以把轻罪界定为法定最高刑为3年有期徒刑的犯罪,主要包括3年有期徒刑宣告缓刑、不满3年有期徒刑、不满3年有期徒刑宣告缓刑、拘役、拘役宣告缓刑、管制、单处附加刑和免予刑事处分。② 实质上,轻罪是指行为已经构成犯罪但是社会危害性较小,行为人的主观恶性不大或者智力、身体有缺陷或者行为可能判处3年有期徒刑以下刑罚的犯罪。③ 该观点虽然从形式和实质上对轻罪进行了界定,但却是从法定刑和宣告刑两个标准分别进行,未统一划分标准,没有为办案人员提供明确的轻罪案件范畴,不利于刑事和解程序的适用。

亦有观点以现行法律规定为依据,提出"轻型刑事案件"的概念,并指出:"所谓轻型刑事案件,是指行为人实施了触犯国家刑事法律、具有应受惩罚性的行为,但是行为人的主观犯意、行为手段并不恶劣,

---

① 杜宇:《理解"刑事和解"》,法律出版社2010年版,第45页。
② 许海峰、慕平:《法律监督实践者的理性思考》,法律出版社2005年版,第142页。
③ 陈兴良:《宽严相济刑事政策研究》,中国人民大学出版社2007年版,第292—295页。

或具有某种可恕的诱因或者社会情由,行为后果和社会危害性并不十分严重的刑事案件。包括轻微刑事案件和较轻刑事案件。"① 其中,从某种意义而言,轻微刑事案件与人民法院直接受理的刑事自诉案件范畴基本一致。较轻刑事案件相较于轻微刑事案件,犯罪情节、社会危害性、主观恶性等比较严重,但是并不属于恶性案件。从上述观点可以看出,该定义并没有对"轻罪"作出明确限定,这反而会在司法实践中给予法官很大自由裁量权,极易出现权力滥用的违法现象,从而影响司法的正义性和权威性。

还有观点认为,轻罪是指轻微的犯罪。"轻微"表现为造成的损害结果应为轻微,承担的刑罚较轻,以及该行为可以不必认定为犯罪,具体包括:第一,从犯罪嫌疑人主体身份角度看是指未成年人犯罪、女性犯罪、盲聋哑人犯罪、老年人犯罪以及已经达成赔偿协议的轻伤害案件;第二,从犯罪嫌疑人可能被判处刑罚的角度看是指可能被判处3年有期徒刑以下刑罚,包括适用缓刑、附加刑的案件;第三,从犯罪主观构成要件的角度看是指出于过失犯罪的案件;从涉案情节角度来看是指具有法定的从轻、减轻或者免除刑罚的情节的案件。② 该观点将"轻罪"解释为"轻微的犯罪"仅仅是同义替换,并未做出真正意义上的解释,造成词意模糊不清而影响办案人员的判断,不能推动刑事和解程序有效有力开展。

也有观点认为,轻微刑事案件是相对于严重犯罪而言的,这取决于犯罪人行为危害程度的轻重和人身危险性的大小。轻微刑事案件的基本特征是行为人的行为已经触犯法律,为刑法所禁止,但相较于恶性案件,此类案件犯罪性质或情节轻微,可作出处刑较轻或免予刑事处罚的裁判。具体包括:第一,告诉才处理的案件;第二,《刑事诉讼法》第一百七十条第二项所规定的"被害人有证据证明的轻微刑事案件"。③

---

① 马贤兴:《刑罚慎用:轻型刑事案件的处罚与分流——2003年度长沙市基层刑事案件的实证考察与思考》,硕士学位论文,湘潭大学,2004年。
② 蒋宇等:《轻罪刑事政策的适用——论在轻罪案件的审查起诉工作中如何适用刑事政策》,转引自卢建平《刑事政策评论》,中国方正出版社2007年版,第283—285页。
③ 王太奇:《论轻微犯罪刑事政策的适用》,硕士学位论文,郑州大学,2004年。

该观点同前述两种观点一样，仍然未对"轻罪"做出明确规定，仅仅是对轻罪基本特征的简单说明。

通过近年来我国适用刑事和解程序的司法实践来看，本书更倾向于上述"轻型刑事案件"的观点。但是通过多数既有的轻微案件刑事和解规范性文件的规定，刑事和解适用于：公民之间因为人身、财产等问题引发的纠纷，涉嫌《刑法》分则第四章、第五章规定的犯罪案件，可能判处3年有期徒刑以下刑罚的；除渎职犯罪以外的过失犯罪，可能判处7年有期徒刑以下刑罚的。因此，本书从犯罪的基本特征出发对"轻罪"做出限定，认为将"轻罪"定义为"触犯我国刑法、具有严重社会危害性，应受5年有期徒刑以下刑罚处罚的行为"更具有合理性、前瞻性，在某种程度上能够弥补以上观点存在的缺陷，更有助于我国刑事和解制度的完善和发展。

(二) 刑事和解的概念

刑事和解是一种新型刑事纠纷处理方式，概念本身并没有统一标准，并且世界各国文化传统和法律制度各不相同，由此产生众多有关刑事和解含义的不同观点。总体而言，目前国内具有代表性的观点主要包括以下两大类。

第一类主要是从国内层面出发，有学者认为刑事和解是一种以协商合作形式恢复原有秩序的纠纷解决方式，是在刑事诉讼程序中，加害人以认罪、赔偿、道歉等方式与被害人达成协议后，国家司法机关不追究加害人刑事责任、免除处罚或者从轻处罚的一种制度。[①] 意即，刑事和解实际上是指刑事案件中所涉及的民事部分的和解，并不是指刑事部分的和解。达成和解之后，经过审判机关的审查，再对和解协议的效力和最终结果作出裁定。另外还有学者基于目前中国的刑事和解程序更多还是围绕赔偿问题进行开展的现实状况，将刑事和解概括为一种基于控辩双方赔偿问题所进行的和解、对话、协商乃至交易过程。[②] 如今，我国

---

① 陈光中、葛琳：《刑事和解初探》，《中国法学》2006年第5期。
② 陈瑞华：《主题研讨——刑事和解：法律家与法学家对话录》，《国家检察官学院学报》2007年第4期。

第四章 轻罪案件刑事和解程序

刑事和解协议内容不仅局限于赔偿问题，已扩展到义务劳动、提供劳动等补偿性问题，给予没有赔偿能力的加害人更多改过自新的机会，这也是新时代我国刑事和解制度发展和完善的方向。

也有学者认为刑事和解是指犯罪嫌疑人、被告人以具结悔过、赔礼道歉、赔偿损失等方式得到被害人的谅解，被害人要求或者同意司法机关对犯罪嫌疑人、被告人依法从宽处理而达成协议。根据被害人与犯罪嫌疑人或者被告人达成的和解协议，检察机关可以依法作出不批准逮捕，或者不起诉，或者建议从轻、减轻处罚。这也是目前我国司法实践中的主流观点。但是，实践中还存在公安机关参与刑事和解的情况，在被害人与加害人自愿达成和解协议之后，作出不立案或者撤销立案的决定。

第二类是借用国外观点，有学者认为刑事和解就是西方国家开展的加害人与被害人和解（Victim-Offender Reconciliation，VOR），是指在犯罪后，为了弥补被害人受到的伤害、修复因加害人的犯罪行为而损坏的人际关系，使加害人改过自新、复归社会，经由调停人帮助，使加害者和被加害者直接会谈、协商，解决刑事纠纷或冲突的一种刑事司法制度。[①] 也有学者认为刑事和解是西方国家的被害人与加害人调解（Victim-Offender Mediation）、被害人与犯罪人会议、当事人调停或者恢复正义会商等和解项目的统称，基本内涵就是"在犯罪发生后，经由调停人（通常是一名社区自愿人员）的帮助，使被害人与犯罪人直接商谈、解决刑事纠纷，恢复被犯罪人所破坏的社会关系、弥补被害人所受到的伤害以及恢复犯罪人与被害人之间的和睦关系，并使犯罪人改过自新、复归社会。[②] 此观点相较于前述概念更加完善，同时还具有恢复被破坏的社会关系这一作用。西方制度下的刑事和解虽然具有严重的宗教色彩，但是符合本国社会文化背景，也能起到一定的法律效果和社会效果。还有学者认为刑事和解，又称犯罪人与被害者的和解，是指在犯罪发生后，经由调停人（通常是一些受过训练的自愿者）使犯罪人与被

---

① 刘凌梅：《西方国家刑事和解理论与实践介评》，《现代法学》2002年第2期。
② 马静华：《刑事和解制度论纲》，《政治与法律》2003年第4期。

害者直接商谈、协商解决纠纷,目的是为恢复被犯罪人所破坏的社会关系、弥补被害人所受到的损害以及恢复犯罪人与被害人之间的和睦关系,并最终为犯罪人回归社会、平抑社会冲突而创造条件。[①] 诚然,关于刑事和解的后两种观点在手段和目的上具有很大相似性,而前者更完善、全面。

(三) 刑事和解的特征

多方主体的参与。一般的刑事诉讼中,被害人几乎不参与诉讼程序,通常只起到证人的作用,而犯罪人的参与往往只体现在供述和辩解之上。然而,我国积极探索和实践刑事和解制度,确立国家或者社会、加害人和被害人三方沟通的诉讼模式,积极鼓励被害人、加害人、社区等多方主体参与诉讼过程,充分听取参与主体的意见和诉求,为当事人双方提供和解机会,促使矛盾纠纷有效解决,取得更好的社会效果。首先,刑事和解关注被害人权益保障问题。传统刑事司法中的被害人常常被忽视,甚至被遗忘在案件外,权利没有得到充分保障。然而,刑事和解的出发点就是要解决加害人对被害人所造成的损害,鼓励被害人及时倾诉,并尽可能满足被害人的需求,恢复其遭受的物质和精神损害。其次,促使加害人真诚悔悟,积极承担相应责任。刑事和解鼓励加害人承担自己应尽的责任,积极恢复对被害人、社区等造成的损害以及他们之间的关系,以期回归原有的社会状态。同时,要求被害人和社区对加害人应持有原谅、宽恕的态度,鼓励加害人改过自新、重新回归社会,并给予加害人对生活的勇气和信心,避免出现传统刑事司法所导致的社会问题。最后,督促社区积极参与,加强社区安全建设。刑事和解要求被害人、加害人和社区共同参与司法过程及关系修复,社区的积极参与有助于缓解个人与群体之间的紧张关系,鼓励社区成员相互交往,提升社区生活的幸福感和安全感,预防加害人重新犯罪。同时,刑事和解也在构建和谐社区、平安社会的过程中发挥着重要作用。

被害人和加害人的合意。刑事和解是以协商合作的方式解决矛盾纠

[①] 廖家明:《刑事和解的契约法视角解读》,《盐城工学院学报》(社会科学版) 2005年第1期。

纷的一种程序，适用重点在于被害人和加害人两者的合意，即和解以双方的真实意思表达为基础。刑事和解在现有刑事政策和司法精神的指导下，积极为被害人和加害人搭建平等沟通的桥梁，以和平方式促进纠纷解决，这也是刑事和解所重视的内容。刑事和解不是采取报复的形式追求正义，而是双方当事人在平等基础上自愿选择，不受外力所威胁或者强迫。但是在司法实践中，应严格审查被害人的自愿性，防止出现权力滥用、威胁强迫的违法现象。和解达成与否完全取决于双方当事人的真实意思表示。所以，从某种程度而言，刑事和解实质上是双方当事人处分自身权利的过程。

被害人和加害人之间的平等。刑事和解要求平等对待双方当事人，即法律面前人人平等。在办理案件的过程中，注重强调给各方当事人提供更积极、直接的参与机会，强调加害人应对自身犯罪行为所造成的损害向被害人和社区做出解释和表达歉意，并积极承担应尽的责任和义务，强调帮助被害人、加害人及其家庭、社区进行直接对话和解决问题，强调为加害人提供弥补罪过并重新融入社会生活的机会等。[①] 该内容表明，刑事和解实际上是在寻找一种平衡的利益关系，即被害人、加害人和社区之间利益的平衡。刑事和解对加害人的处置和惩处并不是简单地停留在严厉的刑罚处罚上，反而是给予加害人和被害人同等的关注和重视，平等对待各方当事人权利，为当事人创造一个良好的交流机会，促使多方参与者共同努力以弥补被害人所遭受的物质和精神损害、帮助加害人回归社会以及恢复社区生活状态。

(四) 刑事和解的功能

刑事和解的功能是指运用刑事和解程序所产生的作用或者效果。刑事和解是我国多元化纠纷解决机制中的一种新途径，旨在实现强化轻罪案件分流机制、减少繁杂的诉讼环节、提高刑事诉讼效率、有效化解矛盾纠纷、维护社会和谐稳定，实现加害人、被害人、社会三方共赢的社会功能，同时实现政治效果、法律效果和社会效果的统一。

---

① 陈晓明：《刑事和解原论》，法律出版社2011年版，第20页。

1. 有效化解矛盾纠纷，促进社会和谐稳定

传统刑事司法制度，特别是诉讼制度，主要通过激烈对抗解决矛盾纠纷。刑事诉讼程序中的对抗在我国具体表现为被告人或者辩护人与公诉人之间的辩论，然后由法院根据案件事实和法律依据对案件结果作出判决或者裁定，将权利义务强制性地分配给双方当事人。然而，诉讼体制本身的对抗性很容易使双方当事人的关系更加恶化，尤其是刑事诉讼体制。由于法院只是对被害人与加害人之间的权利义务进行再分配，并没有缓和双方紧张关系的现实功能，甚至有可能导致当事人因为打官司而成为永远的仇家，因此单一纯粹的刑事诉讼程序不利于维护社会和谐稳定。刑事和解要求多方利益主体参与和解过程，充分考虑参与主体的切身利益及社会因素，平等对待每一个参与主体，秉持真心化解矛盾的出发点，通过平和协商达成良好的共赢局面。在刑事和解过程中，当事人可以充分行使自己的权利，就涉案事实认定和法律问题提出自己的意见，及时反馈自身司法诉求，充分交流和解协议的内容，最终达到双方都满意的结果，从而有效化解社会矛盾纠纷，实现法律效果和社会效果的统一。

2. 充分保障被害人权利，帮助重获社会安全感

被害人在传统刑事诉讼程序中往往会被司法机关所忽视，影响个人对权利的行使和救济，致使被害人被犯罪行为所侵害的权利未能得到充分有效的保障。在具体刑事案件中，多数被害人受到罪犯侵犯后，心理遭受的重创使得他们在短期时间内难以恢复，甚至对正常生活工作造成终身影响。由于犯罪行为不仅会损害被害人的人身权益，还会造成一定的物质损害，但是被害人的经济损失又很难得到赔偿或者补偿，这对被害人来讲无疑是雪上加霜。其实，充分保障被害人权利的关键是保证被害人获得及时足够的赔偿或者补偿，从而在弥补被害人物质损失的基础上进一步恢复精神损害。虽然我国规定有刑事诉讼附带民事赔偿制度，但是并没有取得很好的实践效果，很多加害人在被刑事制裁之后，往往会出现不愿意赔偿经济损失的情况，甚至是直接拒绝赔偿。而且，我国现行法律规定重视对被害人的物质赔偿，但是却未能充分保障被害人精神方面，导致被害人社会安全感不足，不利于被害人回归社会。然而，

刑事和解中,被害人有参与整个司法进程的机会,且能够从其他社会成员或者社区获得支持,司法机关也能够帮助被害人,促使被害人与加害人积极协商并达成和解方案。这些都能够为修复犯罪行为造成的损害、充分保障被害人权利,使其重新获得社会安全感提供有力支撑。

3. 帮助加害人回归社会,预防重新犯罪

传统刑事司法实践表明,矫正罪犯的目的并没有得到很好实现。多数学者研究发现,我国传统的刑事司法模式存在太多弊端,无论恶性案件还是轻罪案件,国家机关往往都是积极追诉并对罪犯适用短期或者长期自由刑,从快、从重、从严惩罚犯罪分子,忽略了对他们的教化。将罪犯投入监狱,很容易使罪犯产生"交叉感染",不利于教育和感化,甚至可能对社会产生仇恨,导致他们很难真正重返社会,进而增加再次犯罪的概率。然而,刑事和解制度是贯彻落实宽严相济刑事政策的产物,追求刑罚轻刑化、去刑化理念。通过启动刑事和解程序,给予加害人与被害人沟通交流的机会,促使加害人深刻认识到自己的过错及所造成的严重后果,向被害人赔礼道歉并愿意积极承担相应的责任,由此获得被害人及他人的原谅和宽容。同时,加害人也可以通过积极承担责任,以实际行动来弥补自己的过错。这些都在一定程度上为加害人重新回归社会、预防重新犯罪创造了条件。

4. 有助于提高诉讼效率,集中力量打击严重犯罪

司法实践中存在大量罪行轻微的刑事案件,但是案件的处理程序并不会因为案件性质本身而有所简化,相反更要谨慎办案流程,防止出现不公正现象。即使司法机关确信加害人就是行为人,但是如果缺少关键证据或者加害人拒绝供述,同样会造成案件不能顺利进入起诉或者审判阶段。如果双方当事人同意和解,那么对案件事实的证明要求不会十分严格,侦查机关、起诉机关也不会因为事实不清、证据不足而承担撤销案件、补充侦查或者宣判无罪的风险。① 同时,面对社会转型期和经济全球化的趋势,新型网络犯罪、未成年人犯罪、严重暴力性犯罪、黑社会性质组织犯罪等犯罪形势十分严峻,导致诉讼打击难度大,诉讼资源

---

① 孙勤:《刑事和解价值分析》,中国人民公安大学出版社2009年版,第154页。

需求也越来越大，而大量的轻微刑事案件又导致司法机关不能有力打击严重的犯罪行为，影响司法整体效率。然而，刑事和解的适用能够分流并解决众多轻微刑事案件，使司法机关有时间有精力集中打击恶性犯罪案件，合理优化司法资源配置，进而提高整个刑事司法活动的效率。

（五）轻罪案件刑事和解的适用原则和条件

面对全球化的国际形势，我国司法日趋与国际接轨，积极顺应全球刑事司法改革潮流。在轻罪案件适用刑事和解程序的过程中，我国司法机关积极借鉴国外刑事和解制度或者恢复性司法的有益经验，结合本土现实背景，构建具有中国特色的刑事和解适用原则和条件。例如，浙江省人民检察院出台的《关于办理当事人达成和解的轻微刑事案件的规定（试行）》规定对于符合条件的轻微刑事案件，当事人可以在自愿的基础上进行刑事和解，以及明确规定适用刑事和解应同时满足：犯罪嫌疑人系自然人，系初次犯罪，能够认罪悔罪，所犯罪行属实质一罪，有明确的被害人，法定刑为3年有期徒刑以下刑罚。海南省检察院、公安厅、司法厅出台的《关于逮捕工作重推行刑事和解与人民调解衔接机制的若干意见（试行）》规定适用刑事和解的轻微刑事案件应当同时符合下列条件：犯罪嫌疑人真诚悔罪，积极向被害人赔偿损失、赔礼道歉等；被害人对犯罪嫌疑人明确表示予以谅解；双方当事人自愿和解，且符合有关法律规定；属于侵害特定被害人的故意犯罪或者有直接被害人的过失犯罪；案件事实清楚，证据确实、充分。另外，我国其他很多地区对刑事和解的适用原则也作了专门规定。

纵观我国各地区关于刑事和解的适用原则和条件所作规定，虽然存在一定差异，但是总体精神理念上存在一致性，均规定案件事实清楚、自愿原则、犯罪嫌疑人认罪悔过等适用原则和条件。

1. 案件事实清楚

在适用刑事和解的轻罪案件司法实践中，我国各地区普遍以案件事实清楚作为适用的前提条件，否则一律不得适用。案件事实清楚是指是否存在犯罪行为，以及该犯罪行为是否为被指控的犯罪嫌疑人所为等能够对定罪量刑产生实质影响的事实已经由相关机关查证属实。如果这些事实尚未被查清，就不能将刑事和解程序适用于案件的处理过程。只有对案件的所有相关事实查清之后，才能确定犯罪嫌疑人的罪行严重程度、主观恶性和人身危险性大小以及所要承担多重的刑事责任。否则，法院在裁判的时候就会失去参照标准，不能在达成刑事和解的基础上对犯罪嫌疑人作出宽缓化处理，刑事和解本身也就不存在任何现实意义。

在实践中，案件事实清楚是适用刑事和解的普遍前提，但是也存在例外。例如，犯罪嫌疑人梁某因故意伤害协警一案被常熟市人民检察院审查起诉。在审查起诉期间，梁某称在拘留期间曾遭到殴打，并出示一份视频证据。但是该视频证据不能清晰地证明梁某被殴打的事实。检察机关在综合考量全部案件因素之后，适用刑事和解，将案件退回公安机关，公安机关随即将该案件撤销。① 而这种例外仍然秉持刑事和解的正义性，依据有利于被告人原则作出宽缓化处理，否则刑事和解将失去存在的意义。

2. 犯罪嫌疑人认罪悔过

适用刑事和解的首要原则，即是犯罪嫌疑人积极承认自己的犯罪行为以及由此造成的严重后果，并真诚悔悟。刑事和解制度是在构建和谐社会和贯彻宽严相济刑事政策的背景下产生，鼓励犯罪嫌疑人主动供述犯罪事实、积极承担相应责任，使被害人的心理创伤得到慰藉，这样被害人才有可能对犯罪嫌疑人原谅和宽恕，被破坏的人际关系和社会关系才能得以修复。否则，刑事和解就会失去适用的意义。

诚然，认罪悔过说明犯罪嫌疑人的人身危险性相对比较小，犯罪嫌疑人与被害人达成谅解协议之后，对犯罪嫌疑人进行宽缓化处理，能够使其获得改过自新的机会，有利于犯罪嫌疑人重新回归社会生活。加害人赔礼道歉、赔偿损失等行为，是加害人真诚悔罪的有力证明，也是司法机关决定是否适用刑事和解的重要参照标准，符合刑事和解制度设立的初衷，即为被害人提供疏通被阻滞情感的渠道。② 相反，如果犯罪嫌疑人不认罪悔罪，就足以说明他没有深刻认识到自己的过错行为及其严

---

① 胡烨、张建阁：《事实不清的梁某故意伤害案》，转引自宋英辉、袁金彪《我国刑事和解的理论与实践》，北京大学出版社2008年版，第330—332页。
② 向朝阳、马静华：《刑事和解的价值构造及中国模式的构建》，《中国法学》2003年第6期。

重后果，更没有为自己的罪行承担责任的态度，从而被害人的合法权利不会得到充分保障、诉求得不到满足，这种情况也就没有必要再适用刑事和解程序。正是如此，我国各个地区在贯彻落实轻微刑事案件适用于刑事和解程序时，都将犯罪嫌疑人认罪悔过作为刑事和解适用的重要原则。在具体案件的适用过程中，应当充分审查犯罪嫌疑人的认罪悔罪态度、主观恶性、承担责任的态度等因素，只有在犯罪嫌疑人真诚悔罪、主动坦白的情况下，才有可能适用刑事和解程序。否则，一律不得适用。

3. 双方当事人自愿

自愿原则是轻罪案件适用于刑事和解程序的重要原则。被害人与犯罪嫌疑人平等、自愿通过刑事和解程序解决矛盾纠纷，是案件处理结果具有正当性的重要保证，也是刑事和解正义性的重要体现。正如联合国在《关于在刑事事项中采用恢复性司法方案的基本原则》中第13条所规定的："不得用不公平的手段，强迫或诱使受害人或者罪犯参与恢复性程序或者接受恢复性后果"。[1] 其实，刑事和解是被害人与犯罪嫌疑人沟通交流、积极协商的过程。一方面，在满足其他条件的情况下，双方当事人综合考虑自身利益并合意决定采用刑事和解程序。另一方面，犯罪嫌疑人会根据和解协议内容自愿、积极承担应尽的责任，被害人在获得补偿后对犯罪嫌疑人表示谅解，并同意司法机关对犯罪嫌疑人从宽处理的决定。由于在刑事和解的过程中会涉及双方当事人处分自身权利的情况，自愿性就在该程序中显得尤为重要。和解协议公正是刑事和解制度存在和发展的关键，也是国家追诉权合理退让的依据。[2] 当事人应当在自愿的基础上开展和解，只要任何一方当事人是在违背自身意愿的情况下处分权利，便无法使刑事和解得到一个公正的结果，这就有违刑事和解的正义性。即如果一方当事人以欺诈、胁迫等非法手段，使对方当事人在违背真实意愿的情况下接受刑事和解并就此达成和解协议，由

---

[1] 李翔：《重罪案件刑事和解中的价值冲突和裁判平衡研究》，上海人民出版社2015年版，第72页。

[2] 宋培海：《我国适用刑事和解制度的实践及其完善》，转引自黄京平、甄贞《和谐社会语境下的刑事和解》，清华大学出版社2007年版，第252页。

于不具有合法性，对双方当事人均没有约束力，因此该协议并不能影响司法机关对犯罪嫌疑人依法作出处理。

第三节 刑事和解与罪刑法定原则

一 罪刑法定原则的局限性

我国《刑法》第三条明确规定："法律明文规定为犯罪行为的，依照法律定罪处刑；法律没有明文规定为犯罪的，不得定罪处刑。"该规定的前半部分对罪与刑作出了明确性规定，即什么是犯罪、犯罪的构成要件有哪些、构成什么罪、具有哪些刑种和刑法幅度等，由此确立了我国刑法的罪刑法定原则。基本内涵是"法无明文规定不为罪，法无明文规定不处刑"。尽管世界各国社会、政治、经济和文化各不相同，但是任何一个法治国家均将罪刑法定作为本国刑法的基本原则。

对于上述《刑法》第三条的规定，有学者认为它由两个方面构成，一方面是积极的罪刑法定原则，即法律明文规定为犯罪行为的，依照法律定罪处理；另一方面，是消极的罪刑法定原则，即法律没有明文规定为犯罪行为的，不得定罪处刑。[1] 可见，依据这种理解，人们必然会对刑事和解制度的构建有所思考，质疑制度本身是否违反罪刑法定原则。因为按照《刑法》第三条的规定，是否构成犯罪以及是否追究刑事责任，应该以法律规定为依据，不可自由裁定。如果行为人的行为被法律明文规定为犯罪，则不论是否追究刑事责任以及量刑轻重，都必须依照法律的规定进行处罚。相反，刑事和解改变了以往固化的司法理念，更加强调灵活性，赋予办案人员一定自由裁量权，为获取更好的司法效果和社会效果，给予被害人和加害人沟通、交流的机会，以达成的刑事和解协议为宽缓依据，作出刑事诉讼的处理结果。

上述质疑虽有一定合理性，但仍存在偏差。对罪刑法定原则的理解应首先考虑立法宗旨，即立法意图和立法精神。罪刑法定主义的宗旨在

---

[1] 何秉松：《刑法教科书》，中国法制出版社2000年版，第63—69页。

于限制国家刑罚权的恣意行使，从而保护个人自由权利。① 即罪刑法定原则从提出到确立再到施行，其宗旨就是保障人权、反对滥施刑罚，这也是由所处的历史条件所决定。在封建主义最肆虐的时候，刑罚残酷、专横野蛮、毫无人性，激发了社会公众对封建制度的不满和愤怒。由此，资产阶级提出"罪刑法定"口号，以反对封建主义的专制制度。有学者明确提出，"只有法律才能为犯罪规定刑罚，当一部法典业已厘定，就应逐一遵守，法官唯一的使命就是判定公民的行为是否符合成文法律。"② 随着市民社会与政治国家逐渐分离，市民社会也逐渐受政治国家的强制。虽然这种自由得益于政治国家的保护，但是这种保护必须以尊重人权作为基础，而罪刑擅断更是与市民社会格格不入。③ 在刑事司法过程中，国家尊重和保障人权主要体现在法律对立法权和司法权的限制。罪刑法定原则要求罪刑的法定化、具体化和明确化，即提前通过法律条文清晰的文字来描述什么行为是犯罪以及所产生的法律后果，不允许法官自由擅断，排除滥用司法的违法行为，以保障法律的可预测性和公正实施。

"罪刑法定主义不仅是一定的法律形式，更重要的是它所体现的价值内容。因为罪刑法定主义是以限制刑罚权、防止司法擅断、保障个人自由为价值内涵的，舍此价值内涵就根本谈不上罪刑法定主义"。④ 由此可以看出，罪刑法定原则的出发点是限制刑罚权，从而保障人权，并不是鼓励司法机关积极使用刑罚权，因为这有违立法初衷。此外，从世界各国刑法典或者刑事法律的发展历程发现，罪刑法定原则的内涵并不是一成不变。法律虽然具有稳定性，但仍要根据社会发展作出一定调整，以满足人民的司法需求。早在1810年的《法国刑法典》中，罪刑法定主义就由绝对罪刑法定主义转变到相对罪刑法定主义。从某种意义而言，罪刑法定原则虽然达到限制刑罚权、保障人权的目的，具有一定

---

① 马克昌：《比较刑法原理》，武汉大学出版社2006年版，第51页。
② ［意］贝尔利亚：《论犯罪与刑罚》，黄风译，中国大百科全书出版社1993年版，第11、13页。
③ 陈兴良：《本体刑法论》，商务印书馆2001年版，第91页。
④ 陈兴良：《罪刑法定的当代命运》，《法学研究》1996年第2期。

可预测性和确定性,但是并不能掩盖罪刑法定原则的局限性这一事实。如果一部法律或者制度缺乏应有的前瞻性和灵活性,将很难满足千变万化、丰富多彩的社会现实。罪刑法定主义的转变并不是自我否定,而是一种完善和发展,符合时代变化对法律制度的要求。

二 刑事和解理念与刑罚个别化、去刑罚化理念的契合

(一)刑事和解理念与刑罚个别化、去刑罚化理念的契合

对于刑罚个别化、去刑罚化,我国刑法并没有作出明确的规定,但是在立法和司法实践中,无不体现着这一精神。我国《刑法》第五条之规定,"刑罚的轻重,应当与犯罪分子所犯罪行和承担的刑事责任相适应"。该条文的基本内容是,刑罚的轻重应当由法益侵害性、可谴责性和人身危险性共同决定。在考虑行为人的人身危险性时,不能"一刀切",应当具体地、个别化地判断,这就是常说的刑罚个别化理念。《刑法》第六十一条之规定"对于犯罪分子决定刑罚的时候,应当根据犯罪的事实、犯罪的性质、情节和对于社会的危害程度,依照本法的有关规定判处",以及第六十三条第二款之规定"犯罪分子虽然不具有本法规定的减轻处罚情节,但是根据案件的特殊情况,经最高人民法院核准,也可以在法定性以下判处刑罚"。由于每一个犯罪分子的犯罪情节和社会危害性都不一样,不同案件不同处理,这也正是刑罚个别化精神的体现。《刑法》第三十七条之规定,"对于犯罪情节轻微不需要判处刑罚的,可以免予刑事处罚,但是可以根据案件的不同情况,予以训诫或者责令具结悔过、赔礼道歉、赔偿损失,或者由主管部门予以行政处罚或者行政处分"。这是我国《刑法》中所规定的非刑罚处罚措施,即不具有刑罚性质的处罚措施。从某种意义而言,这体现出我国刑事司法去刑罚化的理念。刑事和解制度是被害人与加害人达成和解协议之后,公安机关依法作出不立案或者撤销立案,检察机关依法对犯罪嫌疑人或者被告人作出不批准逮捕、不起诉或者经人民法院判决,依法从轻、减轻或者免除处罚的一种机制。在贯彻落实宽严相济的刑事司法政策下,刑事和解能够有效化解社会矛盾纠纷,修复因犯罪行为所破坏的社会关系,维护社会稳定,促进社会和谐。在立法意图和精神上,刑事和解和

刑罚个别化、去刑罚化具有一致性，达成了理念上的契合。

（二）比较研究域外类似制度

20世纪70年代以来，刑事诉讼制度在世界范围内表现出一种强有力的改革趋势，面对风险社会、价值多元、个性扩张的现实，任何一个单独的诉讼程序都难以在公正和效率之间找到平衡，尤其是在社会转型期，多元化的社会价值赋予公平、正义、权利、权力、犯罪观、刑罚观等传统概念以丰富内涵，当事人可以通过不同的诉讼动机追求不同的程序利益。[①] 每一个国家都有不同的经济基础、社会文化和国家制度，同时会根据刑事犯罪的性质设置某些特殊案件的处置程序，给予当事人不同的程序选择权，旨在减轻诉讼压力、缓解正义与效率之间的紧张关系，促进纠纷解决机制的多元化发展。其中最具代表性的是美国的辩诉交易制度，法国刑事和解和刑事调解制度，德国犯罪人—被害人和解制度。

1. 刑事和解与美国辩诉交易制度

1970年，美国在布雷迪诉美国政府一案中正式确立辩诉交易制度。辩诉交易是指在司法审查的前提下，刑事被告人做出有罪答辩以换取检察官以较轻的罪名或数项指控中的一项或几项的某种让步，通常是在获取较轻的判决或者撤销其他指控的情况下，检察官和被告人之间经过协商达成的协议。[②] 诚然，辩诉交易与刑事和解确实存在相似之处，但是并不能混淆两者在理念、制度等方面的差异，主要体现在以下几点。

第一，制度目的不同。辩诉交易主要是基于节约诉讼成本的目的，而刑事和解则是为修复被犯罪行为所破坏的人际关系和社会关系，维护社会和谐稳定。第二，参与主体不同。一般情况下辩诉交易由被告人所委托的律师与检察官进行辩护和协商，但是如果是被告人自行辩护的情况，则是由被告人与检察官协商，被害人不能参与协商过程。而刑事和解主要是由被害人与加害人沟通协商，特殊情况下与案件有利害关系的被害人亲属、朋友或者社区也可参与该程序。第三，发现事实真相的目

[①] 李卫红：《刑事和解的精神》，社会科学文献出版社2019年版，第48页。
[②] 张智辉：《辩诉交易制度比较研究》，中国方正出版社2009年版，第1页。

的不同。适用辩诉交易要求被告人做有罪答辩或者认罪，以减少发现事实真相的复杂环节，提高诉讼效率，即效率居于更高地位。而刑事和解则通过和解，促使加害人真诚悔过、积极承担责任，以获取被害人的宽恕和谅解，修复被犯罪行为所破坏的人际关系和社会关系，实现全面正义，维护社会和谐。第四，合意的内容不同。辩诉交易中被告人做出有罪答辩或者认罪后，由检察官与被告人或者其辩护律师对减少指控或者降低量刑达成协议。而刑事和解中被害人与加害人达成的协议内容主要是加害人对被害人的赔偿或者补偿问题。第五，检察官的地位不同。辩诉交易中检察官根据被告人的有罪答辩或者认罪报告，可以减少对被告人的指控，而我国刑事和解中检察官并没有此项权利。

在美国，90%以上的刑事案件是通过辩诉交易制度获得解决，如果这些案件都经由正式的司法程序，美国刑事司法系统必然不堪重负。[①]针对辩诉交易制度，有学者曾指出，"在一些案件中，公诉方基于本方证据在逻辑体系上存在的缺陷，对于法庭上能否达到'排除合理怀疑'从而成功地说服陪审团，并没有充足的把握。因此，与其将一个胜负难料的案件诉诸司法程序，倒不如通过让步换取被告人的有罪答辩，这样至少可以获得一个最低限度的有利结局。可以说，辩诉交易的生命力就在于此。"[②] 辩诉交易制度是美国刑事司法系统对传统刑事诉讼程序的变革，在提高国内刑事诉讼效率、缓解诉讼压力上发挥出重大作用，这也正是辩诉交易制度在美国刑事司法系统稳定存在、广泛适用的关键所在。

2. 刑事和解与法国刑事调解制度

法国刑事调解制度与我国的刑事和解制度比较类似，对我国刑事和解制度的完善和发展具有重要的借鉴意义。刑事调解是指由第三方参与加害人和被害人之间的调停，并就赔偿和关系修复达成协商，以尽可能预防加害人重新犯罪。刑事调解借鉴恢复性司法有益经验，顺应当今世

---

① 宋英辉：《刑事和解制度研究》，北京大学出版社 2011 年版，第 48 页。
② 陈瑞华：《刑事诉讼的私力合作模式——刑事和解在中国的兴起》，《中国法学》2006 年第 5 期。

界非刑罚化、轻刑化刑事司法改革潮流，注重解决法国刑事诉讼程序繁杂、诉讼效率低下的问题，取得了卓越的改革功效。法国刑事调解制度与我国目前各地正在进行试点的刑事和解较为相似，但是由于产生的社会背景不同，两者也表现出明显的差异。

第一，程序适用的决定者不同。法国刑事调解由检察官在公诉前决定适用，而我国的刑事和解按案件所处阶段不同，可能由公安机关、检察机关或者法院决定。第二，协议内容不同。法国刑事调解旨在就赔偿方式和重新修复相互关系达成协议，而我国刑事和解主要内容是加害人对被害人应履行的义务，主要包括赔偿损失、赔礼道歉、义务劳动、经济补偿等。第三，制度适用的目的不同。法国刑事调解通过调停加害人与被害人并达成协商，尽可能预防加害人重新犯罪；而我国刑事和解旨在充分保障被害人权益，修复被犯罪行为所破坏的社会关系，实现全面正义。第四，案件范围不同。法国刑事调解制度的案件适用范围相对较小，主要集中在家事诉讼等轻微案件。而我国刑事和解主要适用于轻罪案件，即因民间纠纷引起，涉嫌刑法分则第四章、第五章规定的犯罪案件，可能判处3年有期徒刑以下刑罚的案件；除渎职犯罪以外的可能判处7年有期徒刑以下刑罚的过失犯罪案件。

3. 刑事和解与德国犯罪人—被害人和解制度

德国刑事和解制度的确立同其他国家一样，也受到全球对被害人权利保护思潮的影响。20世纪70年代以后，德国相继制定了一系列旨在保护刑事案件被害人权利的单行法律。80年代以后，德国人开始重点关注被害人在刑事程序中的参与及其程序地位的保护，进而开始探索改革国家垄断刑罚权的司法制度，是否可以将部分刑罚权下放，允许被害人成为刑事诉讼程序的共同形成者，允许私人可以通过参与刑事诉讼程序，来恢复原有的生活关系，并由此恢复原有的法和平性。[①] 由此，确立了德国犯罪人—被害人和解制度。德国和解制度旨在通过对被害人和犯罪人调处，促使双方当事人达成和解协议，使犯罪人积极承担应尽的

---

① 参见王皇玉《刑事追诉理念的转变与缓起诉——从德国刑事追诉制度之变迁谈起》，《月旦法学杂志》2005年第4期。

责任，满足被害人利益需求，进而修复两者之间的关系，达到个人和平、社会和平与法和平的统一。虽然我国刑事和解与德国犯罪人—被害人和解制度存在很大相似性，但是仍然存在不同。

第一，程序适用的决定者不同。德国犯罪人—被害人和解可以在任何一个阶段适用，但是程序决定主体只能是检察官或者法官；而我国的刑事和解按案件所处阶段不同，可能由公安机关、检察机关或者法院决定。第二，制度适用的目的不同。德国刑事和解制度在修复犯罪人与被害人两者之间的关系后，追求个人和平、社会和平与法和平的统一；而我国刑事和解充分保障被害人权益，帮助加害人回归社会，修复被破坏的社会关系，实现法律效果和社会效果的统一。第三，案件适用范围不同。德国犯罪人—被害人刑事和解制度对案件适用范围并没有特别规定，而我国刑事和解则有明确规定且主要是轻罪案件，即因民间纠纷引起，涉嫌刑法分则第四章、第五章规定的犯罪案件，可能判处 3 年有期徒刑以下刑罚的案件；除渎职犯罪以外的可能判处 7 年有期徒刑以下刑罚的过失犯罪案件。

第四节　轻罪案件刑事和解的实证考察

一　社会关系的修复

与传统刑事司法相比，轻罪案件刑事和解利用沟通交流的方式，使双方当事人自愿平等协商，有利于解决被害人心理创伤恢复、加害人回归社会、社会关系修复等诸多现实问题。有学者曾经说过，受害群体把自己从受害者的状态下解放出来，宽恕犯罪、放弃复仇，给予加害人改过自新的机会，开创出崭新的人际关系，从而形成双赢的局面。[①] 刑事和解与以往刑事理念不同，不仅保护被害人合法权益，帮助加害人重返社会，而且强调多种关系的重建或者恢复。此类关系是指被害人与加害人之间、被害人与社会之间、加害人与社会之间三种联结关系。刑事和

---

① ［南非］图图：《没有宽恕就没有未来》，江红译，上海文艺出版社 2002 年版，第 13 页。

解重视关系修复，不仅能够促使被害人谅解、宽恕加害人，使两者建立全新的和睦关系，而且增加加害人回归社会的信心和勇气，有利于化解矛盾纠纷，维护社会和谐稳定。

同时，在司法实践中，熟人案件的和解成功率相对比较高，这在某种程度上足以说明刑事和解有利于修复被犯罪所破坏的熟人关系（熟人关系常见的主要是亲属关系、邻里关系或者同事关系）。因此，新时代的刑事和解司法实践更应该重视加害人与被害人系熟人关系的案件，特定案件特殊解决，以促进社会关系更好更有效地恢复。

二 社会成本的节俭

我国正值社会转型期，案件数量急剧增加，司法资源非常有限，导致产生巨大的诉讼压力。然而，轻罪案件刑事和解制度在缓解诉讼压力、节约司法资源、优化社会成本配置上发挥了重要作用。从司法实践而言，社会成本的节俭可以从以下几个方面分别来讲。

强化羁押必要性审查。在我国刑事司法实践中，通常情况下必然使用审前羁押程序，但是在"少捕慎捕"的刑事政策下，司法机关也在践行羁押必要性审查，以减少审前羁押的现象。审前羁押是指在对犯罪人进行审判之前，交由看守所或者其他法定场所监管，以限制犯罪人的人身自由和其他权利。实践表明，从罪犯本身来讲，这种羁押很可能会产生他们之间的交叉感染，不利于日后的教化和回归；对司法机关而言，审前羁押会增加司法工作人的工作量，造成不必要的司法资源浪费。刑事和解的目的并不在于减少审前羁押，而在于强化羁押必要性审查，进而保护当事人权益、修复社会关系，整体上加害人甚至是其他社会成员的危险性就相对较低，这在某种意义上有助于减少社会成本的消耗。

促进案件审前分流。在刑事案件不断增多的现实背景下，如果将所有案件都起诉到法院进行审理，不仅会增加法院的案件压力，影响案件的审理质效，还可能造成法院不能有效有力地打击严重刑事犯罪，浪费有限的司法资源。在刑事司法中，将法院所受理的案件按照不同性质不同类别进行归类、分流，同类案件采用相同审的方式，将有助于提高法院审理效率。但是实际上,由于刑事案件具有区别于其他案件的独特性质,致使能够进行审前分流的刑事案件非常有限,而通过适用刑事和解的轻罪案件,在没有必要将其诉讼至法院的情况下分流出来,将在一定程度上缓解法院的工作压力。

减少短期自由刑适用。长期司法实践表明,短期自由刑达不到预想的教育感化效果,而且在监禁期间非常容易导致罪犯之间的交叉感染,影响今后罪犯回归正常社会生活。刑事和解则是促使被害人与加害人之间达成协商,法院综合考量后对加害人作出相对宽缓的处理,这在一定程度上能够减少短期自由刑的适用,缓解监狱或者看守所的压力,减少不必要的羁押,也能节约一定的社会成本。同样,宽缓的刑罚也能够取得与前述一样的法律效果和社会效果。

刑事和解适用轻罪案件总体上可以提高诉讼效率、降低诉讼成本,进而实现社会成本的节俭。司法实践中,经济相对发达的地区,由于人口密度大,流动人口比较多,刑事案件发案率较高,相关机关办案压力非常大,提高诉讼效率、缓解诉讼压力成为此类地区探索刑事和解的重要原因。[①] 实践结果表明,刑事和解总体上可以达到降低诉讼成本、节约社会资源的效果,具体分为两种情况:一是和解本身节省人力、物力和财力;二是从程序上看,由于被追诉人有相当一部分被采取宽缓化处理,包括去刑罚化、非监禁化等,减少了诉讼环节。总体而言,轻罪案件刑事和解程序优化了司法资源配置,促使国家力量能够集中打击严重犯罪,更好发挥维护公民利益和社会公共利益的职能。

三 利于受害群体的社会回归

轻罪案件刑事和解有利于受害群体回归社会,可以从物质和精神两个方面来讨论。

从物质方面来讲,被害人受到的损害表现为人身损害和财产损害,且都会给被害人造成一定物质损失。现有法律虽然规定加害人要给予被害人经济赔偿,主要通过刑事附带民事诉讼来解决,但是在司法实践

---

① 宋英辉:《刑事和解实证研究》,北京大学出版社2010年版,第73页。

中,绝大多数被害人的物质损害获得赔偿的比率很低,甚至没有得到应有的赔偿或者补偿。在具体的刑事案件中,加害人一般需要同时承担刑事责任和民事责任,对民事责任的积极履行并不能使加害人得到较轻的刑罚处罚,因此加害人拒绝承担经济赔偿也就略显合理。即使有些加害人愿意赔偿,但由于自身经济条件比较差,同样也会使被害人得不到物质补偿。然而,在刑事和解中,加害人是否对被害人赔偿、赔偿数额以及赔偿方式等均会影响案件处理结果,所以加害人会积极履行赔偿义务。即使加害人经济比较困难,不能对被害人进行赔偿,也可以通过其他方式对被害人进行实质性补偿,例如提供义务劳动等。

从精神方面来讲,被害人除受到财产损失外,通常精神上也会受到一定损害,甚至影响正常社会生活。在传统刑事诉讼中,加害人受到刑罚惩罚之后,被害人宣泄了心中的愤怒和不满,致使报应情感得到一定满足。但是由加害行为所造成的精神疾病和对社会的不安全感短时间内很难得到康复或者恢复,甚至造成终身影响。而且,刑事诉讼的对抗性可能会进一步刺激被害人,阻碍被害人的恢复。相对而言,刑事和解是通过沟通协商方式来解决纠纷,加害人以赔礼道歉、真诚悔悟等使被害人的精神伤害得到些许慰藉,更有助于被害人精神恢复。

因此,相对于传统刑事司法,轻罪案件刑事和解的处理方式会使被害人在物质和精神上得到恢复,更有社会安全感,也更有利于受害群体回归社会。

四 利于加害人一方的回归社会

在促进加害人回归社会方面,轻罪案件刑事和解具有特殊的功能。首先,在传统刑事程序中,加害人主要通过刑罚惩罚来承担应尽的刑事责任,而在刑事和解程序中,尽量追求加害人受到轻刑化的处罚结果,甚至是免除刑罚。但是这并不意味着加害人不再需要承担刑事责任,加害人可以通过具结悔过、赔礼道歉、赔偿损失等非刑罚处罚措施承担相应责任,切身感受被害人与社会的宽容和温暖,促使加害人改过自新、回归社会。其次,刑事和解的教育模式相较于传统刑事司法更具有优势。传统刑事司法往往是通过刑罚惩罚对加害人进行强制性教育,而刑事和解则是以沟通交流、协商的平和方式。① 刑事和解的优势就是在于本身非对抗性的特点，它能够让加害人发自内心地认识到自己的错误及其行为所产生的严重后果，同时也会使被害人对加害人多一些宽容少一些敌视，某种程度上更有利于加害人回归社会。最后，对加害人的处理结果也能够促使加害人重新回归社会生活，主要体现在以下两个方面：一是经过刑事和解之后，可能对加害人作出不起诉或者起诉后免除刑罚处罚，就会避免给加害人贴上"罪犯的标签"；二是对于罪行较重的加害人，在判处刑罚的时候，法院将综合考虑加害人的人身危险性、犯罪情节以及刑事和解的具体情况，以作出较轻的刑罚，进而有利于实现加害人重返社会。

第五节　刑事和解适用轻罪案件的反思与发展

长期以来，我国一直贯彻严厉打击刑事犯罪的执法理念，无论对恶性案件还是轻罪案件，都坚持从快、从重、从严的惯性思维，却在很大程度上忽视了构建和谐社会和落实宽严相济刑事政策理念，以至于未能有效实现法律效果和社会效果的统一。因而，轻罪案件在司法实践中呈现出审前羁押率高、起诉率高、判决率高的"三高"特点。② 当下中国正在转变执法观念，不少司法实务部门正推行着刑事和解制度的改革和试点。我国刑事和解适用于轻罪案件机制具有本土特征和中国特色，且对当前国内司法改革做出了重大贡献，但是它并不同于西方国家的恢复性司法，也不同于其他国家的刑事和解模式。

从司法实践来看，我国多地区相继出台一系列轻罪案件适用刑事和解程序的规范性文件，并积极进行试行实践。刑事和解涉及的案由主要包括轻伤害、交通肇事、过失犯罪、较轻的抢劫、盗窃、未成年人犯罪等。尤其是轻伤害案件，案件数量较多。2001年至2002年，威海市

---

① 孙勤：《刑事和解价值分析》，中国人民公安大学出版社2009年版，第153页。
② 宋英辉、袁金彪：《我国刑事和解的理论与实践》，北京大学出版社2009年版，第183页。

40%的轻伤害案件通过"和解"撤案方式结案。2003年1月至2004年6月,威海市高新区公安分局共受理轻伤害案件89起,立案后经过当事人自行刑事和解,公安机关作撤案处理的有43件,占48.1%;威海市环翠区公安分局受理轻伤害165件,当事人刑事和解后公安机关撤案34件,占20.6%。① 此外,北京市朝阳区人民检察院自2002年就尝试进行轻伤害案件处理改革,并制定《轻伤害案件处理程序实施规则》,至此我国开始探索实践刑事和解道路。2003年北京市政法委出台《关于处理轻伤害案件的会议纪要》,规定对于因民间纠纷引起的轻伤害案件,如果犯罪嫌疑人有认罪悔罪表现,积极赔偿损失,被害人要求不追究其刑事责任,可以作出撤案、不起诉或者免予刑事处分的处理。② 2004年江苏省高级人民法院、省人民检察院、省公安厅联合颁发《关于办理轻伤害案件的暂行规定》,规定案情简单、因果关系明确的轻伤害案件,双方当事人自行和解的,公安机关可以不予立案,以及规定因民间纠纷引发的此类案件,在符合一定条件的情况下也可以撤销案件或者不起诉,以此推进刑事和解的适用和宽严相济刑事政策的落实。2005年安徽省高级人民法院、省人民检察院、省公安厅共同出台《办理故意伤害案(轻伤)若干问题的意见》,规定故意伤害案(轻伤)在侦查、审查起诉过程中,对于符合一定条件的,公安机关可以撤销案件,检察机关可以将案件退回公安机关处理或作出不起诉决定。2006年山东省烟台市政法委颁布《关于推行平和司法程序的实施意见》,规定对符合条件的轻伤害案件、过失犯罪案件、未成年人犯罪案件等轻微犯罪案件推行平和司法程序,被害人和加害人在相关司法机关参与监督下就案件处理意见自愿达成共识,由司法机关对加害人作出非刑罚化或者轻刑化处理。2007年浙江省人民检察院出台《关于办理当事人达成和解的轻微刑事案件的规定(试行)》,规定亲友、邻里、同学、同事之间因纠纷引发的故意伤害案件(轻伤)可以适用刑事和解,被害人可以

---

① 陈光中、葛琳:《刑事和解初探》,《中国法学》2006年第5期。
② 黄京平等:《和谐社会构建中的刑事和解——刑事和解在中国的兴起》,《中国法学》2006年第5期。

在达成协议后要求司法机关不再追究犯罪嫌疑人（被告人）的刑事责任。同时规定，检察机关可以对和解成功的案件作出不起诉决定，但是对于和解成功的、符合不起诉条件的轻微刑事案件，检察机关不得建议或者退回侦查机关作撤案处理。随后的十几年时间里，关于我国刑事和解的探索和实践还有很多，这里不再一一列举。

我国目前正处于社会转型期，刑事犯罪率居高不下，司法资源也日益紧张。经过数年刑事和解司法实践，虽然刑事被害人的诉讼地位发生了很大改变，但传统刑事司法所带来的负面影响很难在短时间内大有好转，从而难以确保被害人的合法权益得到充分保障。由此，借鉴恢复性司法理念，完善我国刑事和解相关制度，通过协商、赔偿、合理补偿等方式解决刑事案件，保障被害人和加害人合法权益，提高司法效率，缓解诉讼压力，恢复被损害的社会关系，使正义以看得见的方式实现。这既是我国深化司法改革、强化司法实践的迫切要求，也是维护我国社会稳定的现实需要。根据我国裁判文书网的数据统计，在2011年至2022年的刑事案件中，排除公安机关不立案、撤案和检察机关决定不起诉的案件，仅一审程序中就有11170件成功达成刑事和解协议，刑事案由主要涉及公共安全、社会主义市场经济秩序、公民人身权利、民主权利、财产权利以及社会管理秩序等方面，其中绝大多数案件属于轻罪案件的范畴。可见，刑事和解适用轻罪案件已经在我国各地区普遍开展。接下来，将结合部分轻罪案件刑事和解实例，主要从以下三个方面分析我国刑事和解适用轻罪案件的反思与发展。

一　文化背景

任何制度的安排，都有其特殊的文化背景。从某种意义而言，刑事和解在我国并不是新生概念。在中华民族传统文化中，儒家思想无疑占据着核心地位，特别是"和合"思想，"以和为贵""以德报怨"等传统思想文化影响着人们的价值取向和言行举止，对我国古代、当下和未来的社会发展均具有非常重要的作用。根据梁漱溟先生的理解，"和"指和谐，包括了人自身之和谐、人与人之和谐、以人为中心的整个宇宙之和谐。① 即可以理解为人自身、人与人、人与社会、人与国家、人与自然的和谐共同体。同样,"以礼统法,礼法合一"对古代中国社会也发挥着重要的影响。在儒家文化中,"礼"具有核心地位,属于道德范畴,亦是对人们言行举止的基本要求或者标准,贯穿儒家文明始终。"礼法合一"就是道德的法律化和法律的道德化,以实现法律和道德相辅相成、相得益彰,并借助"天理国法人情的统一"实现法律规范和社会规范的融合,进一步促进社会进步和发展。早在古代中国就已经存在调解和解制度,其中包括官府调解、乡治调解、宗族调解以及民间自行调解,有利于减少诉讼和稳定社会秩序,对于当时的社会生活具有重要现实意义。这正是"和合""礼法合一"等传统文化思想的充分体现。

无讼是古代中国社会在解决矛盾纠纷时的一种选择倾向,由于深受传统文化影响,"厌讼"习惯使得当时老百姓不愿意因为些许矛盾纠纷就对峙于公堂之上。中国俗话常说,"化干戈为玉帛""大事化小、小事化了""一争两丑、一让两有"。这无疑表明,当时老百姓相对于诉讼更愿意选择一种平和的方式化解纠纷,恢复良好的社会生活秩序。古代通常用说服教育的方式取得被害人谅解,进而达成和解协议,被害人据此放弃对加害人的控告,从而取得"劝讼""息讼"的效果,及时弥补被害人遭受的损害,促使当事人关系和社会关系尽快恢复。

中国不仅具有刑事和解的文化底蕴,而且存在诸多的刑事和解实践。纵观刑事和解的所有案例可以看出,被害人和加害人正是在平等、自愿的基础上达成协议,而这种"自愿"恰巧反映出当事人对"以和为贵"或者"无讼"思想的追求。因此,相较于打官司,普通百姓更倾向于通过和解方式解决轻罪案件。由于文化具有明显的惯性和传承力量,刑事和解始终将和谐、平等的中华优秀传统文化作为调控社会的价值取向,为我国刑事和解制度提供深厚的文化基础。

---

① 梁漱溟:《中国文化要义》,学林出版社1987年版,第133页。

二 诉讼压力现实选择

我国正值社会转型期，刑事案件数量急剧增加、诉讼成本日渐提高等诸多现实问题要求司法改革不断深化，以满足社会发展的司法需求。在司法改革过程中，之所以力求多元化的纠纷解决机制，皆是因为对诉讼压力的现实选择。在司法实践中，诉讼压力主要来自司法资源不足、社会效果不明显两个方面。

一是司法资源不足。众所周知，刑事诉讼过程中所需要的司法资源都是由国家提供，但是国家作为一个由多个部分组成的有机整体，不可能只将国家资源运用到司法上，文化建设、教育发展、科技发展等方面同样需要大量的投入。据统计，我国每1名罪犯1年投入所需的费用不低于5000元。如果全国有百万人的犯罪数据，我国每年在罪犯矫治方面的投入需至少50亿元。[①] 尤其是改革开放以来，社会经济快速发展，人们的生活水平不断提高，社会矛盾纠纷呈现出多元、复杂、剧增的特点，不断冲击我国现有诉讼体制，无疑给我国司法机关带来更大诉讼压力。20世纪90年代以后，为了有效缓解诉讼压力，我国进行了诸如普通程序简化审、简易程序等多项刑事诉讼改革措施，但是实际上这些措施并没有从根本上缓解司法资源不足的现实。

二是社会效果不明显。在现有刑事诉讼体制框架内，自由刑构成我国刑罚体系的核心。自由刑是一种限制或者剥夺人身自由的刑罚措施。然而，长期司法实践表明，自由刑存在的弊端越来越明显，特别是短期自由刑，不能够发挥应有的威慑作用，甚至暴露出罪犯交叉感染、犯罪人难以回归社会等诸多现实问题。由此，引发学术界和实务界对刑罚矫正作用的强烈质疑。据有关统计，我国目前的再犯罪率达到了30%以上。[②] 根据众多现实案例不难发现，众多重大刑事案件都是罪犯再次犯罪所造成的结果。这说明刑罚并不能充分发挥足够的震慑或者威慑作用，

---

① 张中友：《预防职务犯罪——新世纪的社会工程》，中国检察出版社2000年版，第158—161页。
② 陈晓明：《修复性司法的理论与实践》，法律出版社2006年版，第221页。

矫正罪犯的主要功能难免也会使人产生怀疑，严格的刑罚措施能否起到真正的司法效果、产生良好的社会效用值得深刻反思。然而，刑事和解是一种区别于传统刑事诉讼体制的新型纠纷解决模式，能够弥补以往诉讼体制存在的不足。但是人们不能据此就认为诉讼体制"无能"，刑事和解制度应全面取代现行诉讼体制，以发挥自身强大优势，仅可理解为刑事和解对于某些特定事项具有一定优势，而不能将其"万能论"。

司法资源有限、社会效果不明显，给予司法机关很大诉讼压力，特别是对基层司法机关而言，超负荷运转似乎成为工作常态。无论是从法律效果还是社会效果而言，这种趋势会严重阻碍我国司法发展和社会进步。因而通过繁简分流，将情节轻微、人身危险性小等较轻的刑事案件适用于刑事和解制度，对犯罪分子给予刑罚个别化、轻刑化或者去刑化，能够在很大程度上减少诉讼环节，缓解司法机关的案件压力，提高办案质量和效益，同时有助于司法机关集中力量打击严重犯罪。目前，我国的刑事司法体系仍然以诉讼为主要的纠纷解决模式，而这已经满足不了人民的司法需求和快速的社会发展，因此必须探索一种新的纠纷解决模式，以缓解现有刑事诉讼体制所存在的滞后问题。诚然，刑事和解作为我国多元化纠纷解决机制的重要内容，是有效缓解诉讼压力、优化司法资源配置、深化司法体制改革的现实选择。

三　刑事和解的正义性

正义是司法的根本价值追求，也是社会公众普遍尊重司法权威、相信司法公信力的关键。这是刑事和解具有正当性的根据，也是人们对司法最基本的要求和标准。

传统刑事诉讼程序往往会忽视被害人的存在，不能有效保障被害人合法权益。罪犯受到国家追诉和惩罚体现出抽象形式的正义，作为具象正义的被害人切身利益却在具体案件中没有得到保障。人们普遍认为，犯罪分子被国家绳之以法，受到应有惩罚，就能够完全弥补犯罪行为所造成的一切损害，恢复和实现正义，但实际上并非如此。犯罪分子得到刑事制裁仅仅是司法程序的终结，并没有实现法律效果和社会效果的统一。在这种司法模式下，国家和社会未对被害人和加害人及时进行有利的引导和帮助，也就不能有效恢复被破坏的社会关系。对被害人而言，所遭受的物质损失和心理创伤并没有得到真正弥补和恢复，因此认为国家未能充分保障自身权益，埋怨社会的不公平；对加害人而言，社会没有进行正确的教育和指引，加害人就不会深刻认识到过错行为及其严重后果，反而会增加加害人对被害人和社会的仇视与不满，甚至滋生报复心理，增加再次犯罪的概率。总之，刑事诉讼程序终结背后仍有诸多现实问题亟待得到关注和重视，否则会影响实现司法正义，产生更多社会隐患。

有学者提出刑事和解具有公正价值，提出公正意味着平衡、平等、不偏向。刑事和解的公正价值体现在对被害人、加害人及公共利益的全面保护，在刑事司法的宏观系统内促进被害人、加害人及公共利益保护的价值平衡，促进刑事司法的整体公正性。[1] 谈及刑事和解的正义性问题，就必然会联系到西方学者提出的恢复性正义理论。恢复性正义理论认为，犯罪不仅是对国家、法律的侵犯，还破坏加害人、被害人和社会之间的正常利益关系，恢复正义的目的就是通过积极保障被害人权益、帮助加害人回归社会后在三者之间重新建立起利益关系平衡。事实上，刑事和解与恢复性正义之间具有紧密联系。从某种意义上而言，恢复正义是目标，刑事和解是手段。刑事和解制度是我国多元化纠纷解决机制的一种模式，具有中国本土特色并且符合社会需要，最大限度体现恢复性正义的理念要求，但是并不能将两者等同。以恢复正义理论解释刑事和解的正义性问题并不合理，因为论证本身并没有对刑事和解的争议问题做出合乎正义理论的分析。所以，理解正义理念关键要从正义的一般含义和普遍标准出发，不可将其具象化、特定化，但是理解我国具有本土性质的轻罪案件刑事和解正义性问题还要兼顾国内社会制度和实践效果，这样才能更好理解该制度。

与传统刑事司法理念不同的是，刑事和解则赋予正义新内涵，追求

---

[1] 向朝阳、马静华：《刑事和解的价值构造及中国模式的构建》，《中国法学》2003年第6期。

实际的、均衡的价值。亚里士多德将正义划分为分配正义与矫正正义，① 分配正义设计群体成员之间权利义务的配置问题，而矫正正义发生于社会成员违反分配正义的情况，由此伤害者补偿受害者，受害者从伤害者处得到补偿，就是正义。这反映出正义具有均衡性，能够实现多方主体利益的平衡。刑事和解正是基于正义理念，满足被害人、加害人、社区等相关主体应得的诉求或者需求，以实现具体的、全面的正义。在具体刑事案件中，加害人悔悟且积极承担应尽的责任，被害人得到赔偿或者补偿，社区成员关系也变得更加和谐等。这些都能够说明并不是只有通过惩罚和制裁才能实现正义，良性互动也能较好地实现正义，取得被害人、加害人和社区的动态利益平衡。在刑事和解程序中，被害人、加害人和社区都属于该程序的核心主体，能够在与司法机关的良性互动中达到共赢。当事人双方自愿沟通协商，加害人真诚悔悟、积极承担责任，被害人从加害人的赔偿或者补偿中满足物质诉求，从加害人的真诚道歉中抚慰心理创伤，当事人双方重新回归社会，社会成员更加和谐相处。所以，刑事和解能够实现利益均衡化，满足多方主体需求，以看得见的方式实现全面正义。根据北京市检察机关的统计，从2003年7月1日至2005年12月31日，在北京市7个区检察机关受理的全部轻罪伤害案件中，通过刑事和解结案的共有667件，适用率14.5%；通过刑事和解被不起诉的嫌疑人有14%；检察机关经过刑事和解程序，移送公安机关撤销案件的共有534件，占全部刑事和解案件的80.1%；检察机关直接作相对不起诉的案件有129件，占全部刑事和解案件的19.3%。② 通过对7个区检察机关的访谈与调查，发现他们普遍对刑事和解的效果表示满意，并且在检察机关作出和解不起诉的案件中，没有任何一个当事人提起申诉和上访的现象，也没有一个当事人将经过和解结案的案件重新提起自诉或民事诉讼。③ "普遍对刑事和解的

---

① 张文显：《法理学》，高等教育出版社2018年版，第269页。
② 周长军、王胜科：《恢复性正义的实现——恢复性司法的理论维度与本土实践》，山东人民出版社2010年版，第153—154页。
③ 陈瑞华：《刑事诉讼的私力合作模式——刑事和解在中国的兴起》，《中国法学》2006年第5期。

效果表示满意"反映出人们对刑事和解制度的认可,同时从侧面反映出刑事和解能够实现全面正义,也能为幸福安定的现实生活创造良好社会环境。

总之,将近20年的司法实践表明,我国在轻罪案件适用刑事和解程序中取得了很好的法律效果和社会效果,得到社会公众以及实务部门的广泛认可,这正是刑事和解正义性的充分体现。刑事和解具有正义性符合社会主义核心价值观的要求,有利于解决矛盾纠纷,维护社会稳定,更好满足新时代人民群众日益增长的美好生活的价值追求。

第五章　轻罪案件附条件不起诉程序

第一节　问题的提出

附条件不起诉制度考虑未成年人特殊性，以起诉便宜主义为理论基础，通过不起诉决定给予未成年人改造机会，防止犯罪"污名化"。德国、日本、英国、美国法律亦有类似暂缓起诉制度，虽然各国制度名称有所不同，但内容、价值以及制定目的大致相同，均为通过非报应刑解决性质轻微、行为人本身危害不大的犯罪，从而实现诉讼经济以及特殊预防目的。附条件不起诉制度以检察机关为主导，将未成年人犯罪案件终结在审查起诉阶段，并规定一定考验期对心智尚未成熟的未成年人进行教育和改造，意图达到防止其再犯罪、顺利融入社会的目的。适用附条件不起诉制度既可以促进案件诉前分流，节约司法资源，又可以通过考察帮教机制帮助罪行不大的未成年人回归社会，减少因监禁刑导致的"交叉感染"现象。而且，附条件不起诉制度顺应繁简分流机制改革，能够通过审前案件分流合理配置司法资源，有效缓解当前案件积压现状以及法官办案压力，使案多人少的司法困境得以纾解，因此，附条件不起诉制度应当受到重视。2009—2012年为附条件不起诉制度发展阶段，中央将附条件不起诉作为正式改革项目，各地检察机关通过试点进行改革探索，案件适用范围扩大到未成年人、老年人、在校大学生等特殊人群的轻微犯罪案件。但2012年《刑事诉讼法》修改正式将附条件不起诉制度载入法律，适用对象有了较大限制，即仅适用于未成年人，导致该制度在司法实践中适用率较低，不利于当前司法改革以及制度设计目的的实现。

第五章 轻罪案件附条件不起诉程序

目前，学界对附条件不起诉制度进行多视角研究，主要聚焦于制度适用对象和适用条件两个方面探寻制度改善方法。关于制度适用对象，具体观点有：第一，附条件不起诉制度仅适用于未成年人，有学者认为未成年人相对于成年人心智仍不成熟，对犯罪没有深度认识且更有教育意义，附条件不起诉应当作为仅适用于未成年罪犯的制度[1]；第二，认为附条件不起诉制度应当适用于过失犯、偶犯、初犯等容易改造、危害性小的人群，主张应当从社会危害性大小以及主观态度决定适用不起诉决定，而不应当片面考虑特定人群，这是违反宪法平等原则的制度设计[2]；第三，认为应当将适用对象扩大至未成年罪犯以外的其他群体，限制对象对司法资源利用率不利，也违反附条件不起诉制度的制定目的[3]。总体来看，学界对扩展制度罪行适用范围的观点较为统一，大多认为应当将罪行范围扩大至所有轻微案件，用危害性大小作为标准认定是否适用附条件不起诉制度，而不应仅规定固定罪名作为适用条件。前述学者从适用对象和适用条件两个角度，根据附条件不起诉制度司法适用现状，分析制度缺陷及原因，提出程序完善建议，一定程度上揭示了我国制度适用条件过于苛刻、适用对象过于狭窄、未从案件危害性判断是否适用制度等问题。虽然已有成果从立法层面提出改善制度设计以及完善帮教系统的建议，但整体均呈现建议较为宏观、程序完善不够细化等特点，需较长周期逐步实践探索，无法快速有效解决目前的现实问题。

而完善附条件不起诉程序，应首先从人权保障、起诉便宜主义、诉讼经济原则、宽严相济政策、恢复性司法理念以及认罪认罚角度，探究扩大附条件不起诉制度适用范围，是否违反刑事诉讼法基本原则以及目的。其次，以上述司法理论为理论基础，分析司法实践适用情形，探究

---

[1] 庄乾龙：《未成年人附条件不起诉制度功能论》，《预防青少年犯罪研究》2021年第4期。

[2] 陈光中、张建伟：《附条件不起诉：检察裁量权的新发展》，《人民检察》2006年第7期。

[3] 洪道德：《改"免予起诉"为"暂缓起诉"——兼论检察机关不应有刑事实体处分权》，《法学研究》1989年第2期。

扩展附条件不起诉制度适用范围是否具有可行性，并从中归纳需要解决的问题。再次，通过比较分析德国、日本、英国与美国暂缓起诉制度的设计背景、具体内容以及发展脉络，从中借鉴附条件不起诉制度改革是否符合当前经济、政治发展以及我国实际情形。最后，根据前述理论基础、可行性分析、域外经验借鉴三个部分的论述，从程序设计、权力监督、与其他不起诉制度衔接以及被害人救济四个方面对附条件不起诉制度予以完善，提高附条件不起诉制度适用率，实现审前案件分流，缓解法院资源紧张，并通过细化后的考察帮教制度教育、改造犯罪行为人，消除"犯罪烙印"，帮助罪犯顺利回归社会，维护社会和谐稳定。

第二节 轻罪案件适用附条件不起诉程序的正当性

一 人权保障原则

保护人权原则贯穿于现代刑事诉讼法，附条件不起诉救济被害人权利程序即严格遵守保护人权原则[①]。被害人作为刑事诉讼主体之一，与诉讼结果相关性较强，因此，被害人基本权利以及由基本权利派生的程序性权利，必须由法律规定得以保障，使被害人能够通过行使程序性权利，保护和救济自己的基本权利。

传统刑事诉讼注重加强对犯罪人的人权保护，而现代刑事诉讼法更注重对被害人权利保护，希望通过为被害人开辟更多权益表达渠道，满足被害人合法诉求。但是，在公诉原则下，被害人利益很难完全实现，特别是在特殊的附条件不起诉程序下，检察机关出于公共利益和社会利益考虑作出不起诉决定，即不通过诉讼救济被害人，因此需要探索更新更广的方式保护被害人人权。

人权保护概念要求立法者和司法者充分重视被害人人权保护，在保护受害者利益和犯罪者利益之间取得平衡，确保司法公正，最大程度维

---

① 何建华、张向军：《论人权保障原则在公法中的地位》，《山西大学学报》（哲学社会科学版）2006年第4期。

护社会稳定。为此,应从程序上保障被害人参与检察机关不起诉决定以及发表意见权利,并以灵活方式落实被害人上诉权和其他补救措施,体现刑事诉讼法对被害人人权的有效保护。

二 起诉便宜主义

刑事诉讼中,起诉具有发动审判的效力,不起诉则具有终结诉讼程序的效力。在讨论两者的理论基础时,起诉更加侧重于起诉法定主义,而不起诉则更加注重起诉便宜和起诉法定两者相结合,反映了公平、秩序和效率之间的权衡①。起诉便宜主义的优点在于,检察官可以根据特定案件事实和相关因素,酌情决定是否起诉,该原则注重检察官的司法职能,通过在审判前完成案件,帮助节省司法资源。

附条件不起诉制度是一个检察机关行使自由裁量权的制度。在决定是否起诉嫌疑人之前,检察官必须考虑和评估防止再次犯罪的可能性、必要性,同时考虑犯罪行为人具体情形和应当适用的法律原则。检察官可信度是检察官自由裁量权合法的依据,这是法律规定的检察官特权。

附条件不起诉制度设计主要基于诉讼经济原则,即通过减轻处理轻微刑事案件的负担,分配更多司法资源于重大刑事案件,提高司法效率,从而实现诉讼经济。刑事案件数量不断增加,但司法资源增多速度较之缓慢,两者之间的矛盾导致法院审判低效率。虽然我们可以选择通过加大司法资源投入,以解决当前资源紧缺的困境,但不考虑国家经济发展水平和资源配置原则的盲目投入,无法长期解决司法投入不足问题。因此,科学分配现有司法资源才能够从根本上解决案件积压、资源不足问题。

附条件不起诉制度要求检察机关在考虑社会公共利益时,考虑犯罪嫌疑人犯罪行为、自身良知和教养,经过认真调查和慎重评估,在犯罪嫌疑人符合一定条件时,行使自由裁量权,最终作出不起诉决定。在审查起诉阶段,检察机关通过对犯罪情节轻微且认罪认罚的犯罪行为人作

---

① 王鹏祥:《附条件不起诉制度探析》,《湖北社会科学》2011年第1期。

出附条件不起诉决定，使案件在侦查起诉阶段得以解决，节约审判阶段人力财力支出，达到节约司法资源、提高司法效率的目的①。附条件不起诉制度本质上是诉讼程序替代方案，其目的是通过设定调查时限和施加条件，使犯罪者认识到自己的错误行为并采取措施加以补救，并因表现良好而终止诉讼程序，从而减少诉讼程序适用，减轻法院审判压力。

三　诉讼经济原则

诉讼经济原则指在一个法院或一个法院系统中对司法程序进行有效管理，以减少重复，避免司法资源浪费②。这一原则包括两个主要指标，即诉讼成本和诉讼收益，目的始终是以较低诉讼成本实现较高诉讼收益。

国家司法机关负责所有刑事诉讼，但犯罪多样性和特殊性意味着必须投入比其他机关更多的资源，即使如此，现有司法资源投入还是无法满足惩罚所有罪犯的需求。而且，中国正处于社会主义发展初级阶段，刑事案件数量每年都在增加，目前的司法资源无法支撑这种增长趋势，人民群众对社会的无限需求和司法有限资源存在矛盾。因此，在司法实践中，需要通过司法资源配置优化，将有限物力财力合理分配，对轻罪案件和复杂案件进行案件分流，争取实现提高诉讼效率以及优化司法资源配置有机统一。

从某种意义上说，附条件不起诉程序体现了一种裁判理念，即根据犯罪严重程度分流案件，使较轻的刑事案件推迟审理或不予审理，而将剩余司法资源集中用于需要更多投入的重大案件。司法实践证明，这种灵活的非诉讼程序，一是在诉讼过程中对犯罪行为人进行教育改造，不必经过审判再进行改造；二是减轻人民法院司法工作量，减轻看守所、监狱羁押负担和司法资源浪费，同时顺应公平理念，是彰显诉讼经济原则的必然要求。

---

① 王鹏祥：《附条件不起诉制度探析》，《湖北社会科学》2011年第1期。
② 詹建红：《论诉讼经济原则的司法实现——一种控辩协商合意的制度立场》，《河北法学》2012年第3期。

四 宽严相济政策

建设社会主义和谐社会背景下，制定宽严相济刑事政策，在制定法律和处理案件的实践中发挥着主导作用，如附条件不起诉制度和认罪认罚从宽制度，均为这一刑事政策的产物。宽严相济刑事政策实质是区别对待，即考虑罪犯社会危害性、主观恶性和人身危险性，依法从宽或从严处理，具体包括以下内容：该严则严、当宽则宽、宽严互补、宽严有度、宽严审时、以宽为主[①]。

宽严相济刑事政策主张，充分行使司法系统照顾和帮助罪犯职能，试图挽救犯罪但罪行情节轻微的罪犯，帮助其重新融入社会。在调查和起诉过程中，如果检察官认为罪行情节危害性不大，且犯罪人真诚认罪悔罪，可以考虑适用附条件不起诉制度，并作出临时不起诉决定。但是，如果罪犯在考察期间不思悔改，再次犯罪或违反检察机关规定的条件，则必须被起诉，体现了宽严相济中"严"字方针。此外，最高人民检察院和最高人民法院关于执行宽严相济政策意见表明，"从严"针对不属于非监禁刑原则适用范围的严重暴力犯罪案件；"从宽"针对与特定犯罪主体有关的犯罪，即宽松对待特殊罪犯，如未成年人、老年人、孕妇或哺乳期妇女、初犯和偶犯。另外，最高人民法院还规定，如果犯罪情节轻微，未成年人和学龄儿童可以免于刑事处罚。因此可以得出，如果犯罪主体是未成年人、老年人或小学生，将得到宽松处理，并尽可能避免诉讼的结果，将这些特定主体纳入附条件不起诉范围，适应宽严相济政策。

五 恢复性司法理念

恢复性司法于 20 世纪 70 年代首次在西方得到认可，与传统正义概念不同，后者强调通过惩罚实现社会正义。恢复性司法旨在惩罚罪犯时恢复被破坏的社会关系，其价值理念与非刑事化原则相一致，体现在所

[①] 刘茵琪：《认罪认罚从宽制度如何刑事政策化——基于宽严相济刑事政策之"宽缓"面向的考察与反思》，《内蒙古社会科学》（汉文版）2019 年第 2 期。

有刑事程序中。

恢复性司法体现在双方达成和解协议的过程，该过程不仅对犯罪嫌疑人有一定惩戒和威慑作用，还可以对受害者造成的伤害进行补偿，促进受到损害的社会关系得到有效修复[①]。刑法谦抑性原则这一不可回避的要求使人们日益认识到公共权力并非不受制约，惩罚罪犯固然很重要，但我们也必须意识到惩罚功能局限性，即惩罚有社会成本，不是免费措施，且一味实施严厉刑罚并不能显著解决社会紧张关系，可能无助于预防犯罪。此外，犯罪行为产生的根源并不能简单归因于犯罪分子本身，还要考虑经济发展、社会是否稳定、政治等多方面复杂因素，仅仅利用判处刑罚并不能完全杜绝犯罪，应当考虑并行多个犯罪处理方式来解决社会中层出不穷的犯罪行为。刑事诉讼中引入附条件不起诉制度，试图通过限制起诉给予犯罪人改正机会，在审判起诉阶段结束一些符合条件的案件，防止惩罚对犯罪人的污名化作用，促进改造和教育活动。

在中国司法改革过程中，司法观念从报应刑逐步向教育刑转化，正义不仅可以通过惩罚犯罪者来实现，也可以通过纠正犯罪者行为来实现。因此，构建被害人与犯罪行为人之间沟通交流平台对预防犯罪有着重要作用，不仅可以通过和解弥补受害者所受损失，也可以在两个主体之间形成良好信任关系，这充分体现了恢复性司法理念优越之处，有利于犯罪行为人顺利融入社会、被害人快速从创伤中走出来以及社会关系和谐发展和进步。两者之间通过有效交流，不仅能够化解因犯罪造成的怨愤，还权衡了犯罪人、受害者和社会三方利益，强调公正、平衡以及恢复性司法理念，体现了刑法谦抑性原则，充分体现了非犯罪化和轻刑化理念。

六 认罪认罚从宽制度

认罪认罚从宽是"贯穿整个刑事诉讼程序的重要制度"，也是犯罪行为人和被告人的合法权利[②]。根据法律规定，"从宽"既包括量刑

---

① 廖斌、何显兵：《论恢复性司法理念在量刑协商中的运用》，《西南民族大学学报》（人文社会科学版）2022年第3期。

② 刘茵琪：《认罪认罚从宽制度如何刑事政策化——基于宽严相济刑事政策之"宽缓"面向的考察与反思》，《内蒙古社会科学》（汉文版）2019年第2期。

从轻也包括可以不起诉，那么犯罪行为人犯罪情节轻微且认罪认罚，可以作出不起诉决定，即从理论上来讲，轻罪案件可以适用附条件不起诉制度。

设置认罪认罚从宽制度的最初目标之一是实施宽严相济刑事司法政策，进一步优化处理刑事案件的司法资源，从而节省时间，提高效率，这无疑要求检察机关进一步简化起诉程序，要求检察官有更大自由裁量权，对符合撤销起诉条件予以不起诉决定。认罪认罚从宽与附条件不起诉两项制度均赋予检察官自由裁量权，检察机关代表国家追诉刑事犯罪，是把关人和过滤器，更是案件分流的监管者，检察官根据犯罪事实和情节、行为人真诚认罪悔罪、年龄以及其他主客观因素，决定是否对行为人宽大处理。这一共同特点使得检察官在处理案件时更加宽松，即在刑事诉讼中考虑对认罪认罚行为人不判处监禁刑的可能性。与普通不起诉案件不同，附条件不起诉制度规定不起诉考验期，并在考验期内附加条件，检方可以在考验期通过核实犯罪嫌疑人悔罪和改正情况，确定临时性不起诉决定为最终不起诉，也给犯罪嫌疑人改进机会，更能体现恢复性司法理念优势和诉讼经济原则。

第三节 轻罪案件适用附条件不起诉程序的司法实践

一 司法实践中特点

（一）我国附条件不起诉制度的起源

附条件不起诉制度经历了三个阶段：创立、发展扩大和停滞。中国第一个附条件不起诉制度试点是在上海市长宁区人民检察院进行的[①]。1992年初，一名在上海市长宁区工作的16岁男子与朋友一起盗窃价值1000多元的货物，在公安机关完成检查后，案件被移交给长宁区检察院审查和起诉。检察官考虑到犯罪行为人年龄很小以及案件情节比较轻

---

① 邓思清：《建立我国的附条件不起诉制度》，《国家检察官学院学报》2012年第1期。

微，决定推迟起诉，并在3个月内进行考察后再审理此案。同年5月，因该男子在考察期间表现良好，长宁区检察院遂根据当时的规定对这名男子予以"免于起诉"的宽大处理①。附条件不起诉制度最流行时，全国约有三分之一检察机关试行了该制度。例如，抚顺市人民检察院制定了《关于对未成年犯罪嫌疑人暂缓起诉的规定》，落实"教育、感化、挽救"方针，给青少年犯罪分子中主观恶性不大、社会危险性不高的犯罪行为人改过自新的机会；2004年北京市海淀区人民检察院与海淀区公安分局、区团委、区妇联签订协议，正式启动未成年犯罪嫌疑人附条件不起诉制度，对积极认罪悔罪态度、犯罪情节较为轻微、并且依照我国刑法规定可能或者只能判处管制、拘役、3年以下有期徒刑的犯罪行为人，由检察机关决定不起诉并规定考验期，由学校和其他单位进行教育和矫正、家属帮助，并广泛进行社区监督，考验期满后表现良好，检察机关即作不起诉决定；长春市朝阳区人民检察院决定对5名应参加高考的犯罪嫌疑人作出附条件不起诉决定，该检察机关对这些犯罪行为人取保候审，高考结束后根据个人表现另行决定是否起诉。附条件不起诉制度发展过程中，司法实践不断扩大适用对象范围，且适用率也不断增高，对该制度的研究和探讨也不断扩展，范围逐渐涉及在校学生和情节轻微案件，甚至对单位犯罪适用附条件不起诉制度进行了探索；还出现了该制度的公众咨询制度等。

虽然全国检察机关试行附条件不起诉制度对宪法平等原则有所突破，且违背了刑法和刑事诉讼法有关规定，但附条件不起诉制度在中国的出现，符合保障人权的司法改革趋势。同时，该制度有利于犯罪行为人自觉改正错误，顺利融入社会，避免因判处监禁刑而造成的"交叉感染"，从而达到防止轻罪案件犯罪行为人再次犯罪，或者犯重罪的目的②。而且，附条件不起诉制度适用，保证目前有限司法资源智能、科学地分配给不同类型案件，得到更加合理有效的利用，故附条件不起诉

---

① 马健：《附条件不起诉制度研究》，博士学位论文，吉林大学，2013年。
② 杨玲：《附条件不起诉制度适用问题研究》，《广西政法管理干部学院学报》2021年第6期。

制度值得推广。同时试点效果表明，附条件不起诉制度符合当今社会实际需要，司法实践效果良好。

(二) 司法实践中附条件不起诉制度的应用特点

1. 相对不起诉与附条件不起诉适用范围界限模糊

在四类不起诉的情形下，检察机关因受法律约束，没有可以自由裁量是否适用法定不起诉和存疑不起诉的权利，只有在相对不起诉和附条件不起诉情形下，检察机关才能行使自由裁量权[①]。关于附条件不起诉立法，一方面是因为恢复性司法理念对罪犯以非监禁方式进行教育改造的目的，另一方面也弥补了相对不起诉的适用不足。相对不起诉和附条件不起诉都体现了诉讼经济原则，但它们在实质上是不同的，相对不起诉主要是出于节约诉讼资源的考虑，在审前将没有必要进行诉讼程序的轻微案件分流出去，没有特殊预防的目的；附条件不起诉更多的是出于特殊预防目的本来主观恶性小的犯罪行为人因被羁押而"交叉感染"，导致社会危害性加大，不利于社会稳定，但出发点和落脚点均是使轻微案罪犯尽快从刑事诉讼程序中抽离出来。针对这两种不起诉如何区分，理论界的普遍观点是，相对不起诉适用于轻微犯罪，附条件不起诉则适用于比相对不起诉更为严重一些的犯罪，二者是逐步递进的关系。从理论逻辑上来看，两者适用范围界限分明，但在司法实践中，仍然没有相关立法为检察机关适用这两种制度提供清晰明确的指导。

图5-1所示为2013年至2022年适用附条件不起诉制度的案件数量，从中可以看出2013—2019年呈现上升趋势，2019年后呈下降趋势。图5-2所示为2013年至2022年适用相对不起诉制度的案件数量，数据表明该案件数量在2013—2019年同样呈现上升趋势，2019年后呈下降趋势。但相对不起诉制度适用数量明显多于附条件不起诉制度适用数量。

图5-3反映，适用附条件不起诉制度的案件罪名排名前五的为盗窃罪、寻衅滋事罪、聚众斗殴罪、故意伤害罪和抢劫罪。图5-4所示为

---

① 廖斌，何显兵：《论恢复性司法理念在量刑协商中的运用》，《西南民族大学学报》(人文社会科学版) 2022年第3期。

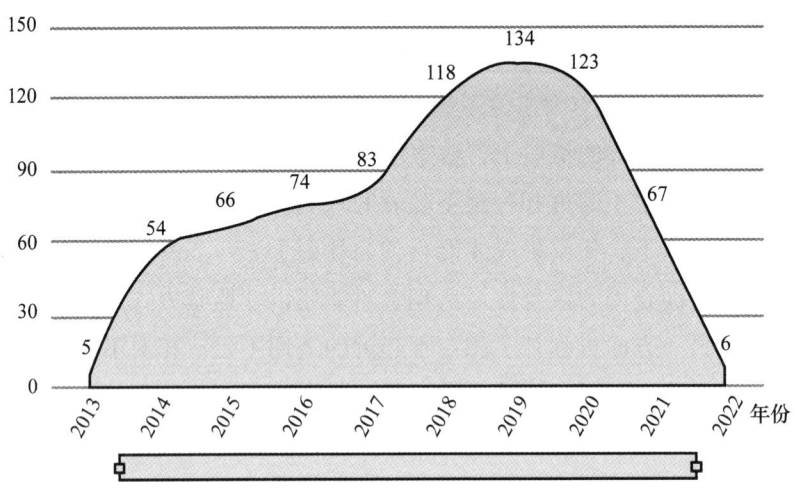

图 5-1　适用附条件不起诉制度案件数量

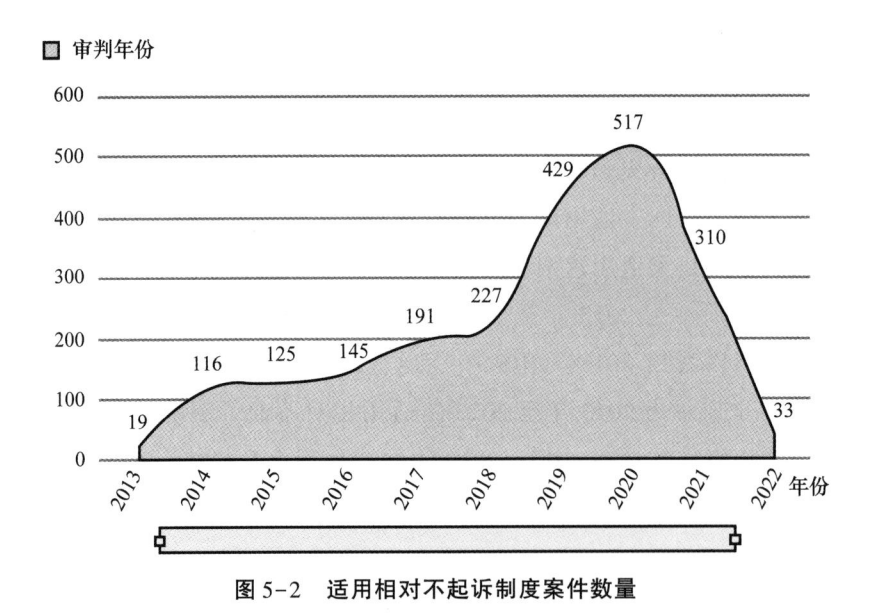

图 5-2　适用相对不起诉制度案件数量

适用相对不起诉制度的案件罪名排名前五的是盗窃罪、危险驾驶罪、故意伤害罪、寻衅滋事罪和诈骗罪。两者案件重合类型较高。

第五章 轻罪案件附条件不起诉程序

```
□ 案由
盗窃罪                                            213
寻衅滋事罪                     118
聚众斗殴罪                   103
故意伤害罪            70
抢劫罪          54
```

图 5-3 适用附条件不起诉制度的案件罪名排名

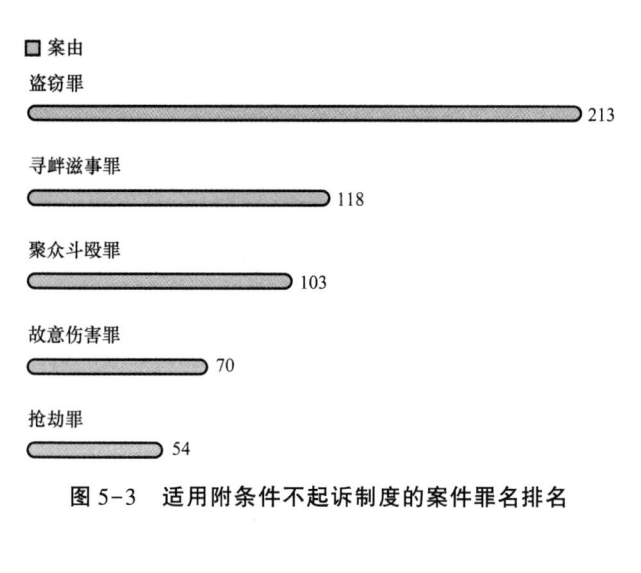

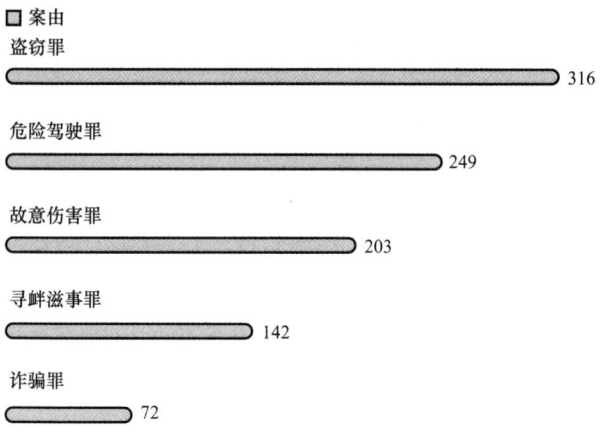

```
□ 案由
盗窃罪                                               316
危险驾驶罪                                      249
故意伤害罪                                203
寻衅滋事罪                      142
诈骗罪         72
```

图 5-4 适用相对不起诉制度的案件罪名排名

上述图表反映出，实践中两种制度适用范围存在混淆情形，检察机关甚至可以为了程序简便而将可以适用附条件不起诉的情形，选择适用相对不起诉替代[①]。由于附条件不起诉制度只适用于未成年罪犯，因此目前对两种不起诉制度适用于成年人犯罪案件中没有争议。然而，如果嫌疑人是未成年犯罪行为人则没有明确标准，检察机关可以行使自由裁

---

① 邓思清：《建立我国的附条件不起诉制度》，《国家检察官学院学报》2012 年第 1 期。

量权来判断案件是否免除刑罚、无须判处刑罚、可能判处一年以下有期徒刑等,并根据判断决定案件是否有必要进入诉讼程序,这是检方行使自由裁量权的结果。因此,在实践中,有相当多的案件可以同时选择相对不起诉程序和附条件不起诉程序,司法解释也并没有限制检察机关优先选择相对不起诉,选择哪种不起诉的最终结果由检察机关决定。

2. 附条件不起诉制度适用的主体范围过于狭窄

从国外的立法经验来看,中国的附条件制度无疑是适用范围最窄的。英美法系国家中,美国已将毒品犯罪和公司法人犯罪纳入暂缓起诉范围;在适用对象方面,日本、德国原则上适用于所有类型犯罪行为人,对象范围是在根据实际情形变化不断扩大形成的。而且我国现行与试点阶段的对象范围相比非常保守,早期试点阶段,附条件不起诉制度的对象范围不仅涵盖未成年犯罪行为人,还包括其他类型的弱势群体[①]。

我国《刑事诉讼法》规定附条件不起诉制度目前只适用于未成年人,司法机关案件适用率低,远不能发挥起诉便宜主义、审前案件分流、缓解司法资源紧张的作用。不管是外国立法经验的案例,还是早期试点的司法实践经验,附条件不起诉制度适用范围均呈现出稳定的扩张趋势,这也是制度发展的重要一步。事实上,该制度在司法实践中得到应用的案件数量远远低于预期,法律制度的价值取决于具体执行情形,如果不进行适当扩展将无法体现制度价值。附条件不起诉制度之所以不能完全发挥案件分流的作用,主要原因是适用对象仅限于未成年犯罪行为人。一方面,由于未成年人是一个特殊的群体,心智尚未发育成熟,通过适用附条件不起诉制度进行教育改造远比适用监禁刑更有价值、效果更好,那么只对未成年适用该制度有一定合理性[②]。另一方面,司法实践中的其他弱势群体,如老人、学生、孕妇或哺乳期妇女以及不能照顾自己的重病患者,这些特定人群在受到强制措施和处罚时,也会和未

---

① 郭菁:《我国附条件不起诉制度研究》,《东南大学学报》(哲学社会科学版)2012年第S1期。

② 何挺:《附条件不起诉扩大适用于成年人案件的新思考》,《中国刑事法杂志》2019年第4期。

成年犯罪行为人一样得到立法和执法的特殊保护，那么在适用附条件不起诉制度上不应该有区别对待。除了不适用于上述特定群体以外，附条件不起诉制度还不适用过失犯罪、偶然犯罪、初犯以及被胁迫犯罪者等。与主犯、累犯和故意犯罪的未成年罪犯相比，这些特殊身份罪犯社会危险性更小，再犯可能性更小，却也没纳入附条件不起诉制度的对象范围。

3. 附条件不起诉制度适用的罪名范围过于严格

《刑法》分则根据犯罪行为人所侵害的法益即犯罪客体将罪名进行了分类。引入附条件不起诉制度时考虑到了更多公共利益，认为它不应该适用于《刑法》第一章和第二章中规定的危害国家利益和公共安全的犯罪。但一方面附条件不起诉本身是着眼于平衡公共利益和个人利益的制度；另一方面，刑法是公法，且《刑法》各章中所列的罪行都与公共利益有关，因此上述分割方法不具有合理性。检察机关在决定是否适用该制度时考虑的重要因素是嫌疑人的主观恶性大小，是否对犯罪行为感到后悔，以及再犯的可能性，这与他或她犯罪所侵犯的对象没有直接关系[①]。成年人尚且很难区分自己的犯罪行为侵犯了哪些合法权益，未成年犯罪行为人的智力还没有完全发育成熟，就更难辨别。不能说《刑法》第四章、第五章和第六章规定的犯罪社会危害性小，根据犯罪行为不属于哪一章来决定是否适用附条件不起诉制度的做法，将导致许多更适合作为不起诉处理的案件不能得到适当处理。

随着知识经济时代的到来，人们对知识产权的保护越来越重视，与知识产权相关刑事案件的数量也迅速增加。司法实践中公众对知识产权侵权的了解不够，对此类案件最好采用非刑罚化、非罪化方式处理更适宜。鉴于互联网的普及，学生利用微信、微博、知乎、论坛和淘宝等互联网进行知识产权犯罪的情形并不少见。这类案件中犯罪嫌疑人的动机一般比较简单，大部分人都是误入歧途，主观上没有什么恶意，所以在实践中，该类犯罪行为人通常会被轻判。但经过诉讼被判处刑罚最终还

---

① 郑丽萍：《附条件不起诉之进一步构建——基于我国〈刑事诉讼法修正案〉之思考》，《法学杂志》2012年第9期。

是会不利于重新融入社会,而判处监禁刑也会产生"二次污染"的可能性,在这种情形下,考虑将知识产权相关犯罪纳入附条件不起诉适用范围可能是解决这一困境的好办法。

此外,在处理危险驾驶罪和藐视交通规则、缺乏公共交通安全意识的交通违法行为方面,它也能发挥积极作用。交通肇事者一般属于过失,若是在违法犯罪后积极赔偿被害人且没有逃逸,可以根据具体罪行情节考虑适用附条件不起诉制度,通过所附条件对交通肇事者充分认识自身粗心行为所造成的伤害并进行交通知识方面的教育,以这种方式进行可能会比判处监禁刑获得更好的效果,也更能发挥附条件不起诉制度的纠错矫正功能。《刑法》分则第四章,比如强奸罪、抢劫罪等,以及第五章中的抢劫罪这种传统意义上的重罪都是可适用附条件不起诉制度的犯罪;而《刑法》分则第二章中过失犯罪交通肇事罪以及最高法定刑是拘役的危险驾驶罪,这两种明显轻于上述的强奸罪、抢劫罪,但却因为罪名限制而不适用附条件不起诉制度,一定程度上违反了"举重以明轻,举轻以明重"的司法原则。严格按照规定、死板的对某些犯罪不适用附条件不起诉制度的做法,会造成适用罪名体系的不平衡。

二 积极效果

(一) 有利于维护各方利益,彰显恢复性司法理念

附条件不起诉制度本质是综合考虑刑事诉讼各方当事人利益,在不危害社会公共利益的情形下,以较为缓和的方式惩罚罪行轻微、主观罪恶小的犯罪行为人,通过非监禁刑帮助其回归社会,实现教育和矫治目的。

犯罪行为人被定罪判刑后,一方面通常会因为人身自由受限制,而无法弥补被害人所受损失,也无法通过行为获取被害人谅解;另一方面也会因为被羁押而产生逆反心理,无法达到特殊预防的目的。根据恢复性司法理念,针对所有案件均以严苛刑罚惩罚犯罪人,有时不仅不能威慑罪犯防止再犯罪,反而会使监狱成为犯罪的传播平台,造成"交叉感染"。因此,对于一些对社会利益危害不大的犯罪,各方当事人以及

社区帮教队伍均应承担起预防责任，通过与犯罪行为人之间进行良好互动，恢复被破坏的社会关系。附条件不起诉制度的适用，使犯罪行为人与被害人可以有效沟通交流，行为人以对被害人最有利的方式予以物质补偿和精神补偿。而检察机关也可以在考验期内构建考察帮教队伍，帮助行为人进行心理疏导、改正不良习惯，使犯罪行为人真正认识到自己的错误，从根本上防止犯罪再次发生，维护社会稳定[①]。附条件不起诉制度以非监禁方式实现犯罪行为人、被害人以及社会各方利益有效平衡，且与恢复性司法理念相契合，为修复社会关系，促进社会和谐做了重要贡献。

（二）有利于优化司法资源配置，提高诉讼效率

根据经济效益法则，任何社会活动都应遵循以最小支出获取最大收益的原则，诉讼活动也应遵守。由于社会发展、科学技术进步，各种新型犯罪层出不穷，犯罪案件数量日益增多，如果不能将有限的司法资源合理分配，亦不符合诉讼经济原则。附条件不起诉制度使案件结束在审查起诉阶段，不经复杂的审判程序，减少审判司法资源投入，有效缓解法院工作压力，符合我国节约司法资源和提高刑事诉讼效率的司法原则，能够快速有效解决社会矛盾。

（三）充分贯彻宽严相济政策

在我国这样一个道德观念较重的国家，犯过罪的人重新回归社会生活工作，社会地位和人格尊严会受到一些歧视，这会加重原本的犯罪心理导致再次犯罪的可能性增高，不利于实现特殊预防的目的。附条件制度的设立通过对主观恶性小，行为社会危害性小的犯罪人用非罪化和非监禁刑帮助行为人顺利回归社会且避免了被歧视的可能。这充分贯彻了我国宽严相济刑事政策，对社会危害性大的犯罪案件严惩不贷，对轻微案件宽大处理，是刑法严苛与谦抑相结合的政策，附条件不起诉对罪行轻微的行为人以非监禁刑进行教育矫治，针对不同情形不同对待，量身制定适合每一个误入歧途的犯罪行为人的帮教计划，在一定考验期内配

[①] 王满生：《未成年人附条件不起诉制度的实施与完善》，《甘肃社会科学》2019年第4期。

合考察机关实现控制和预防再犯的目的,维护了社会的稳定。

(四) 契合认罪认罚从宽制度的应用

认罪认罚从宽制度是2019年最高人民检察院联合各部门新发布的制度,针对自愿认罪认罚的犯罪嫌疑人,检察机关可以从宽处理,包括程序简化和实体从宽两个方面的内容,甚至可以根据具体案件情形作出相对不起诉决定。附条件不起诉制度与认罪认罚从宽制度均具有案件分流、优化司法资源的功能,且附条件不起诉一定程度上还弥补认罪认罚从宽后不起诉与起诉之间的空白①,形成根据不同危害程度适用的第三种犯罪处理方式,实现审前繁简分流。

三 存在的问题

(一) 附条件不起诉制度适用对象范围较窄

在附条件不起诉制度被正式写入《刑事诉讼法》之前,各地检察机关在实践中适用附条件不起诉对象范围差别很大。第一类,对象范围仅限于未成年人,例如,《北京市海淀区人民检察院实施暂缓起诉制度细则》第三条明确规定,暂缓起诉制度适用于未成年犯罪行为人。② 第二类,适用对象包括未成年人和在校大学生,例如南京大学城浦口区人民检察院于2003年成立了首个"在校大学生犯罪预防中心",以应对辖区内经常发生的学生犯罪,并制定了《大学生犯罪预防、处置实施意见》(讨论稿),规定检察院对犯罪情节较轻、具备改造和教育条件的学生,如系初犯、偶犯,可以适用附条件不起诉。第三类,适用对象范围包括未成年人、在校大学生和孕妇、正在哺乳的妇女以及老人等弱势群体,例如《无锡市人民检察院关于探索开展轻微刑事案件附条件不起诉工作的规定》规定"系犯罪行为人、已满十八周岁的全日制在校学生、盲聋哑人、正在怀孕、哺乳自己婴儿的妇女或者患有严重疾病之人、年老体弱之人",对于这类犯罪行为人检察机关可以考虑适用附

---

① 王新建:《认罪认罚从宽制度下相对不起诉的司法适用》,《国家检察官学院学报》2021年第1期。

② 郭斐飞:《附条件不起诉制度的完善》,《中国刑事法杂志》2012年第2期。

条件不起诉。[①] 第四类，没有具体规定应当适用该制度的对象范围，不限于特定对象，只取决于罪名种类、犯罪情节、是否累犯或惯犯等方面，如《重庆市涪陵区人民检察院附条件不起诉实施细则》中所作规定。但在2012年《刑事诉讼法》正式引入附条件不起诉制度中，对适用对象范围规定仅限于未成年人罪犯，这违反了法律面前人人平等的原则。从社会危险性分析，未成年人犯罪的社会危险性大部分要比老年罪犯和怀孕妇女高；从教化难易与效果来看，在校大学生的效果会比部分犯罪行为人好。因此，对犯罪行为人适用附条件不起诉群体差别对待，不利于权益保护和各方利益平衡。

（二）附条件不起诉制度适用条件限制较多

《刑法》将适用附条件不定罪制度的案件类型严格限制在分则第四、第五和第六章，侵犯公民人身权利、财产权利和妨害社会管理的犯罪，导致制度适用范围较为狭窄和片面。在司法实践中适用过程中，涉嫌的犯罪罪名主要包括盗窃、抢劫、寻衅滋事、故意伤害、强奸、聚众斗殴和抢夺等，然而随着社会发展变化，目前的犯罪范围和类型越来越广，各种高科技犯罪手段的引入，使得犯罪范围不只包括上述三个章节。严格限制附条件不起诉制度适用条件，使该制度无法适用于犯有其他轻微罪行的嫌疑人，违背制度设立目的。若不扩大适用条件，很大一部分犯罪嫌疑人将无法得到理想的教育、改造和康复机会，使犯罪嫌疑人感到被不公平对待，刺激再犯罪心理，亦不利于犯罪分子重新融入社会和社会稳定。

（三）附条件不起诉制度对被害人权利保障不足

1. 被害人程序参与权方面规定不具体

检察机关决定适用附条件不起诉制度，必须确保受害者充分参与程序，这种参与以知情权为前提，以自行参与或委托诉讼代理人参与为手段，以救济权为保障。另外，追求程序正义首先应当坚持程序公正原则，让那些利益与诉讼结果密切相关的人参与附条件不起诉，赋予相关

[①] 许晓冰：《附条件不起诉的司法适用困境及完善建议》，《预防青少年犯罪研究》2015年第5期。

主体能够对诉讼结果产生合理影响的权利，并确保这种影响能够切实有效。① 近年来，附条件不起诉适用频率逐年提高，但与许多其他不起诉程序相比，实践适用率仍然很低。因此，加强附条件不起诉程序被害人的救济权利，往往不是下级检察机关工作的主要目标，实践中非常容易被忽视。此外，目前关于被害人参与诉讼的权利规定并不十分全面，尤其是在知情权和诉讼代理人制度方面。关于知情权的现有规定相当笼统，而且是从刑事诉讼宏观角度提出，没有关于受害人在作出附条件不起诉决定之前享有知情权的具体规定，也没有明确受害人应该被告知什么内容；诉讼代理人制度亦不完善，由于受害者指定诉讼代理人的时间在嫌疑人之后，只有在案件移交和起诉后，受害者才有权指定诉讼代理人，导致在保护犯罪嫌疑人权利和受害者合法利益的具体规定上出现不对等情形②。

2. 被害人发表意见权、申诉权方面规定不完善

从功能上看，在审查起诉阶段听取被害人的意见，主要有两个目的：一是检查案件情形，二是依法监督调查。附条件不起诉阶段的听证会也具有这两种功能，特别是通过听取被害人的意见，一方面能够了解被害人对案件调查和处理的态度，有助于核实证据、澄清犯罪情节；另一方面也能够了解到被害人对先前行为的态度和案件办理是否符合正当程序要求的看法，从被害人角度督调查检察机关的工作情况。然而，在非监禁刑的情形下，尽管立法规定在作出决定之前要听取公安机关和受害者的意见，但没有明确规定如何听取公安机关和受害者的意见并获得同意，也没有明确规定受害者表达意见的后果③。以附条件不起诉处理以后，受害人的上诉权得到保障可以为受害人质疑不起诉决定时提供最直接的救济。但目前关于上诉程序的规定不够详细，导致在这一特定程

---

① 陈瑞华：《刑事诉讼的前沿问题（第五版）》（上册），中国人民大学出版社2016年版，第170页。

② 刘玫：《论公诉案件被害人诉讼权利的完善及保障》，《中国政法大学学报》2017年第1期。

③ 娜荷芽：《附条件不起诉中被害人权利救济机制研究》，硕士学位论文，中央民族大学，2021年。

3. 附条件不起诉中所附条件及帮教考察制度存在不足

附条件不起诉制度不仅要关注检察机关作不起诉决定过程中被害人合法权益是否得到有效保障，还应当将重点放在所附条件是否充分考虑犯罪行为人自身情况和相应的考察帮教系统是否完善。① 在附条件不起诉考验期期间，只有在严格遵守行为规则和完全履行附带义务的情形下，检察机关才能在考验期结束时以此为由作出不予起诉的最终决定。如果在考验期内发生合法撤销不起诉决定的因素，检察机关有权撤销不起诉决定，并依法对犯罪嫌疑人提起诉讼。因此附条件不起诉制度规定的义务犯罪行为人是否严格履行、社区部门是否尽心尽力对罪犯进行教育和改造均影响着检察机关的最终决定。然而在司法实践中，所附义务和帮教考察制度的适用存在不足。一方面，不适用附条件不起诉的案件数量在增加，但另一方面不适用的案件数量的大幅增加也给"精准帮教"带来了困境，即实践中面临着司法资源的缺乏，导致对涉案罪犯教育的矫正帮扶效果不佳。

第四节　附条件不起诉制度比较法考察

一　大陆法系附条件不起诉制度

大陆法系国家的诉讼法奉行职权主义，诉讼程序实行较为严格的法定起诉主义，但随着刑事案件数量不断增加，司法资源变得紧张，对部分没有定罪判刑必要的犯罪行为在审判阶段之前终结，可以有效缓解诉讼压力，也能实现刑事诉讼目的，从而大部分国家在实行起诉法定主义基础上兼采起诉便宜主义。

（一）德国附条件不起诉制度相较具有代表性②

德国早期刑事诉讼法没有赋予检察机关自由裁量权利，犯罪行为人行为符合法律规定的各项犯罪构成要件必须提起诉讼，由审判机关审查

---

① 胡必坚、范卫国：《社区矫正与附条件不起诉》，《湖北社会科学》2013年第9期。
② 李倩：《德国附条件不起诉制度研究》，《比较法研究》2019年第2期。

判断犯罪行为人是否构成犯罪，以及应当承担的刑罚。在第二次世界大战战败后，德国经济萧条、生产力低下、就业率极低，整个社会充斥着贫困气息，导致犯罪率不断攀升，司法资源紧缺，社会矛盾加剧，德国政府因此对各项法律制度进行改革，意图克服上述困难。此次法律制度改革包括附条件不起诉制度改革，立法者在既存法律制度基础上，扩张制度适用范围，1974年《刑事诉讼法》第153（a）条正是基于该背景下制订，规定轻罪案件可以使用暂缓起诉，再到1993年德国《刑事诉讼法》153（a）条的适用范围扩大至中等程度犯罪，不局限于轻罪案件。

德国现行刑事诉讼法的附条件不起诉制度分为由检察机关主导和审判机关主导。由检察机关主导审判前附条件不起诉制度，规定相关案件为可能判处1年以下有期徒刑的轻罪案件，犯罪行为人的罪行情节与诉讼程序终止不相违背，且适用附条件不起诉制度还必须经过有管辖权法院及犯罪行为人同意。基于满足社会公共利益需要作出对犯罪行为人的要求与指示侧重于让犯罪行为人认识到自己行为的危害性，真诚认罪悔罪，通过履行不起诉决定所附条件来弥补和修复社会关系，在经过一定期限后最终不予起诉。由法院主导的附条件不起诉程序与审前附条件不起诉适用条件相同，法院根据《刑事诉讼法》第153（a）条的规定，在检察机关提起公诉后，经检察机关和被告人同意，在庭审结束之前可以临时终止诉讼程序并同时宣告考验期和要求与指示，考验期满后，诉讼程序自动发生终止效力[1]。

德国附条件不起诉制度经过逐步修改，对象范围已经不仅限于犯罪行为人，案件类型也不仅限于轻罪案件。该制度改革紧随时代发展的脚步，从严格实行起诉法定主义原则到兼采起诉便宜主义原则，立法者逐步放开检察机关的自由裁量权，由检察机关通过行使自由裁量权承担部分案件审理压力，实现案件分流目的。而德国附条件不起诉制度在程序规定、适用对象以及案件适用范围等方面来看，与我国《刑事诉讼法》规定的附条件不起诉制度相似度较高，在完善我国法律制度的过程中，

---

[1] 李倩：《德国附条件不起诉制度研究》，《比较法研究》2019年第2期。

可以从中学习经验，适度扩大适用对象，顺应时代发展。

(二) 日本起诉犹豫制度

日本刑事诉讼法律深受德国法律影响，实行严格的起诉法定主义，起诉犹豫制度是在动荡不安的国情和社会状况不良的情形下，基于司法实务的需要理性选择的产物。日本早期法律并未制定起诉犹豫相关法律制度，直至明治维新时期，社会动荡、经济低迷、犯罪率居高不下，法院和监狱的压力逐渐增加，司法资源和运营经费越来越紧张。基于该国情下，为了缓和社会日益加剧的矛盾、减少日益增多的不稳定因素、加大对犯罪的打击力度，日本在起诉法定主义的基础上兼采起诉便宜主义，借鉴德国附条件不起诉制度制定了起诉犹豫制度。日本起诉犹豫制度于1923年正式制定，但其实在这之前检察机关在司法实践中就有对轻罪案件不立案或者警告释放的做法，通过减少提起公诉来分担法院审判的压力将案件终结至审判之前，明治维新后期，检察官将该做法的适用范围扩大到普通案件，不仅限于轻微案，这种做法直至1923年《刑事诉讼法》被法律所确认。[①] 1948年，日本制定新《刑事诉讼法》，即日本现行《刑事诉讼法》时又对起诉犹豫制度进行了更为具体的规定，要求检察机关应当综合考虑犯罪行为人自身情形、所犯罪行以及犯罪后的认罪悔罪表现来权衡是否适用起诉犹豫制度。

日本起诉犹豫制度由现行《刑事诉讼法》第248条规定，检察机关根据犯罪嫌疑人的自身因素、所犯罪行以及犯罪后表现，依法判断没有必要追究刑事责任的，可以作出暂时不起诉的决定。该制度并未对适用对象、案件类型进行专门规定，只作了原则性规定，即起诉犹豫制度适用所有对象以及除杀人、放火、投毒、强奸等严重危害社会安全的犯罪以外均可适用起诉犹豫制度。此外，虽然起诉犹豫制度并未作太多限制，但是检察机关在适用制度时还是受到了利害关系人以及上级检察机关的监督，控告人若是不服不起诉决定的，可以提起申诉，上级检察机关认为下级检察机关决定有误的，也可以进行监督。

---

① 杨建广：《日本起诉犹豫制度对完善我国不起诉制度的启示》，《中山大学学报》（社会科学版）1997年第S1期。

日本的起诉犹豫制度与我国的附条件不起诉制度均为起诉便宜主义的具体表现形式，也是检察机关行使自由裁量权裁断案件的制度，但两者相比还是有很大区别：日本检察机关适用起诉犹豫制度作出的不起诉决定具有确定性，我国附条件不起诉则是临时的，需要经过一定期限考察才最终作出不起诉决定。

日本起诉犹豫制度较为宽泛的规定赋予检察机关更大的自由裁量权且具有高度的独立性，但同时也具有与高度自由相匹配的完整监督制约体系，制度设计更为科学有序，一定程度上缓解司法体系的资源和人员压力，维护社会稳定与司法公正。

二　英美法系附条件不起诉制度

（一）英国附条件警告制度

英国附条件警告制度从制定开始至今时间并不算长，该制度是英国为加强被害人权力保障而设立的，是司法改革的成果之一。英国作为普通法系法律发源地，最早采用当事人主义诉讼构造模式，法律形式为判例法，法律制度对普通法系国家有着深远的影响。但随着时代发展、社会进步，英国对司法改革的需求越来越大，于是在2002年公布《所有人的正义——司法改革报告》且制定了详细的计划，象征着改革的开始[①]。随后《英国2003年刑事审判法》即设立了附条件警告制度，构成皇家检察署两项重大改革之一，该项制度顺应恢复性司法原则，可以通过代替诉讼节约司法资源且通过所附义务的承担达到矫正违法犯罪的目的。2008年《刑事司法与移民法》又将该制度扩大至不满18周岁（10—17周岁）的犯罪行为人也可适用。

《英国2003刑事审判法》第22条第1款规定，如果符合第23条规定的五项条件，则经过授权的人可以对年满18周岁的人给予附条件警告。可以看出，英国附条件警告将权利主体限制为"经授权的人"，将适用对象限制为18周岁以上的人，即犯罪行为人不适用该制度。该制度所规定的"五项条件"是指：经授权的人有证据证明犯罪行为人实

[①] 甄贞：《英国附条件警告制度及其借鉴意义》，《法学家》2011年第4期。

施了犯罪；起诉人有证据指控犯罪行为人实施了犯罪；犯罪行为人向经授权的人认罪；经授权的人向犯罪行为人释明附条件警告的后果；犯罪行为人签署一份包含罪行、认罪、所附条件以及同意适用该制度的书面文件。附条件警告制度的核心是所附条件，有四类：第一类为矫正条件，即纠正违法犯罪行为，要求行为人在规定时间内不能实施犯罪相关行为；第二类为修复条件，即赔偿损失并修复社会关系，要求行为人向被害人以可接受的方式提供物质补偿以及精神补偿；第三类为惩罚条件，即承担罚款，罚款是承担义务的兜底条件，当没有其他条件或者规定其他条件不适当时可以适用罚款；第四类为限制条件，它是作为上述三个条件的部分作出，即限制行为人在承担义务时的行为。

附条件警告制度设计非常注重司法机构之间的分工配合，警察有权对检察官提起的附条件警告进行监督，可以在认为检察官作出的决定不适当时提出建议书，经由检察官进行合法审查后将最终决定通知警察，这种监督制约方式体现了英国附条件警告制度科学的程序设计，可以更有力地保障司法程序正义①。另外，附条件警告制度关注被害人补偿的制度设计能更好地平衡被害人利益和犯罪行为人权益，有利于引导犯罪行为人矫正犯罪心理并有效修复社会关系。

(二) 美国暂缓起诉制度（DPA）

美国暂缓起诉协议制度起源于美国并成为其他各国法律借鉴的制度。该制度缘起于"布鲁克林计划"，最初是为犯罪行为人犯罪所设立，在司法实践中逐渐延伸至吸毒犯罪和企业法人犯罪方面②。暂缓起诉协议制度是指针对已经提起公诉的案件，检察机关根据犯罪行为人自身情况以及犯罪情节进行综合评价，经过审批和审查后，检察机关与犯罪行为人签订一份包括一定期限的义务内容的协议，若是犯罪行为人很好地履行该义务，则检察官可以作出不起诉决定。

美国暂缓起诉制度的设立同样与不稳定的社会状况相关，且犯罪行

---

① 甄贞：《英国附条件警告制度及其借鉴意义》，《法学家》2011年第4期。
② 张泽涛：《规范暂缓起诉——以美国缓起诉制度为借鉴》，《中国刑事法杂志》2005年第3期。

为人犯罪率居高不下，但考虑到犯罪行为人通常是冲动犯罪，主观恶性不大，就此提起诉讼定罪判刑不利于对犯罪行为人重新教育、改造和回归社会，于是设立暂缓起诉制度意图通过这种较为折中的方式为犯罪行为人设定义务或者处以罚金来代替刑事惩罚。后来该制度又因可以将案件终结至诉讼之前，为了缓解越来越多的毒品犯罪造成的司法资源紧张，司法实践又将暂缓起诉协议制度的适用范围扩大到毒品犯罪，企图通过该制度实现程序分流、节约司法成本、提高诉讼效率的目的。该制度发展至今，适用范围随着时代发展有扩张至企业犯罪的轻微案件，一方面，美国政府希望利用该制度早日终结案件，维护企业正常运营，保护企业员工利益，防止失业增加社会不稳定因素；另一方面，检察官可以通过签订暂缓起诉协议的方式，对违法犯罪的企业处以数额较大的罚金来增加政府的财政收入。

美国暂缓起诉协议制度在司法实践中适用率很高且效果比较显著，对犯罪行为人起到了很好的关怀作用，能够有效地帮助回归社会防止再次犯罪；对吸毒的行为人通过强制戒毒治疗也取得较好的疗效；对公司企业则维护正常运行，维持经济稳定发展。制度整体设计科学合理，对检察官的自由裁量权也有完整的监督制约机制，缓解诉讼压力效果显著，一定程度上保持了社会稳定。

三　制度规范比较

(一) 与德国附条件不起诉制度对照分析

我国附条件不起诉制度整体与德国附条件不起诉制度更为相似，两者都在法条中规定适用案件类型为轻罪案件，且程序设计上都规定经过一定考验期后不违反考察义务即作不起诉决定[①]。但德国在后续司法实践中逐步将制度适用对象扩大至不仅限于犯罪行为人，案件类型也扩大至一些危害程度中等的犯罪案件。总的来说，我国附条件不起诉制度和德国附条件不起诉制度的区别主要包括：第一，程序进行中，我国通过

[①] 吕天奇：《比较法视野下的暂缓起诉制度研究——以德国、日本和我国台湾地区的立法为范本》，《社会科学研究》2011年第1期。

被害人申诉和公安机关复议、复核对检察机关不起诉决定进行监督，德国通过犯罪行为人是否同意附条件不起诉和法院是否批准进行监督制约；第二，我国适用制度时所附条件只有原则性禁止规定，没有详细具体的行为准则，德国则规定较为详细的义务和指示，例如要求犯罪行为人补偿被害人、履行某种义务等；第三，我国制度对适用范围作了多方面限制，规定适用对象仅为犯罪行为人、适用案件类型为侵犯人身财产等犯罪以及判处1年以下有期徒刑的轻罪，德国仅规定责任轻微、不危害公共利益即可适用；第四，德国附条件不起诉制度不仅可以由检察机关在起诉之前适用，起诉之后对于符合条件的可以由法院审查终止起诉程序并适用附条件不起诉，这是我国没有的一大特色。

（二）与日本起诉犹豫制度对照分析

日本起诉犹豫制度作为大陆法系不起诉制度的另一代表性制度，与我国附条件不起诉制度区别较大①。两者不同主要有：第一，我国制度适用对象仅限于犯罪行为人，日本制度适用对象不包括20岁以下的犯罪行为人；第二，我国检察机关对符合条件的犯罪行为人一般规定6个月至1年的考验期，在考验期满后根据行为人具体表现决定起诉与否，检察官所作附条件不起诉为临时性决定，日本不提起公诉决定为确定性决定且不规定考验期，但日本检察官保留提起公诉的权力；第三，我国《刑事诉讼法》明文规定只有符合条件的部分犯罪可以附条件不起诉，而日本则由检察官综合考虑犯罪行为人自身情况、具体罪行情形以及犯罪后表现决定有无提起公诉的必要且起诉犹豫制度适用于一切犯罪。可以看出，日本刑事诉讼法律赋予检察机关较大自由裁量权，行使权利限制相对我国要小很多。

（三）与英国附条件警告制度对照分析

英国附条件警告制度虽在制度设计上与我国相似之处较多，但依旧具有普通法系显著特点，与我国附条件不起诉制度的区别具体体现在：第一，制度设计不仅是为了节约司法成本，更多是想达到矫正违法犯

---

① 赵靖：《日本不起诉制度对完善我国不起诉制度的启示》，《西南大学学报》（社会科学版）2011年第5期。

罪、修复社会关系的目的，不同于我国只追求对犯罪行为人进行教化和矫正的单一目的，价值取向更加多元化；第二，在程序上由检察官、警察、犯罪行为人以及被害人多方共同参与，不起诉决定是多方当事人合意的结果，不同于我国检察机关主导决定，体现出协商性司法的特点。

（四）与美国暂缓起诉制度对照分析

美国暂缓起诉协议与我国附条件不起诉制度差异较大，具体包括：第一，暂缓起诉协议通常与程序分流结合运用，意图达到节约司法资源、防止犯罪行为人之间"交叉感染"的目的，与我国单一价值目的不同；第二，暂缓起诉协议充分彰显辩诉交易特点，协议内容根据被刑事追诉一方当事人身份为犯罪行为人、吸毒者或者公司企业法人有所不同，与我国严格遵守法律规定对被告人进行考察不同。

大陆法系与英美法系附条件不起诉之间差异主要体现在价值追求和所附条件上，是职权主义与当事人主义两者差异的鲜明表现，但在程序设计与运行上差异较小，整体均呈现由检察机关审查被刑事追诉方相关因素决定是否适用不起诉制度，并要求行为人在一定期间内履行某种义务，根据考察期间内具体表现最终决定不起诉的格局。

四 域外制度的经验借鉴

纵使大陆法系和英美法系之间存在多处不同，但就暂缓起诉制度上，均是以诉讼经济为原则，通过审前程序分流实现司法资源优化配置，提高诉讼效率；贯彻恢复性司法理念，以非监禁刑处理轻罪案件，防止犯罪标签固定化，达到修复社会关系、维护社会稳定的目的。德日英美的暂缓起诉制度相较我国更为完善[①]，实践经验也更为丰富，对我国附条件不起诉制度十分具有借鉴意义。

首先从适用对象来看，我国附条件不起诉制度适用对象仅限于犯罪嫌疑人，而其他各国更多的关注犯罪行为人自身，如身体状况、精神状况、年龄、主观恶性等多方面因素，适用对象没有只考虑年龄。各个地

---

① 吕天奇：《比较法视野下的暂缓起诉制度研究——以德国、日本和我国台湾地区的立法为范本》，《社会科学研究》2011年第1期。

区或者国家在随着社会发展过程中,根据国情变化逐步完善制度设计,适用对象也是逐步扩大,我国也可以在符合中国实际的基础上,考虑将适用对象扩大至其他弱势群体的可能,而不是仅限于犯罪行为人可以适用附条件不起诉制度,这会大大降低制度适用率,违反制度设计目的。

其次从适用条件来看,我国将附条件不起诉制度的适用条件限制在《刑法》分则三章罪名,而域外对罪名没有具体规定,采用笼统的轻罪概念,更加注重社会危害性等罪行实体要素,不局限于固定罪名,这对于行为人犯其他章节罪,无论罪行再轻微也无法适用附条件不起诉制度来说,我国规定显然是不公平的。可以参考其他国家认定轻罪案件的条件,适度放宽附条件不起诉制度的适用条件会更加符合诉讼经济和恢复性司法理念。

最后在被害人权利保护方面予以借鉴,域外对被害人权力救济侧重点虽然各不相同,但整体呈现出制度完善、程序明确的特点,不同于我国只作了模糊性规定。我国应当明确被害人知情权、程序参与权、申诉权等多项权利,保障被害人参与附条件不起诉程序,对程序提出意见可以被有效采纳,还应当完善被害人权利救济和申诉程序步骤,而不是仅仅规定"人民检察院在作出决定以前,应当听取被害人意见"这种笼统概念。

第五节 轻罪案件附条件不起诉程序的完善

一 附条件不起诉与不起诉制度的衔接

我国《刑事诉讼法》明确规定了四种不起诉决定,具体包括法定不起诉、存疑不起诉、相对不起诉和附条件不起诉。根据我国《刑事诉讼法》第二百八十二、二百八十三、二百八十四条规定,对于未成年人涉嫌《刑法》分则第四章、第五章、第六章规定的犯罪,可能判处一年有期徒刑以下刑罚,符合起诉条件,但有悔罪表现的,人民检察院可以作出附条件不起诉的决定;对附条件不起诉的决定,公安机关要求复议、提请复核或者被害人申诉的,适用本法第一百七十九条、第一百八十条的规定,未成年犯罪嫌疑人及法定代理人对人民检察院决定附条件不起诉有异议的，人民检察院应当作出起诉的决定；在附条件不起诉的考验期内，由人民检察院对被附条件不起诉的未成年犯罪嫌疑人进行监督考察。这是附条件不起诉在《刑事诉讼法》中的具体规定。

其中，法定不起诉和存疑不起诉和附条件不起诉的核心区别是：犯罪行为人的行为是否构成犯罪[①]。法定不起诉和存疑不起诉中，检察机关因犯罪行为人罪行情节显著轻微，或法律规定的情形作不起诉决定，抑或根据检察机关在提起公诉之前事实证据掌握不足，以认定犯罪行为人无罪而作不起诉决定。附条件不起诉制度则是，检察机关根据已掌握的事实证据，足以判定犯罪行为人有罪且应当判处刑罚，但由于罪行情节轻微，可以作附条件不起诉决定，并规定一定期限考验期，考察是否符合作确定性不起诉决定的条件。相对不起诉为法院判定犯罪行为人有罪，但犯罪情节轻微，根据法律规定可以免除刑罚，或者不需要判处刑罚，为了节省诉讼资源，检察机关在审查起诉阶段作出不起诉决定的情形。相对不起诉和附条件不起诉比较相似，二者均以起诉便宜主义为理论基础、为检察机关行使自由裁量权的表现、且适用繁简分流机制、贯彻宽严相济刑事政策，具有保障程序分流和司法资源合理配置的作用。

附条件不起诉具有临时性，只有当犯罪行为人通过一定期限考察，才能作出最终不起诉决定，而相对不起诉具有终局性，检察机关作出不起诉决定即具有效力。因此，轻罪案件适用附条件不起诉制度须与相对不起诉制度有效衔接。在轻罪案件的犯罪行为人罪行情节符合相对不起诉制度情形时，可以优先适用相对不起诉，但由于法条规定的"情节轻微"、"依照法律规定不需要判处刑罚或者免除刑罚"没有列举具体违法犯罪行为，使得检察机关在实践活动中适用相对不起诉制度进行自由裁量时，难以把握起诉与不起诉边界，致使适用率较低[②]。在这种情形下，附条件不起诉制度补充了这部分立法不足，《刑事诉讼法》明确规定适用附条件不起诉制度适用范围，检察机关行使自由裁量权时有一定法律依据，且设定的考察期亦可以对犯罪行为人设定后续监督措施，

[①] 田兴洪、杜文俊：《轻罪刑事政策指导下不起诉的制度转变》，《法学》2012年第1期。
[②] 田兴洪、杜文俊：《轻罪刑事政策指导下不起诉的制度转变》，《法学》2012年第1期。

以考察犯罪行为人是否真诚认罪悔罪,对社会是否无危险性。

二 程序适用保证公正、效率

(一) 建立附条件不起诉程序启动机制

《刑事诉讼法》规定了犯罪嫌疑人适用附条件不起诉的法律条件,但没有具体统一的实施细则,仅仅依靠检方分析评估,难免会受到主观因素影响。因此,只有建立统一的、客观的、可执行的附条件不起诉启动机制,才能最大程度保证犯罪嫌疑人在刑事诉讼中的程序性权利。

评估附条件不起诉启动条件可以起草一份评估表,考虑犯罪行为、个人情况、家庭情况等多方面因素。犯罪行为包括9点,涵盖了犯罪类型、犯罪状况、犯罪形式、犯罪地位、量刑幅度、扮演的角色、犯罪次数、犯罪频率和犯罪记录;个人情况包括责任年龄、身体状况、受教育程度、个人品行、学业状况和生活条件等6个方面;家庭情况包括监督条件、家庭收入和家庭关系等3个方面;保障支持包括3个方面,即监督的条件、社区情况和帮教条件。上述评估要点用于决定是否应给予嫌疑人附条件不起诉的权利。

将犯罪行为、个人情况、家庭情况和保障支持这四类情况的得分分为1级、2级和3级情况,并综合统计评估点得分。如果对启动程序的条件的评估为1级,则应适用附条件不起诉;如果对启动程序的条件的评估为2级,则可适用附条件不起诉,但应审查和修改有问题的主要内容;如果对启动程序的条件评估为3级,则不应适用附条件不起诉。对启动条件的评估是一个三层条件,允许从法律角度,从个人行为、法律地位、社会保障等角度对嫌疑人进行全面分析是否适用该制度。

(二) 建立严格的执行程序,完善考察帮教制度

附条件不起诉是一项刑事诉讼制度,检方对如何适用该制度有一定的自由裁量权,应制定严格的执行程序,防止权力滥用,确保犯罪人享有平等的程序性权利,保护双方合法权益[①]。负责案件的检察官通知犯罪嫌疑人及律师和被害人,并宣告作出不起诉犯罪嫌疑人的决定;被害

---

① 彭俊:《能动检察视野中的附条件不起诉制度研究》,《湖北社会科学》2012年第4期。

人对不起诉决定不服的，可以在规定的期限内向上一级检察院申诉，被害人也可以在规定的期限内直接向人民法院提起诉讼。考验期结束后，如果犯罪嫌疑人没有任何违法犯罪行为，并尽职学习、提交或履行规定的各种义务，就会最终作出不起诉决定；如果在考验期内发现违法犯罪行为，就会向法院提出指控。

另外，要完善考察帮教制度建设。考察帮教制度实施不尽如人意，主要是由于各方面当事人参与不足，造成专业性和实施权威性的缺失。因此，应采取一系列措施，增加多方利益相关者投入，提高调查和援助能力。

在司法实践中，越来越多的机构和工作人员开始参与调查和改造活动，从而形成了一个标准化考察帮教体系。迄今为止的经验表明，引入多方主体后的考察帮教系统[1]。第一，是在检察机关、公共组织和参与活动的人之间建立平行关系，以形成一个"多位一体"的结构；第二，是检察机关委托一个专门机构进行调查，工作人员对犯罪行为人进行调查和教育；第三，是由检察机关牵头，其他机关和公共组织协助，由各组织的相关专业人员进行具体调查和纠正措施，形成三级考察体系。考察帮教要求根据每个犯罪行为人的个体情况进行有针对性的教育和矫治，每个主体都要掌握犯罪行为人的所有相关信息，在实施调查矫治措施时，不同帮教主体之间要做到信息公开。第一种方法有一定的局限性。首先，由检察机关充当特别调查和纠正机构是不合适的，检察机关本身负担过重，而且检察官缺乏相关的专业知识，参与调查和改造往往使帮教制度流于形式；其次，学校、家庭、工作单位和其他分散的参与个体很难与其他帮教主体交流信息，导致调查和援助的分散，不利于发挥作用。第二类虽然引入了不同主体，但与家庭、学校、工作单位等重要主体的参与相比，此类主体往往对犯罪嫌疑人的成长、生活环境、表现优劣等有较为透彻的了解，在考察帮教过程中不应缺少此类主体的参与[2]。第三种方式解决了第一种和第二种方式的实际困难，在检察机关

---

[1] 胡必坚、范卫国：《社区矫正与附条件不起诉》，《湖北社会科学》2013年第9期。
[2] 黄胜：《构建附条件不起诉对象监督考察帮教体系》，《人民检察》2014年第20期。

领导下协调不同单位的活动,这些单位由相关专业人员负责,专业人员和司法志愿者负责与家庭和社区互动,以共同完成对犯罪行为人的考察和教育。实践中将通过加强管理和联络来提高专业化和沟通水平。在第三种中,需要解决以下几个方面的问题:首先,检察机关应成为调查和改造的领导机构,并在整个调查和改造的实施过程中发挥协调和监督作用,检察官应从所有主体中收集有关行为人的信息,分析信息,然后将信息传递给各个考察主体,根据调查和改造的特殊性,检察机关应将不同单位组织成一个改造小组,能够更有针对性地实施考察帮教制度;其次,相关部门应让专业人士参与进来,建立专业服务,该类型部门将包括专业人员和志愿团队,共同教育和改造涉嫌犯罪的个人。这些工作人员和组织必须具有较高的专业水准,并能在研究和补救过程中充分利用社会学、心理学和其他专业知识,为涉嫌犯罪者提供有针对性的科学补救与干预。在客观条件允许的情形下,可以设立专门的观察和护理单位提供一系列服务。

三 如何保证权力公正行使

(一) 完善犯罪嫌疑人救济权利,制约检察机关自由裁量权

启动和应用附条件不起诉涉及多方面利益,诉讼各方都应有权从实质和程序角度,对检察机关是否启动和适用附条件不起诉制度发表意见,以监督和平衡检察机关在作出附条件不起诉决定时的自由裁量权,确保该制度正常运作[①]。

第一,完善犯罪行为人的司法救济权利,加强对自由裁量权的限制,促进制度协调。如果行为人对公诉人所作附条件不起诉决定有异议,检察机关应当予以起诉,这实质上赋予犯罪行为人自我辩护权利。然而,在考察期结束后对检察官的起诉决定存在异议时,法律没有为犯罪行为人提供程序性和实质性保护。犯罪行为人"异议权"是对权利的保障,也是对检察官适用附条件不起诉制度行使自由裁量权的制约。

[①] 张中剑:《检视与完善:我国未成年人附条件不起诉制度若干问题探讨》,《中国刑事法杂志》2013年第7期。

因此对于犯罪行为人法律救济权,法律规定的不完整性可能导致在行使赋予检察机关的自由裁量权时出现一定程度的失控。犯罪行为人救济权利不完善,不符合中国刑法"有权利必有救济"理念和自由裁量权制衡原则。因此,从立法角度看,应完善犯罪行为人救济权,从程序和实体两方面保障犯罪行为人在作附条件不起诉决定后的申诉权,加强对制度运行中对自由裁量权的限制,从权利救济角度规范制度运行。

第二,评估受害者和公安机关意见,加强对自由裁量权的审前监督。根据我国《刑事诉讼法》规定,一旦检察院对罪犯作出附条件不起诉决定,公安机关如有异议可以复议、复核,受害人如有异议可以向上级检察院申诉,但这些都要在适用附条件不起诉制度后接受监督。虽然《刑事诉讼法》规定,检察机关在作出决定前必须听取公安机关和被害人意见,但没有明确规定公安机关和被害人意见的法律效力,说明这些意见对检察机关的决定没有约束力,因此在适用罪犯附条件不起诉制度前,对自由裁量权行使没有充分限制,会导致检察机关行使权力任意性和制度不规范性[1]。相对于事前监督侧重于预防,事后监督则侧重于对现有错误行为进行修正,两者结合才能有效发挥监督作用、限制执行权力,保护系统正常运行。另外,适用附条件不起诉制度还要重视被害人和公安机关意见的重要性,增加两种意见的法律分量,对检察官作决定产生影响,加强对附条件不起诉制度的审前监督,加强对制度适用过程中自由裁量权的制约,从而达到规范适用制度目的。显然,需要进一步收集关于这种改进和检察官决定的法律影响程度信息,从实践中总结经验教训,使该系统为审前监督提供参考标准。

(二) *严格依法*

《刑事诉讼法》第三条规定,人民检察院进行刑事诉讼必须严格依法进行。在监督调查工作中应注意两点,一是监督调查工作要尊重检察机关主导地位。附条件不起诉是法律赋予检察机关行使自由裁量权的制度,在监督调查期间,案件仍处于检察机关审查起诉阶段,检察机关根

---

[1] 梁芙蓉:《审查起诉阶段听取被害人意见规则的拓展》,《国家检察官学院学报》2018年第2期。

据犯罪嫌疑人在考验期期间的行为决定是否起诉①。因此,检察机关必须作为主要监督和调查机构行事,不管是委托单位、社区,还是村(居)委会进行救助教育调查,还是委托特定社会工作机构或社区矫治单位进行救助教育调查,还是组织团组织、妇女协会成立救助教育小组,都必须明确这些组织或机构不是主要监督和调查机构,而只是一个辅助救助教育机构。在审判过程中,检察院及其官员必须承担起作为主要权力机构的责任,行使相关权利并履行相关义务。检察机关应定期向负责监督调查的具体单位或观察员(检查员、志愿者)以及犯罪行为人家属了解被考察人具体情形,并作出相应指导。二是,监督工作不得采取某些可能剥夺或限制行为人在不起诉考验期期间的权利作为考察内容,若是确有必要设置限制行为人某些基本权利作为考察内容,必须征得行为人同意。

(三)因地制宜

中国地域广阔,各地区经济和社会发展水平不平衡,东部沿海地区和大城市由于经济快速发展,相应社会支持系统较中西部地区更完善,能够提供强有力的社会支持,这是立法和司法解释没有规定对非监禁性附条件不起诉进行详细审查的重要原因。然而,《刑事诉讼法》规定,对刑事诉讼进行监督和调查是检察机关的一项强制性要求,地方检察机关应根据本地区实际情形,改进监督和调查活动。在北京市和上海市这类地区,民间组织发展较好,能够为检察机关监督和调查提供强有力的专业服务和支持,而其他缺乏这种条件的检察机关,应当加强促进本地区民间组织发展的力度,同时充分利用现有资源开展工作。

四 被害人权利利益保护

(一)保障被害人程序参与权

我国《刑事诉讼法》通过立法确定了被害人的诉讼主体地位,那么附条件不起诉中的被害人也理应作为诉讼主体而享有诉讼权利,充分

---

① 张进德:《论刑事诉讼中的监督检察》,《理论月刊》2014年第7期。

参与案件处理过程①。落实适度参与和适当协调诉讼程序的概念，确保受害者了解与其相关有影响的案件诉讼情形，同时知情是实施监督的前提。因此，鉴于刑事案件的特殊性，检察机关应当尊重受害人在诉讼案件中的主体地位，充分保护受害者各项基本诉讼权利，如知情权、提意见权、诉讼参与权、法律监督等，还应当保证受害人能够参与到附条件不起诉程序当中，对检察机关作不起诉决定全过程进行监督。检察机关一旦作出不起诉决定，应明确告知受害者，如果不同意该决定，可以采取相关法律补救措施提高受害者的意识和能力，用以维护自己的权利和利益。这将使司法机关公信力因受害人的全程参与而提高，受害人对司法机关所作决定的信任度上升，受害人也会接受和支持附条件不起诉制度，从而实现适用附条件不起诉特别程序的目的。

（二）细化被害人申诉权

第一，法律应明确规定，在受害人听证过程中听证机关应充分考虑受害人自身特殊因素。特别是在受害者是未成年人的情形下，应给予受害者更多关注和照顾，由了解未成年人生理和心理特点的案件管理人员在有温馨环境的特殊场所处理案件；应为女性受害者指派与她们良性互动的案件管理人员，使受害者能够感到安全和心理关怀，使她们能够放下心防与案件管理人员进行沟通，提出自己的看法。也可以与受害者代表制度相衔接，受害者经由律师协助表达意见②。在实践中，检察院应在条件成熟的情形下为检察官提供理论和实践培训，提高检察官办案能力，在适用附条件不起诉制度案件中可以更专业、更高效地决定犯罪出罪方式，也可以使检察官在决定适用制度时有更强的专业自信，减少工作压力。此外，检察机关可以根据受害者特点和案件具体情形安排会见，详细制定会见计划内容，并委托专业心理咨询专家与办案人员共同会见，以最缓和、恰当的方式获得被害人陈述。

第二，推进附条件不起诉制度听证程序落实③。听证程序可以通过

---

① 柯葛壮：《附条件不起诉中"异议"权之保障》，《法学》2013年第1期。
② 柯葛壮：《附条件不起诉中"异议"权之保障》，《法学》2013年第1期。
③ 田美妍、戚进松：《检察机关不起诉权制约之完善》，《中国青年政治学院学报》2009年第5期。

在诉讼程序多方当事人之间建立积极互动来实现程序正义，可以为当事人提供及时有效的救济，同时也是优化附条件不起诉程序行使自由裁量权的有效途径。

首先，推进落实听证咨询是被害人可以不受阻碍表达自己意见的重要渠道之一，将提高被害人意见表达积极性。应事先告知受害人何时和如何参加听证会，以及听证会地点、听证会上要讨论的主要问题以及被害人在听证会上享有何种权利。听证会上，受害人可以提出自己的合理论据，并对不起诉决定表达看法，旨在实现出席听证会的受害人和犯罪人进行积极沟通，并促进双方和解、补偿受害人损失。其次，完善现存听证程序应当在听取被害人意见后，建立配套听证反馈机制，以纠正"重程序轻实体"的错误倾向。另外，对被害人所提意见是否采纳应当综合考虑，接受受害者和其他各方意见须充分说明理由；不接受被害人所提意见，更应出具书面形式的不采纳理由，以维护被害人意见表达权利。

(三) 规范被害人申诉程序

第一，应通过立法明确提出申诉的程序、形式、期限，以及提出申诉前必须满足的各项条件。受害人如果对附条件不起诉决定有异议，可以在收到不起诉决定书后7天内，直接向上级主管检察机关提出书面申诉。在提出上诉时，受害者还必须提交身份证明、检察机关附条件不起诉决定书副本以及相关证据。

第二，可以在各级检察机关内部设立一个专门部门，负责处理对附条件不起诉决定的上诉，科学合理塑造检察机关职能，以及时、有针对性和公正地处理上诉。这将提高处理此类上诉的专业性，在充分保障受害者上诉权时兼顾公正和效率。

第三，检察机关收到申诉书后，应在7天内作出接受或拒绝投诉决定并通知受害者，同时释明审查机构义务和适用规则。上级检察机关在处理此类申诉时，应遵循以下原则：原始案件审理和受理申诉案件由不同工作人员处理；全案公开、公正处理；依法查明事实，纠正错误；明确法律规定，解决争议。对审查时确实存在缺陷的附条件不起诉决定，应立即予以纠正；对事实清楚、法律适用正确的决定，应积极维护并向投诉人解释,正确适用国家法律,落实公平原则。另外,当上诉条件未得到满足或上诉被驳回时,必须向受害人解释和说明理由,使受害人真正理解不起诉决定背后的法理,并采取一定措施对被驳回申诉的受害者予以安抚和救济。

第六章　认罪认罚从宽制度与轻罪程序体系化

第一节　问题的提出

2016年认罪认罚从宽制度试点工作启动，2018年《刑事诉讼法》修订将认罪认罚从宽制度加以确定，2019年"两高三部"联合印发《关于适用认罪认罚从宽制度的指导意见》（以下简称《指导意见》），认罪认罚从宽制度基本确立。该项制度的确立是我国司法体制改革进程中的必要环节，对被追诉人认罪认罚案件实行量刑从宽和程序简化，有效提高诉讼效率。但是面对社会形势变迁和犯罪结构变化，严重暴力犯罪数量与重刑率不断下降，轻微刑事犯罪数量和轻刑率逐渐上升，犯罪治理面临新挑战，轻罪案件成为当前我国刑事司法重点领域。

目前司法实践中轻罪案件处理面临以下问题：一是立法没有明确界定轻重罪。不同于法国1810年《法国刑法典》中将犯罪分为重罪、轻罪以及违警罪的规定，我国立法并没有明确界定轻罪与重罪的区分标准，造成司法实践中认定标准不统一，案件处理有差异；二是司法效率无显著提高。通常轻罪案件案情简单、事实清楚可以从快从简审结，缩短办案期限，但是由于没有明确的轻重案件划分标准，刑事诉讼法对轻罪案件的处理程序没有具体规定，导致轻罪案件与重罪案件处理无异，造成司法资源浪费；三是轻刑化目标无从实现。按照宽严相济刑事政策以及我国刑罚适用的理念要求，对于犯罪情节较轻且人身危害性较小的未成年犯、初犯、偶犯、过失犯等轻罪案件，从维护被追诉人权益和促进社会和谐的角度出发，可以不捕不诉，实现"非羁押化"目标，但是由于轻罪案件处理程序没有统一，导致轻罪案件的犯罪嫌疑人、被告人从立案、拘留、逮捕到侦查终结、移送审查起诉直至判决，通常都处于被羁押的状态，甚至审判结果也难以从轻量刑。

有鉴于此，轻罪案件有效利用认罪认罚从宽制度，建立"重罪重罚、轻罪轻罚""轻重有别、区别对待"的程序治理体系刻不容缓，且目前我国学界研究多集中于认罪认罚从宽制度、轻罪诉讼制度、刑事速裁程序、刑事简易程序等单一性研究，鲜有将认罪认罚从宽制度与轻罪程序相结合的探讨，本书将从宽严相济刑事政策、司法成本、诉讼效率、合意式诉讼格局等方向探索轻罪案件适用认罪认罚从宽制度，通过比较研究域外类似制度中轻罪案件适用范围、适用条件、适用程序与限制等，探究轻罪案件程序体系化与我国认罪认罚从宽制度的关联性。同时对国内轻罪案件适用认罪认罚从宽制度进行实证考察，分析适用该项制度的有益性以及相关机制的完善建议。

第二节　轻罪案件适用认罪认罚从宽制度的思路与目标

一　体现宽严相济刑事政策的价值取向

2019年《指导意见》提出"贯彻宽严相济的刑事政策"、落实认罪认罚从宽制度，应当根据犯罪具体情况，区分案件性质、情节和社会危害程度，实行区别对待，做到"该宽则宽、当严则严、宽严相济、罚当其罪"。《指导意见》规定对可能判处3年以下有期徒刑犯罪，如果犯罪嫌疑人认罪认罚就依法从轻从简处理。该规定无形中对轻罪案件范围以所判处刑罚轻重予以划定，即将宣告刑最高刑在3年以下的犯罪案件划定为轻罪案件而适用认罪认罚从宽制度。此规定无意中以量刑轻重定义轻罪案件扩大了轻罪案件范围，这不同于理论界有学者主张判断犯罪的轻重需要结合犯罪嫌疑人、被告人的主观恶性、人身危险性、作案手段情节等因素综合判定。[①] 该规定同时将犯罪分子参与度不高、社

---

① 郑伟：《重罪轻罪研究》，中国政法大学出版社1998年版，第62—144页。

第六章 认罪认罚从宽制度与轻罪程序体系化

会危害性不大（没有达到罪名本身所要求的程度）、最终判处刑罚较轻的情况也划归为轻罪，使轻罪不拘泥于刑事标准，从而在实际司法实践中赋予法官更大自由裁量权，法官依据法律规定、刑事政策及被告人认罪认罚情况，针对不同案件据以不同标准作出合理判决。认罪认罚从宽制度被认为是宽严相济形势政策的集中体现，对于刑事诉讼程序更是一种前所未有的创新，体现为不止实体上量刑从宽，亦有程序从宽、诉讼过程快捷的体现，能够使犯罪嫌疑人、被告人迅速脱离诉累，被害人等快速获得应有赔偿，快速实现被告人和被害人之间权益平衡的同时提高司法机关结案率，促进刑事司法改革。

不同于西方国家类似协商性刑事司法制度，我国宽严相济刑事政策指导下的认罪认罚从宽制度，是由对抗性司法向协商性司法转变的重要契机，此项政策是新时代建设中国特色社会主义的现实需求。宽严相济刑事政策包含刑事立法、刑事司法、刑事执法等各个方面，作为基本刑事政策，贯彻于刑事诉讼全过程。宽严相济政策是根据案件的轻重对案件区别对待，该轻则轻，该重就重，既能对重型犯罪严厉打击，展现法律的威慑力，达到预防犯罪的目的，又能对轻罪案件缓和处理，展现法律的人情温暖。认罪认罚从宽制度正是基于以上政策精神建立起来的协商性刑事司法制度。而西方国家协商性司法政策主要特点是"轻轻重重，以轻为主"或"重重轻轻，以重为主"，"轻轻"意指轻微犯罪，诸如初犯、偶犯、过失犯等主观恶性不强、危害性不大的犯罪，处罚更轻，一般刑罚轻于法定刑之下，相当于是减轻处罚，甚至有些轻微的危害行为已经不受刑事诉讼范围的管辖，排除在刑事犯罪之外，有时甚至采取行政处罚取而代之，使得这项政策趋向"非司法化""非犯罪化"的方向，而"重重"则是将重刑犯罪的处罚更重，即在法定刑以上处罚，根据罪行危害程度和影响广度判处较重刑罚。这使得此项政策变得两极化，轻者更轻，重者更重，这虽然也达到预防犯罪和惩治犯罪的作用，但未免显得更为功利。因此，比较而言，我国宽严相济刑事政策的重点是"区别对待"，尤其对轻罪案件在不同地域、不同时期的不同情况进行程序繁简分流，给予被告人及其辩护人程序选择权，而不同阶段的认罪从宽幅度亦有不同，被告人在审判阶段的认罪相比侦查阶段认罪从宽的幅度较小,虽然同样是适用认罪认罚从宽制度,但所消耗的司法资源却不一样,因而从宽量刑幅度也因此有所差异。

著名法学家贝卡利亚曾说:"惩罚犯罪的刑罚越是快速及时,最后的结果就越是公正有益",及时有效审判让双方当事人摆脱诉累也是一种应有权利,轻罪案件虽然对被害人产生严重危害的可能性不高,但对被害人权利影响却较为严重,利用认罪认罚从宽制度高效终结诉讼,最大程度保护权益应是最正确的发展趋势。认罪认罚从宽制度是宽严相济刑事政策的直接产物,该制度适用能够积极鼓励犯罪嫌疑人、被告人如实供述,实现敦促司法机关公正审判的作用。认罪认罚的前提是真实、自愿、合法供述所犯罪行,不受权力机关威胁恐吓,在此过程中犯罪嫌疑人、被告人保有基本的人格尊严权不受侵犯,获得从宽奖励的资格权利不受剥夺。认罪认罚从宽制度一定程度上是轻罪案件催化剂,助力速裁程序、简易程序和普通程序便捷简化审理案件,快速终结案件及时控制犯罪主体,打击危害行为,让犯罪嫌疑人、被告人尽快脱离诉讼控制和获得补偿。

二 降低司法成本提升效率

认罪认罚从宽制度建立的初心与使命是着力提升司法效率同时兼顾司法公平与正义。如今"诉讼爆炸"是世界各国司法界普遍现象,人们接受教育水平层次越高就越注重通过诉讼方式维护权益,而"案多人少"矛盾是诸多检察官、法官们面临的普遍问题。据2020年调查数据显示,平均一位法官每年处理案件达188件,该数据统计结果包括了西藏边区等偏远地区。这些地方由于条件受限,法官实际办案量根本无法达到百件,而这一实际情况表明,经济发达地区法官平均办案量必定超过188件。在轻罪案件高居不下的当代社会,积极适用认罪认罚从宽制度是缓解司法压力、提升诉讼效率的最佳途径。

诉讼成本在整个诉讼过程中不只包括诉讼参与人的投入,亦包括司法机关的投入。有观点认为:"诉讼参与人包括司法机构在内各个主体都需要投入一定的成本,以期获得相应的收益(包括负效益的减少和

第六章 认罪认罚从宽制度与轻罪程序体系化

避免负效益的不当扩大)①，即是在诉讼进程中各参与主体所付出的人力、物力和财力的消耗，最终同各主体在判决裁定中所获得的收益的比值②"。由此可见，客观上诉讼成本与诉讼效益之间的比值关系能够间接地反映出司法的诉讼价值，成本与效益之间形成了此消彼长的反比关系，一味地强调诉讼成本则最终诉讼效益就会受损，若是一味地追求诉讼效益而忽略诉讼成本的控制，那么司法价值又何以体现？当然也要避免成本与效益同增同减的情况。尤其在轻罪案件频发且司法资源有限的社会，要寻求成本与效益之间一个平衡度，以最低的司法成本力求获取最大效益，缩减诉讼过程中非必要开支，简化诉讼程序，尽量缩短诉讼周期和缩减诉讼过程中司法工作人员参与数量。

2020年新冠疫情暴发之后，不法人员趁机谋取商业暴利导致轻刑涉疫案件大幅上升。此期间，"两高三部"及时联合印发《关于依法惩治妨害新型冠状病毒感染肺炎疫情防控违法犯罪的意见》③（以下简称《意见》）专门针对疫情防控中各类违法犯罪提出意见，加上此前2019年的《指导意见》中提出"探索在执法办案管理中心设置速裁法庭"的要求，司法机关根据案件的轻重繁简分流，对上述轻罪案件适用认罪认罚从宽制度，实行速裁程序进行快速审理。通过对最高院发布的疫情期间的典型案例进行分析，约有一半数量的案件都适用了认罪认罚从宽制度，当天审判当天结或者次日审判次日结④，这一做法充分提高了司法效率，及时有效地维护社会正常秩序和节省司法成本。上述与疫情直接或间接相关的犯罪共涉及33个罪名，如生产、销售伪劣产品罪，生产、销售劣药罪，生产、销售假药罪，生产、销售不符合标准的医用器

---

① 顾培东、效益：《当代法律的一个基本价值目标——兼评西方法律经济学》，《中国法学》1992年第1期。
② 文娟、王成海：《司法成本与效益的博弈分析——以刑事司法程序优化为视角》，《哈尔滨学院学报》2007年第1期。
③ 注释：与2003年5月"两高"《关于办理妨害预防、控制突发传染病疫情等灾害的刑事案件具体应用法律若干问题的解释》相比，增加规定了妨害传染病防治罪。而且《意见》要求要及时、从严惩治妨害疫情防控的各类违法犯罪，也是"宽严相济"刑事政策的司法坚持。
④ 韩旭：《认罪认罚从宽制度研究》，中国政法大学出版社2020年版，第305—323页。

材罪等造假类犯罪;以危险方法危害公共安全罪、妨害传染病防治罪、妨害公务罪等妨碍疫情防控类的犯罪;诈骗罪、虚假广告罪、聚众哄抢罪、寻衅滋事罪、故意伤害罪等涉及破坏社会秩序和危害人身类犯罪;滥用职权罪、玩忽职守罪、传染病防治失职罪、贪污罪等职务类犯罪。因为此类犯罪虽然类型多样但取证便捷且团伙作案较少,其中大部分案件事实清楚,犯罪目的单一且轻刑率较高。

三 合意式诉讼格局的有意追求

诉讼是解决社会系统中利益冲突的一种主要活动或者机制,长久以来发挥着定纷止争作用,被视作化解矛盾的最佳方式,最为典型的是对抗式诉讼,也称抗辩式诉讼,长期在诉讼领域占据着统治地位。对抗式诉讼以双方当事人抗辩和法官中立为主要形式,形成控辩审三方结构,通过处于对立面双方当事人的证据抗辩,然后由法官作出最终判断。控辩双方在主导审判过程中,法官必须通过听取双方辩论作出有效判断,这导致一些轻罪案件耗费时间与重罪案件在司法审判资源的消耗程度上相当。对抗式诉讼过程中,庭审前调查阶段法官只针对证据进行形式审查,为保证庭审判断公正,法官不对任意一方证据进行实质判断,直到法庭的辩论阶段才开始举证质证,并且法官不主动参与任何一方证据调查活动。这种方式有利于法官判断正误并查清案件事实,但这无疑也会导致一些特殊案件审判期间不定期延长,长时间占据司法资源。同时抗辩式诉讼可能会因双方财力不同而受到影响,诸如在收集证据过程中产生的一切交通费、住宿费等对于财力较弱的一方便是另一种压力。受限于财力困乏可能会放弃收集一些证据,而这些证据有可能恰好是对案件裁判起着关键性作用的证据;对于被告人来说,法庭的庭审阶段相当于律师在主导,所以律师对最终案件判决的影响力不可忽视。根据我国对犯罪嫌疑人、被告人的受教育水平、经济收入的调查显示,高昂的律师费以及之后可能判处的赔偿费对大多低收入文盲人群来说都是挑战。

随着司法改革不断深入,认罪认罚从宽制度的确立以及对当下社会

第六章　认罪认罚从宽制度与轻罪程序体系化

环境的最新审视，一种新型诉讼模式正被广大学者推崇，即合意式诉讼，① 这种诉讼模式是控辩双方达成合意，法官依据双方合意作出判决的一种诉讼方式。因其具有很强的协商性特点，类似于控辩双方与法官达成合作，因此又把它称为"合作性司法"或"协商性司法"。有观点认为："这种是建立在被告人自愿认罪的基础上，控辩双方再进行协商达成合作，是一种最低限度的合作模式"，② 并将国家公权力机关参与的协商称为"协商性的公力合作"，把被告人和被害人达成的刑事和解称为"协商性的私力合作"。本书更倾向合意式诉讼的说法。诉讼活动本身是处于对立的双方经过一场诉讼抗辩活动，因两者地位始终是对立的，追求的利益也是对立的，没有共通性目标，很难说是"合作"。且"合作"本身更强调双方为了共同利益目标共同努力的一种形式，建立在互惠互信基础之上与诉讼双方有较大差别。而现行并正在不断完善的认罪认罚从宽制度是建立在被告人自愿认罪认罚基础上的从宽，寻求的是一种利益平衡，最终结果是实现诉讼"合意"，这种模式及实现的结果不仅简化诉讼程序，也减少不必要诉讼行为，在实现诉讼双方目的的同时节省司法成本。21世纪以前，合意式诉讼仅出现在我国民事诉讼中，建立在双方平等自愿基础上，而在公诉案件中实践少之又少，直至21世纪以来随着社会形势的变化，认罪认罚从宽制度试点成功，合意式诉讼格局得到进一步强化。轻罪案件高频次发案率使得适用认罪认罚从宽制度亦是大势所趋，2018年的《刑事诉讼法》规定认罪认罚从宽制度的一般原则，指明了认罪认罚从宽制度运行中简易程序、速裁程序等合意式诉讼程序的适用规则，有效保障了认罪认罚正当程序，一定程度上保证被告人认罪认罚自愿性、真实性，确保控辩双方诉讼合意结果形成的合法有效性。同时《刑事诉讼法》第一百八十二条"犯罪嫌疑人自愿如实供述涉嫌犯罪的事实，有重大立功或者案件涉及国家重大利益的，经最高人民检察院核准，检察院可以作出不起诉决定"的规定，对于犯罪嫌疑人认罪认罚的案件经最高院批准可以作出不起诉的决定，

---

① 王新清：《合意式刑事诉讼论》，《法学研究》2020年第6期。
② 陈瑞华：《刑事诉讼的中国模式》，法律出版社2018年版，第70页。

避免司法资源的无效利用，同时还能化解社会纠纷使得社会危害性程度大大降低，公正与效率可实现兼得。刑事诉讼法的这一价值追求亦是合意式诉讼模式的最大价值。

第三节　轻罪案件程序体系化与认罪认罚从宽制度的关联性

轻刑案件频发状况下，司法机关为节省司法资源着力追求案件的快速处理。作为刑事案件中犯罪比例最大的轻微刑事犯罪案件，建立公正高效的诉讼程序尤为迫切。认罪认罚从宽制度的确立正是顺应了这一发展趋势。以美国为代表的"辩诉交易"制度迅速在世界各国掀起新的刑事诉讼潮流，各国亦建立起各具特色的"放弃审判制度"，我国认罪认罚从宽制度亦属于其中。该种诉讼模式打破既往诉讼格局被称为刑事诉讼的"第四范式"，[①] 因其具备可减少诉讼参与人诉累、简化诉讼程序、节约诉讼成本、提高办案效率等特有优势发展迅猛。比较研究域外类似制度，无论是大陆法系还是英美法系，都根据案件的轻重划分和界定不同诉讼程序。

一　美国：辩诉交易制度

20世纪30年代的美国辩诉交易制度最早被广泛实践，当时正处于第二次世界大战后恢复时期，由于种种原因美国犯罪率居高不下，为以有限人力物力解决不断增多的案件，部分地区检察官们开始采用交易方式，与犯罪嫌疑人达成认罪协议。这种方式不仅办案高效便捷，而且方式灵活多样，逐渐各州开始争相应用，但最初这种方式并没有得到法律上认可，只是各州检察官们私下采用的一种便捷方式。直至1970年美国联邦最高法院审理"布雷迪诉美利坚合众国"案，这一制度才被美国最高法院以判例形式正式接受和认可。该案要处理的核心问题是辩诉

[①] 熊秋红：《比较法视野下的认罪认罚从宽制度——兼论刑事诉讼"第四范式"》，《比较法研究》2019年第5期。

第六章 认罪认罚从宽制度与轻罪程序体系化

交易中被告做出有罪答辩"自愿性"和"明智性"标准问题,这两点确保了认罪答辩的真实性和可靠性,亦关系到辩诉交易制度的正当性。不难看出是被告基于担心被控方和法庭科处更加严厉的刑罚而做有罪答辩并不会导致答辩无效,才有这惊动全美的辩诉交易第一案。1974年美国修订《联邦地区刑事诉讼规则》时将这一制度正式确立下来,各州对此公开公布并进行一系列的细化完善。

实际上美国的辩诉交易制度缘起于19世纪,在当事人主义背景之下,契约交易盛行一时,契约自由观念深入人心,逐步在司法领域开始探索,主要指法官开庭审理之前,作为控诉方的检察官与握有被告人利益的辩护人(律师)之间进行的协商交易,以控诉方可要求法官降低量刑或撤销起诉为条件,辩护人说服被告人认罪的答辩活动。这表明,即使握有公权力的检察机关在诉讼活动中也只是代表控方的当事人而已,被告人享有选择的自由,可以选择最有利于自己的方式,即诉讼交易的成功必须建立在双方平等自愿的基础上,充分尊重双方当事人自由平等的权利。这也是这项制度后来被广泛传播并得到认可的原因之一。由此体现出辩诉交易具有以下优点:(1)快速办结案件,达到双赢效果。控辩双方的交易协商简化了诉讼程序,甚至还有可能撤销起诉,被告人亦获得了最有利的结果,将纠纷以最和平的方式化解;(2)强化当事人权利,赋予被告人主体地位。辩诉交易注重的是契约精神,建立在双方自由平等的基础上,使被告人享有主动选择权,承认了被告人在诉讼活动中的主体地位,是当事人处分原则的体现;(3)降低诉讼成本,提高司法效率。这也是第二次世界大战后辩诉交易大量运用于实践的主要原因之一,以低成本高效解决大量积压案件的同时应对不断发生的新案件,也为国家节省了大量的司法开支,被害人也能在短时间内获得赔偿的益处。当然辩诉交易制度存在的明显缺点亦不能忽视:(1)有损法律在民众心中权威性。法律一向是公正严肃的计量绳,体现着司法的权威和不可侵犯性,将依据法律处决的案件变成交易无疑会损害法律在民众心中的认知,质疑法律的权威,可能引起民众对法律的不尊重;(2)不利于发现案件真相。辩诉交易中,控诉方为了案件的快速终结极力说服被告人做出有罪的认定,而被告人则为了摆脱诉累争取最有利于己的判决而配合控诉方,很有可能导致案件的一些细节、有罪情节被刻意忽视,最终案件真相难以发现;(3)有损被害人权益。从辩诉交易的主体不难看出忽视了被害人存在,没有被害人说话的权利,被害人无法参与其中,即使被告人是有罪的或是罪行严重的,但最终通过协商获得的罪轻判决有损被害人权益的时候,被害人也申诉无门,因为一般辩诉交易都有终局性的特点;(4)可能导致司法腐败。辩诉交易归根到底是一种交易的行为,必然会涉及钱与权,如若司法工作人员的定力不足收受贿赂,丧失公正,那么原本的司法交易就会异变为"钱权交易",公正与公平将荡然无存,滥用权力、徇私枉法的情况将避之不及,这无疑是一种潜在威胁,也是对检察官、法官的莫大考验。

总而言之,美国的辩诉交易制度带来了较大司法效益,成功引领世界新诉讼模式的发展方向,但刑事诉讼法上,美国并未针对1年以下监禁刑的轻罪和轻微罪规定专门的快速审理程序,总体上都是辩诉交易程序和基层治安法庭轻罪审理程序交替适用。现如今美国几乎90%的案件都采用辩诉交易程序,成为司法环境中不可缺少的必要形式。

二 法国:庭前认罪协商模式

早在1810年《法国刑法典》就将犯罪分为重罪、轻罪以及违警罪,[①] 并且将其进行明确界定。其中,判处15年监禁刑以上的犯罪规定为重罪;监禁刑最高不超过10年,罚金不低于25000法郎的犯罪规定为轻罪;而除累犯之情形外,不超过10000法郎罚金的犯罪是违警罪。由此可见,法国将犯罪形式分为三类并根据不同罪刑划定不同诉讼模式,比较特殊的是关于轻罪现行犯的规定,包含"当时正在实行的犯罪""刚刚实行的犯罪"以及"被视为现行犯"三类,[②] 其中现行犯是指犯罪嫌疑人作案后短时间内未逃离作案现场,被现场公众呼喊认出

---

① 注释:在《法国新刑法典》中有"刑事犯罪,以其严重程度,分为重罪、轻罪与违警罪"的规定,而我国并无相关违警罪的概念。

② 冯露、马静华:《比较与实证:现行犯速决程序研究》,《中国刑事法杂志》2008年第3期。

并在追捕的过程中发现犯罪嫌疑人携有作案工具或相关作案物品,可证明其参与了某种犯罪的情形。"一家之主"报案请求确认家庭内犯罪事实的案件也划归为现行犯案件。上述三类案件,一般判处在1年以上不满7年的监禁刑才可用轻罪的案件程序,否则就是重罪现行犯,对于轻罪现行犯可由司法执行机关直接逮捕犯罪嫌疑人到检察官面前,检察官确认犯罪嫌疑人身份和初步审查无误且查明犯罪事实清楚后,可以决定让犯罪嫌疑人直接出庭,适用现行犯的速决程序,但须征得被告人同意。同时被告人有权获得律师协助,当被告人不同意时可准予被告人一个准备辩护的期限。如此,速决程序不仅能及时逮捕犯罪嫌疑人避免再次危害社会,也能防止犯罪嫌疑人潜逃,毁灭作案证据等,有效节约了司法资源,提高了诉讼效率。

针对主刑为罚金或者5年以下监禁刑的轻罪,法国建立了一套行之有效的庭前认罪协商程序,以解决当时案件无法及时高效处理的困境。关于这套程序,法国最初只适用于上文所说的轻罪,并且对未成年人犯罪、政治相关犯罪、过失类犯罪有严格限制。主要有四大步骤:(1)被告人认罪;(2)检察官提起量刑建议;(3)被告人是否同意量刑;(4)法官进行审核。以被告人认罪为前提,要求被告人对指控的犯罪有一个清醒明确的认知,处于真实意愿承认犯罪,如果被告人不承认罪行作出不认罪决定便无从适用此项程序。被告人对检察官量刑建议有选择权,可以选择认可或者否认,并且拥有10天思考期限。被告人如果选择同意量刑建议,检察官就可向法院提请审核,经过实质审核与形式审核、公开庭审、听取当事人及辩护律师意见等方式作出审核裁定;但如果法官拒绝检察官提起的量刑建议,检察官应依一般公诉程序向轻罪法院提起公诉,当然检察官在作出量刑建议的时候要充分考虑犯罪情节、被告人品格等因素,合理运用自由裁量权,因为一旦走向公诉的侦查程序,之前所做的一切案件记录及笔录均被归于无效,这样便违背了庭前认罪协商程序建立的初衷。据调查了解,法国80%的案件都以公诉替代措施(不起诉)、庭前认罪协商等程序在庭前审结,而其中进入庭前认罪协商程序的刑事案件几乎占法国全部刑事案件的50%以上，对于检察机关提出的量刑建议，法官们审核同意率高达98%以上。① 法官对检察官们司法处置的高度认可，激励了被告人积极选择适用该程序，达到了提高司法效率作用。相比于美国辩诉交易制度，法国庭前认罪协商程序更加具有法律专业性，法官与检察官有一个相互对峙阶段，更能起到相互监督的作用，确保定罪量刑的合法合规；在对被告人的保障方面也更为健全，没有为适用程序去逼迫被告人认罪，给予被告人充足思考时间并且允许律师协助，保障被告人认罪的自愿真实性，消除外界因素对被告人的胁迫；在整个程序运行方面明确规定适用的前后步骤，科学的规范程序运行，最大化避免司法权力滥用，保证司法公平公正。

三　日本：略式简易程序

日本的刑事案件简易程序与中国颇为相似，但在针对轻罪案件适用简易程序方面，日本更是突出简单且快速的特点。根据其《刑事诉讼法》规定，对于检察官将要提起公诉的案件，如果案件事实清楚、情节轻微、证据简单，在提起公诉时可以申请即决裁判，在此之前要征得被告人同意，有辩护人的场合征得辩护人同意，但是这个程序只适用于1年以下监禁刑的案件。根据日本《刑事诉讼法》规定："根据犯罪嫌疑人的性格、年龄及境遇、犯罪的轻重及情节和犯罪后的情况，在没有必要追诉时，可以不提起公诉"。即将轻微犯罪的被告人排除在起诉程序之外，由检察官作出终结起诉的决定。此外，日本还有一项简易公审程序，是指在案件罪状承认与否的程序中，如被告人做有罪陈述，法院在听取检察官、被告人、辩护人的意见后，以被告人陈述的有罪部分为限，在证据调查环节不再局限于正常程序而作出判决的一种特别程序，但这项程序中死刑、无期惩役或无期监禁以及最低刑期为1年以上的惩役或监禁的案件除外，② 其目的是在实现程序合理性和迅速性基础上提

---

① 吕天奇、贺英豪：《法国庭前认罪协商程序之借鉴》，《国家检察官学院学报》2017年第1期。
② 张科：《刑事简易程序改革刍议——以中日刑事简易程序比较为视角》，《怀化学院学报》2009年第7期。

高诉讼效率并最大化保障人权。

四 德国：自白协商制度、处罚令程序和简易程序

德国协商性刑事诉讼程序产生于20世纪70年代，即在一定案件中由辩护人、检察官和法官就不起诉或者撤销指控、认定犯罪及量刑轻重进行协商。最初源于对被指控人自白的自主性认定。德国联邦宪法法院在1987年1月27日作出的判决，原则上允许在刑事诉讼中对程序的状况和发展进行协商。① 直至2009年德国国会发布《刑事诉讼认罪协商法律规则》（2009年8月4日生效）并在《德国刑事诉讼规则》引入新条款确认德国联邦最高法院协商判决中作出的裁判要旨，引入"合意性"要素，确认了认罪协商制度合法性，至此认罪协商制度在德国才开始法典化。在刑事案件数量急剧增加、侦破难度不断增大、司法系统审判压力不断加强背景下，大陆法系代表性国家德国也开始借鉴和模仿英美法系诉辩交易制度，协商被认为是一种符合程序经济原则的解决方式，且从保护被害人角度看，被害人免除了长期庭审调查心理压力，成为寻求公正判决的一种替代性选择。

现行德国《德国刑法典》将犯罪严格区分为轻罪及重罪，大概来说处1年以下监禁刑的为轻罪。处罚令程序和简易程序是德国针对轻罪案件最早设立的快速审理程序，② 对于某些轻微案件，检察官可以直接向地方法院要求发布执行刑罚的命令，这是一种书面的速决程序。简易程序则是对于可能判处1年以下有期徒刑的轻微刑事案件适用的独立的快速审理程序。比较而言，前者要求案件必须是案情清楚，以至于法官不用开庭审理便可结案，而且命令的适用须征得被告人同意方可进行；后者则要求案件事实简单、证据明确充分，法律对该项程序的适用没有罪名限制，法庭审理方式也可以简化，对于拒绝使用此项程序的可以转为普通程序审理。

---

① 李倩：《德国认罪协商制度的历史嬗变和当代发展》，《比较法研究》2020年第2期。
② 李倩：《德国刑事诉讼快速审理程序及借鉴》，《法律适用》2017年第19期。

相较于美国辩诉交易制度，德国认罪协商制度与之存在较大区别。首先，协商主体上包括所有诉讼参与人，即法院、检察院、被告人、辩护人、从属告诉人（主要是被害人）。其次，法庭在协商程序中可以提出协商方案，检察机关、被告人、辩护人和被害人都可以提出意见，建议启动协商，只有协商方案获得他们的同意才能成立。美国辩诉交易中量刑裁量空间过大，刑罚过低量刑有很强的政治属性，最终对公共利益不利。而德国的自白协商制度，法官自由裁量提出的刑法需要设置一个上限和下限并在法庭上公开宣布征得检察机关和被指控人的同意且听取意见之后，认罪协商才算是得以实现。协商进入刑事诉讼法之前，质疑的观点认为，协商使判决的基础不是建立在努力查明事实真相之上，而是基于假定的案件事实和被告人对这种处理的认可之上，审判由此变成一种没有内容的仪式。新修改的《刑事诉讼法》强调，协商必须符合法庭的事实查明义务这一刑诉法基本原则。一是法庭提出协商建议必须是在全面审查案件所有情节基础上得出的结论，不能使判决基础单独建立在一项协商之上。二是即使被告人接受协商做出供述，法庭也必须调查犯罪嫌疑人供述。如果对供述真实性有怀疑，就必须验证供述可信度。协商制度自身潜伏的一个重要制约因素就是不公开，司法人员自由裁量权被无形中扩大，不利于保护被告人、被害人权利。新修改的《刑事诉讼法》强调应当尽可能保证协商公开性，即要保证被告人、辩护人、被害人、检察官等诉讼参与人对协商内容充分地了解，并且有机会充分地发表意见，上级法院也能够有机会审查协商的内容，更重要通过法院的告知和笔录来保证。诉辩交易常会包含一项内容，即放弃对协商后的判决结果提出上诉或者寻求进一步司法救济，意图使案件处理程序简短，最大化节约司法成本，但也可能使不公正的协商脱离监督。根据新《刑事诉讼法》的规定，一旦判决之前进行了协商，当事人对上诉权的自愿放弃就被排除，同时被告人和被害人都必须被法院明确告知协商后的判决可全面审查。

以上分析表明，德国刑事诉讼法的协商更注重"契约精神"，而非"程序法定"，在协商结果控制上也没有赋予法院、检察院更多的自由空间。协商结果主要表现为判处的刑罚和执行方式。修改后的刑事诉讼法并没有扩大法官在协商中的刑罚裁量权,反而明确规定法官必须在全面查明案件所有情节基础上,依据罪刑相适应原则提出协商中的量刑方案,即量刑的上限和下限,经过检察机关和被告人的同意后协商成立。对于协商不成功的结果,刑事诉讼法也予以了规定。当被告人其后的诉讼行为与在法院做出承诺所依据的情况不相符时,即被告人在协商后又违背承诺推翻供述,此时法院可以偏离承诺作出判决,但是必须及时告知被告人。被告人之前做的有罪供述在这种情况下不予评价,以此来保证程序公正,防止被告人在法院和检察院压力下接受协商而不敢反悔。

五 中国:简易程序、速裁程序、刑事和解程序、附条件不起诉程序

中国与德国同属于大陆法系国家,轻罪案件的处理程序有很多相似之处,在借鉴英美法系的辩诉交易制度的优势之处外,结合我国司法环境形成特有的程序。

(一) 简易程序

我国的刑事简易程序是基层人民法院在审理刑事案件时适用的比普通程序相对简单的审判程序。它是对普通程序的简化,但只适用于基层人民法院审理的第一审案件,由一名审判员独任审判。适用此项程序有三个前提条件:(1) 案件事实清楚、证据充分的;(2) 被告人承认自己所犯罪行,对指控的犯罪事实没有异议的;(3) 被告人对适用简易程序没有异议的。同时满足上述三项条件的,人民检察院在提起公诉的时候,可以建议人民法院适用简易程序的。但如果被告人是盲、聋、哑人,或者是尚未完全丧失辨认或者控制自己行为能力的精神病人的,或者案件有重大社会影响和共同犯罪案件中部分被告人不认罪或者对适用简易程序有异议的则不能适用简易程序的。简易程序的优势比较明显,审理期限较短、审理程序也较为简化,其中对于可能判处3年以下的轻罪案件,法院可以组成合议庭审理,也就是说合议庭的组成法院可依据案件情况自行判断。适用简易程序审理案件,审判人员应当询问被告人

对指控的犯罪事实的意见,告知被告人适用简易程序审理的法律规定,确认被告人是否同意适用简易程序审理,经审判人员许可,被告人及其辩护人可以同公诉人、自诉人及其诉讼代理人互相辩论。并且适用简易程序不受刑事诉讼法中关于送达期限、讯问被告人、询问证人、鉴定人、出示证据、法庭辩论程序规定的限制,只需要在庭审宣判前听取被告人的最后陈述意见,但简易程序对庭前程序的简化帮助作用却不大,只适用于庭审阶段。

(二)速裁程序

速裁程序是比简易程序更为简化的程序,2018年新《刑事诉讼法》修改后以单独章节对刑事速裁程序适用进行了细致规定,以法律的形式加以肯定,创新了我国刑事诉讼模式,有观点就认为"速裁程序是针对认罪认罚轻罪案件设计的诉讼程序,最大的制度创新是引入'认罪+认罚'诉讼分流理念和量刑协商机制,是轻罪领域完善认罪认罚从宽制度的先行探索。"① 其适用条件有三:(1)基层法院管辖可能判处3年有期徒刑以下刑罚案件;(2)案件事实清楚、证据充分;(3)被告人认罪认罚并同意适用速裁程序的。不能适用速裁程序的情形与简易程序相差无几,除有被告人是未成年人和被告人、被害人、法定代理人没有就附带民事赔偿事项达成调解、和解协议的情形除外,分析已有法律制度,速裁程序主要有三个显著特点:一是审理流程简化;二是办案期限较短;三是被告人在实体和程序上都可以得到优待。目前,我国刑事速裁程序主要适用于公诉和审判两个阶段,公诉是为庭审服务,而规范的重点在于庭审,所以刑事速裁程序并未在侦查阶段得以体现。② 简而言之刑事速裁程序就是在坚守程序正义基本底线的前提下,对于案件事实简单清楚、证据确实充分,法律适用方面不存在争议且犯罪嫌疑人、被告人出于自愿认罪认罚的,程度轻微的刑事案件所适用的一种流程被简化、办案时限被缩短的快速审理程序。

---

① 樊崇义、何东青:《刑事诉讼模式转型下的速裁程序》,《国家检察官学院学报》2020年第3期。

② 拜荣静:《刑事审判速决程序模式的发展与限度》,《法律适用》2022年第6期。

（三）刑事和解程序

刑事和解程序是在 2012 年《刑事诉讼法》修改时被明确确立的。对于符合条件的案件在双方当事人自愿和解前提下，检察机关既可以在提起公诉时提出从宽处罚的量刑建议，也可以充分行使起诉裁量权，对犯罪情节轻微、不需要判处刑罚的依法作出不起诉决定。这是在被害人自愿基础上，在被告人认罪前提下，为减轻甚至免除刑责所采取的一种处理方式，但必须是法律规定范围内的案件，即对于可能判 3 年徒刑以下、因侵犯公民人身权利、民主权利、财产权利引发的案件，适用刑事和解程序。此外，除渎职犯以外的过失犯罪，判处刑罚在 3 年以上 7 年以内也可以适当适用刑事和解。但如果被告人、犯罪嫌疑人在 5 年内有故意犯罪的经历则不能适用。刑事和解程序并非是被害人和被告人约定的刑案处理方式，而是就该部分刑事案件的民事赔偿部分达成和解，被害人表示谅解并同意或者建议对被告人从宽处理，至于裁判结论如何，由司法机关最终决定，被告人和被害人双方不得干涉。实践中对于当事人达成和解的，通常采取非羁押强制措施。

（四）附条件不起诉程序

附条件不起诉是对符合条件的犯罪嫌疑人、被告人作出不起诉决定的制度。在我国，此项制度起初多用于针对未成年人轻微案件的不起诉，后来不断扩大适用范围，并在完善制度的过程中创立了考验期限制度，即在规定的时间期限内观察犯罪嫌疑人、被告人是否再有违法乱纪、不履行特定义务的行为，对于足以能够说明悔罪态度认真、认罪态度良好的犯罪嫌疑人、被告人可以不起诉。这项制度订立初衷是为实现对未成年人的保护，适用对象是本应当追究刑事责任的犯罪嫌疑人。随着社会迅速发展，轻罪案件高发并逐渐走向低龄化的趋势明显，对未成年人涉嫌的犯罪行为，如果轻易将其纳入刑事诉讼程序予以处理，有可能毁其一生。对未成年人而言，教育远比惩罚重要，不起诉程序的适用将给予其一次改过自新的机会，最大限度拯救处在危险边缘的未成年人，同时亦能实现司法资源合理配置。

第四节 轻罪案件适用认罪认罚从宽制度的实证考察

一 提高犯罪案件的诉讼效率

认罪认罚从宽制度建立初心是为推进繁简分流,提高刑事诉讼效率,缓解案多人少的矛盾,节约司法成本。认罪认罚从宽制度是在借鉴美国辩诉交易制度的基础上,结合我国现实情况完善与发展的结果。推广制度适用,可以促成大量刑事案件的快速解决,减轻当事人讼累,并缓解刑事司法资源的严重不足。司法资源是有限的,追求绝对的实体真实与无限正义是一种理想状态,如果不计成本、不计时间、不惜代价地追求实体真实将会导致大量案件的积压、处理时间的冗长拖沓与诉讼程序的复杂化。侦查的客观规律表明,对于轻罪案件一般都是案情简单、案件事实清楚、证据收集容易。被告人认罪认罚的前提下适用从宽制度,在平等协商下追求从宽结果,亦是罪责刑相适应原则的体现,通过认罪协商使犯罪者得到惩罚,实现罚当其罪的正义效果。

正如上文所述,疫情期间最高检发布的有关妨害新冠肺炎疫情防控犯罪典型案例中,充分体现了认罪认罚从宽制度在特殊时期展现出的办案优越性:

案例一:江苏省南通市张某诈骗案。被告人张某曾因犯盗窃罪于2013年11月20日被安徽省蚌埠市怀远县人民法院判处有期徒刑三年6个月,并处罚金人民币3万元,于2016年6月7日刑满释放。疫情防控期间,被告人张某利用被害人急于购买口罩的心理,于2020年1月28日至30日,在微信、QQ群内发布有大量口罩出售的虚假信息,骗取被害人陆某某、骆某、徐某某定金共计人民币9520元。该案由江苏省南通市公安局港闸分局侦查终结,于2月4日向南通市港闸区人民检察院移送审查起诉。南通市港闸区人民检察院审查认为,被告人张某以非法占有为目的,在疫情防控期间虚构事实,利用网络骗取他人财物,数额较大,其行为已触犯《中华人民共和国刑法》第二百六十六条,犯罪事实清楚,证据确实、充分,应当以诈骗罪追究其刑事责任,于2

5日向南通市港闸区人民法院提起公诉。同时，鉴于被告人张某自愿认罪，检察机关建议判处其有期徒刑1年6个月，并处罚金人民币1万元。2月7日，南通市港闸区人民法院适用速裁程序，通过远程视频方式依法公开审理此案，对被告人张某判处有期徒刑1年6个月，并处罚金人民币1万元。

案例二：河北省隆尧县赵某某寻衅滋事案。2020年2月1日上午，隆尧县固城镇乡观村村干部刘某某、白某某按照县政府疫情防控工作要求，在村中大街巡逻劝返聚集聊天的村民，当路过被告人赵某某家门口时，刘某某要求赵某某"别在门口聚集了，现在疫情这么严重，回家吧"。赵某某对劝解不满，遂借故以村委会未经其同意粉刷其家外墙（当时赵某某外出打工，其父母同意，且此前赵某某未提及过此事），以要求恢复原貌为由与刘某某发生争执，后被家人拉回家中。2月2日上午8时许，赵某某再次以此事为由携带尖刀和烟花弹"震天雷"到村委会扬言自杀闹事。其家人及亲戚和在场的村干部进行劝解，但赵某某情绪激动，一直用尖刀抵住颈部扬言自杀，并让所有人不得进入村委会办公室。9时许，在固城镇政府开会的刘某某得知消息后随即到镇派出所报案，并与派出所民警一起赶到村委会。公安民警到场后赵某某情绪更加激动，继续用尖刀抵住颈部威胁自杀。13时许，隆尧县公安局特警赶到现场增援，在与赵某某交谈试图逐步接近时，赵某某扔掉尖刀欲点燃随身携带的烟花弹"震天雷"，当即被公安特警果断制服。其间，大量村民长时间聚集围观议论，秩序十分混乱，严重干扰了村委会疫情防控工作。2月2日，隆尧县公安局对赵某某以涉嫌寻衅滋事罪立案侦查并采取刑事拘留措施。同日，隆尧县人民检察院迅速派员提前介入，采取电话沟通、视频连线、查阅电子案卷等方式，与公安机关就案件定性、完善证据等方面进行沟通交流。2月5日下午，公安机关向检察机关提请批准逮捕。2月6日，检察机关依法对赵某某作出批准逮捕决定。2月7日，案件侦查终结移送审查起诉。检察机关经与看守所、法院、值班律师沟通协调，决定采取视频连线方式保障值班律师为赵某某提供法律帮助。案件承办检察官依法提讯了赵某某，告知其权利义务及认罪认罚从宽制度，值班律师通过视频连线解答了赵某某的法律咨询，通过释法说理，赵某某认罪认罚、真诚悔罪，自愿签署了《认罪认罚具结书》，同意适用速裁程序。2月10日，检察机关经审查依法向法院提起公诉。2月12日，征得赵某某同意后，隆尧县人民法院采用三方（法院、检察院、被告人）互联网视频方式，适用速裁程序审理该案并当庭宣判，采纳了检察机关量刑建议，以寻衅滋事罪判处赵某某有期徒刑6个月，赵某某当庭表示认罪服判不上诉。

案例一中自公诉机关提起公诉到最后公开审理结案，运用速裁程序仅仅花费了2天时间，而案例二中是被告人认罪认罚后适用速裁程序，也是在5日之内结案，并且被告人当庭表示不上诉。两起典型的轻罪案件适用认罪认罚从宽制度，不仅节约了司法成本，而且大幅度提高了案件质效，充分体现出该项制度的优越性。

二 有助于被追诉人权益的有效保障

惩罚犯罪和保障人权是刑事诉讼的两大目的，惩罚犯罪的目的是更好地保障人权。在刑事诉讼活动中，被追诉人位处社会弱势群体，被追诉人的诉讼权利保障问题，也是人权保障的核心，[①] 赋予被追诉人广泛的诉讼权利使其有能力制衡国家权力，在权利受到损害时能够有寻求救济的机会。

就被追诉人行使辩护权而言。首先，刑事案件被追诉人，面临着财产、自由甚至生命被剥夺的可能，为了确保裁判结果及过程的公正性，认罪认罚从宽案件处理过程中保留了被告人最后陈述辩解的权利，给他们足够的空间和条件去思考自己的权利和构建防御准备。其次，认罪认罚从宽制度中确立了值班律师制度，并明确相应的具体措施确保值班律师的参与度，这一制度能够在一定程度上有效保障被追诉人辩护权利的充分行使。最后，为保障被追诉人辩护权充分实现，基于法律知识的专业性和被追诉人心理的无助感，某些法定情况下，国家为其提供专门的人员，辅助其行使辩护权，2021年8月20日通过的《中华人民共和国

[①] 李立、赵洪芳：《刑事庭审话语与被追诉人的人权保障》，《河北法学》2009年第10期。

法律援助法》(以下简称《法律援助法》)就是国家专门为没有聘请律师或拒绝律师辩护的被追诉人而设置的一种被追诉人辩护权保障制度。因此,其与委托辩护以及自行辩护,共同承担维护被追诉人辩护权的使命,三者在辩护权保障方面形成作用互补关系。

三 缓和刑事加害人和被害人之间的对抗

近些年来,恢复性司法理念在我国学界和实务部门都产生了很大影响,恢复性司法将"恢复"作为司法的重要考量目标,主要目的在于修复被犯罪侵害的利益,治愈被害人的心理创伤,加强犯罪人悔过自新,平复因犯罪而紊乱的社会秩序。我国认罪认罚从宽制度便是这种恢复性司法的典型,其在办理刑事案件过程中能够充分有效实现缓和刑事加害人和被害人之间对抗的社会效果和法律实效。

一般而言,被害人与加害人的关系模式可以概括为四种:(1)可利用的被害人模式:犯罪人觉得被害人具有某些可予"利用"的特征,或者被害人是在自己毫无察觉的情况下实施了某些令犯罪人感到系属诱惑的行为。(2)冲突模式:犯罪人与被害人之间因某种社会性联系而形成了相当长时期的社会互动关系,并在社会互动过程中常常互换角色,即出现被害人易位现象。(3)被害人催化模式:被害人因实施了某种行为而促使、诱引、暗示或激怒犯罪人实施了针对自己的犯罪行为,犯罪行为不过是对于被害人"催化""刺激"或"推动"行为的一种还击或过当反应,其发生恰好是被害人的此类行为在当时的条件下合乎规律的结果。(4)斯德哥尔摩模式:被害人与加害人之间彼此产生欣赏、喜爱情感并结成融洽、友好关系;被害人对当局和法律抱持怀疑与敌视态度。从上述四种模式中不难看出被害人与加害人之间的关系缓和有足够的空间和余地,不同于普通社会互动关系,这种互动模式是这两者间特有的,两者之间有交流的可能性。我国刑事诉讼中,对于可能判处3年以下的认罪认罚案件可以适用刑事和解程序,① 这种情形即是

---

① 郭彦、朱先琼、王海志:《被害人与加害人的博弈 刑事和解若干实务问题研究》,《中国检察官》2012年第6期。

加害人与被害人在交流与沟通下形成和缓关系的典型制度。这种刑事诉讼程序中，一方通过赔礼道歉、赔偿等方式获得另一方的宽恕谅解，一定程度上达到了修复原本被破坏的法律关系，缓和了当事人之间的矛盾的目的。

认罪认罚从宽制度适用过程中，被害人、犯罪嫌疑人只有在认罪认罚的基础上才能获得从宽的结果，这里的认罪认罚不再是单纯承认所实施的犯罪、接受检查机关的量刑建议，同时还要承担认罪认罚之后的一切附带后果，诸如负担一切财产性赔偿、社会评价降低和社会地位受影响等多种后果，这些对被害人来说也是一种精神性的补偿，被害人有合理接受加害人悔过的理由。并且轻罪案件中的加害人犯罪动机单一，大多数都属于过失性犯罪，并非刻意追求严重犯罪结果。因此这种情况下加害人本身的社会危害性不强，人身危险性也不高，适用认罪认罚不仅能够快速解决案件纠纷，还能成为缓和当事人之间的关系的催化剂。故认罪认罚从宽制度是集恢复性和协商性特点于一体，在注重被害人救济和被告人权益保护的同时，提高了裁判结果的可接受性，进一步地缓和了加害人与被害人之间的对抗程度。

四 更好实现对被追诉人的教育和感化

随着社会持续发展和司法改革不断深入，刑事诉讼的价值追求也在不断发生变化，从以往过于注重预防犯罪和惩罚犯罪目的，逐渐转变为更加注重和强调对犯罪人的教育作用。认罪认罚从宽制度的创设更是对这种价值追求的进一步强化，间接反映着我国刑事诉讼文化也在随着社会的变化而变化。[①] 其协商性和恢复性司法的理念反映了我国刑事诉讼制度在社会发展变迁中，始终不断地与当代中国社会的经济、政治和司法实践相适应，刑事诉讼的话语体系亦从以阶级为核心到以人权为核心，价值观念也从打击犯罪为主到惩罚犯罪与保障人权并重，从国家集体本位到个人权利本位，从价值理性到形式理性与价值理性并重，从司法擅断到司法民主转变。法律对于当代社会来说是最低道德底线，刑罚

---

① 李麒：《刑事诉讼文化的当代变迁》，《北方法学》2017年第5期。

之于犯罪嫌疑人、被告人也更多是教育和感化。

因此，认罪认罚从宽制度一定程度是刑事诉讼文化变化的反映，体现我国刑罚宽宥、人道的精神，有利于充分发挥法律的感化效应，鼓励犯罪人悔过自新，强化刑罚教育改造效果。认罪认罚从宽制度以犯罪嫌疑人自愿认罪认罚为前提，通过鼓励促进犯罪嫌疑人认罪服法，允许当事人双方、当事人和国家之间达成理解，转消极因素为积极因素，实现刑事司法制度教育转化的功能，体现对人性化、多元化的尊重。并且对于轻罪案件的犯罪嫌疑人和被告人来说，教育和感化的重要性要远远高于对他们的处罚，因为在轻罪案件高达80%的社会，预防并降低类似案件"重发率"是当前司法机关不容忽视的问题，一次轻刑犯罪如果处理不妥当，造成犯罪嫌疑人对司法的怨恨，那么将来服刑完毕再次出入社会，对社会依旧存有潜在危害。之所以说在轻罪案件中适用认罪认罚从宽制度能更好地实现教育和感化，除了是因为轻罪案件的数量大，还有因为轻罪案件处理程序简单，一般都会建议刑事和解等不起诉程序，犯罪牵连范围较小，不必浪费更多的司法资源。在现实实践中，我们还发现随着社会持续高质量发展，普通群众受教育水平越来越高，尤其是在轻罪案件中的被追诉人大多数是知识分子，不仅大多会选择不起诉程序快速结案，而且犯罪后的认罪态度积极、悔罪态度良好，认罪认罚从宽制度对这些人反而能达到更好的教育效果。

第五节 轻罪案件适用认罪认罚从宽制度相关机制的完善

一 完善权利与权力配置的控辩平衡

我国刑事诉讼中控辩双方的地位、权利不平衡问题本就比较突出，认罪认罚从宽制度的实施更是加剧了这种不平衡性，检察机关在该制度适用过程中占据主导地位，在审查起诉阶段好多被告人、犯罪嫌疑人的命运就已经被决定，审判时的定罪量刑只是流于形式罢了。《指导意见》虽规定了控辩双方的协商程序，但是否协商、协商什么以及协商参与人、协商的时间、地点等均由检察官控制，对于犯罪嫌疑人及其辩护人、值班律师的协商请求,检察官却完全可以忽视,实践中大多数情况都是检察官和犯罪嫌疑人在完成有关的量刑协商之后,律师才接到通知到场做见证,犯罪嫌疑人签署认罪认罚具结书,检察官在听取律师建议的时候也并不就量刑的内容与律师进行协商,往往只是告知律师从宽处理的建议,律师提供帮助时就只能是和检察官交流后告知犯罪嫌疑人可以同意量刑建议和程序使用。所以相对强大的检察权,犯罪嫌疑人、被告人的辩护权保障并不足,难以达到权利制约权力,实现控辩平衡的目的。

实现控辩平衡结构急需公权力加以制约。由于我国的刑事诉讼存在超职权主义和强职权主义的因素,其特征必然会反映在认罪认罚从宽制度中。这种特质的诉讼结构更加强调国家职权在查明案件事实过程中发挥的作用,被追诉人在大多数情况下陷于被动的状态去承受公权力强加的各项义务,被追诉人的诉讼地位名存实亡。即使先前的认罪认罚从宽制度试点中建立起来的值班律师制度,也并不能加强犯罪嫌疑人的防御能力。一方面由于控辩双方协商资源的悬殊和协商能力间的差距,辩护方很难与强大的控方相抗衡;另一方面,认罪认罚从宽制度并没有对律师赋予强制辩护的权力,而控方却不仅享有量刑建议权,而且对强制措施适用的决定权和审查权也握在手中,"捕诉合一"的内设机构改革更是强化了检察官的主导权,导致实际案例中值班律师制度使用率并不高,律师参与认罪认罚从宽案件的积极性受挫,导致此项制度越来越趋于"权力型"而不是"权利型"。检察官在审查起诉阶段几乎充当了法官的角色,而真正掌握审判权的法官却对此类情况无法制约,法院的审判权也受到侵蚀。因此,认罪认罚从宽制度应当对检察权进行约束,完善当前认罪认罚从宽制度中的证据制度,坚持证据为王原则,将"事实清楚、证据确实充分"的定案标准严格执行在现实案件中,对于没有证据或证据不充分的,不得定案或不得适用认罪认罚从宽制度的速裁程序,保证"存疑不起诉"原则落实到位。

适用此项制度不能忽视对被追诉人的权利保障。确保被追诉人认罪认罚和协商程序的自愿真实性,一是在检察机关对被追诉人认罪认罚前应当向其开示指控的证据,保证其知情权,打破检察机关欲强求其认罪的心理；二是完善值班律师制度。在认罪认罚前要告知被追诉人其享有获得律师帮助的权利，只有在双方协商沟通之后才可决定是否认罪认罚，可以借鉴域外的做法，对认罪认罚案件实行强制辩护制度，不允许被追诉人放弃律师帮助权，也赋予值班律师明确的辩护权利；三是建立对被追诉人法律知识培养的途径，大多数被追诉人不具有通过法律去保护自己权利的意识，或者大多数人出于对被害人的愧疚感也会急于认罪，即使在知道权利被侵害的情况下也不寻求帮助，反而为极力争取良好的悔罪态度而认罪认罚。因此，为确保控辩平衡应加大对公权力的限制，同时强化对被追诉人权利的保障，转变诉讼理念，[①] 尤其认罪认罚案件中要弱化权力导向促进平等协商，将认罪认罚从宽制度的作用效力达到最大化。

二 加强协商程序的真实性、自愿性

"公正为本，效率优先"是认罪认罚从宽制度的价值追求。追求效率的同时不能忽视司法的公正是制度适用的原则。对被告人从宽处理需建立在被告人自愿真实的基础上，这是被告人最终签署认罪认罚具结书的前提条件，也是对认罪认罚具结书效力的认定标准。协商程序在认罪认罚制度中不可或缺，其中被告人能否与公诉机关进行平等真实的协商是认罪认罚程序的关键环节，司法机关能否做到诚信司法是认罪认罚从宽制度得以推行的基础。而在目前的刑事诉讼过程中违背诚实信用的现象多有发生，比如公安机关在立案过程中的弄虚作假，该立案的不立案，即使立案了对于一些轻罪案件也不积极侦破，无故拖延，并在讯问阶段刑讯逼供、骗供诱供的现象仍然存在，有违坦白从宽的承诺；检察机关在认罪认罚案件中更是出现刻意隐瞒有利于被告人的证据，以虚假的承诺诱惑被告人认罪认罚；有时甚至出现法官立场的偏向，滥用裁量权的枉法裁判等，让控辩双方本就难以实现地位平等和权利平衡的困境

[①] 樊崇义：《2018 年〈刑事诉讼法〉修改重点与展望》，《国家检察官学院学报》2019 年第 1 期；熊秋红：《比较法视野下的认罪认罚从宽制度——兼论刑事诉讼"第四范式"》，《比较法研究》2019 年第 5 期。

下又增添了一道难关，使认罪认罚案件中被告人提出的认罪协商请求更多了几分与虎谋皮的感觉，要想实现司法的公正，对诚信司法的期待值就更高。目前的诚信还仅停留在观念层面，如果能将其像《民事诉讼法》确立"诚实信用"原则一样写入刑事诉讼法律当中，实现诚信司法从观念到制度、从道德到法律的彻底转变，使其成为司法行为的基本准则，而不再是抽象的道德标准。同时对有关司法失信行为确定司法责任，进行严厉惩罚，将一切尽可能损害当事人利益和有损司法公正的行为扼杀在源头。

在适用速裁程序审理的案件中，由于省略了法庭调查和法庭辩论的环节，最终判决裁定结果主要是依赖于被告人的认罪认罚，如果认罪认罚违背真实自愿则直接导致司法不公正。值班律师制度，是认罪认罚从宽制度能够顺利开展的保障之一。办理认罪认罚案件过程中要通知值班律师为被告人、犯罪嫌疑人提供法律援助，值班律师以其专业的法律知识和规范化的运作程序，保障犯罪人的认罪认罚顺利进行和最后庭审程序的顺利对接，① 有效实现资源的合理配置和司法成本的节约。然而，我国的犯罪嫌疑人、被告人多为社会底层的劳动者，经济收入及受教育水平低，对认罪认罚从宽制度的认识大多只停留在"坦白从宽"字面意义之上，即使在协商程序中有侵犯自己权利的行为可能都无从判断，对诉讼程序中值班律师制度更是缺乏合理认识，因此导致他们接受值班律师帮助、向值班律师提出咨询的积极性不高：一是大体上好多人认为在轻罪案件中，本身就案情简单且事实清楚，再加上认罪认罚从宽，犯罪嫌疑人、被告人已对量刑有了初步的预期和判断，认为再寻求律师帮助的意义不大；二是值班律师在大多数人眼中被视为派驻在看守所代替国家司法机关说话的"工具人"，实质上和司法机关并无差别，被告人、犯罪嫌疑人很难对其产生信任；三是，值班律师是轮班制的值班模式，与犯罪嫌疑人没有直接的利益关联，并且因其职能受限很难为犯罪嫌疑人提供实质性的帮助，要么是有心无力，要么就是有力无心，导致

---

① 孔冠颖：《认罪认罚自愿性判断标准及其保障》，《国家检察官学院学报》2017年第1期。

很多被告人、犯罪嫌疑人选择值班律师的积极性并不高;① 四是,更有甚者,犯罪嫌疑人认为申请值班律师的帮助会和自己的认罪态度挂钩,会将此种行为看作是不好的认罪悔罪表现,惧于提出申请。这种现象导致,值班律师制度在实践中的适用并没有达到预期效果,协商程序的真实性、自愿性没有得到有效保障。因此,应当完善值班律师提供法律帮助的职能权利,赋予值班律师在协商程序中能发挥作用的实质性权利,解决值班律师"工具人"的角色定位,健全值班律师参与帮助的实质权利。

三 重视被告人上诉权的保障与限制

随着认罪认罚从宽制度的不断扩展适用及学界对域外类似制度的深入探究,被告人上诉权讨论愈加频繁。域外相关制度对被告人上诉权规制多有不同,有取消的,有限制的,也有保留的。譬如美国的辩诉交易中,控辩双方的协议中大多会加上一条有关是否保留被告人上诉权的条款,而出于利益考虑的控诉方一般会要求被告人放弃上诉权,所以美国的辩诉交易便有一裁终局性的特点,通常一审裁定即为最终结果,被告人时常会面临申诉无门的窘境,除非有证据证明"被告人的认罪是不自愿、不真实的"或者"控诉方违反了协议商定的内容"。而法国等一些大陆法系的国家本着追求案件真相的原则,对上诉权有所保留。法国的庭前认罪协商模式在检察院向法院提请量刑时,要求法院对认罪协议的内容进行形式审查和实质审查,并允许被告人有思考的期限和给予准许辩护律师准备的权利,控辩双方都可以提起抗诉或者上诉;德国在其自白协商制度中,明文规定上诉权不具有强制约束力,在特殊情况下法院依照《刑事程序中的协商规定》已经履行了"加重告知"的义务后,被告人如果仍然坚持放弃上诉,此时被告人的放弃上诉才有效。

有关我国认罪案件中被告人上诉权问题,《认罪认罚从宽制度试点工作办法》中第二十三条规定:"第二审人民法院对被告人不服适用速裁程序作出的第一审判决提起上诉的案件,可以不公开审理。经审理认

---

① 刘昂、杨征军:《认罪认罚从宽制度的理论与实践》,《人民检察》2017年第9期。

为原判认定事实和适用法律正确、量刑适当的，应当裁定驳回上诉，维持原判；原判认定事实没有错误，但适用法律有错误，或者量刑不当的，应当改判；原判事实不清或证据不足的，应当裁定撤销原判，发回原审人民法院适用普通程序重新审判"，这条规定表明，我国认罪认罚从宽制度充分保留了被告人上诉权，并且规定二审法院对上诉案件的处理与普通刑事案件的程序未有不同。新的《刑事诉讼法》中也没有对适用认罪认罚从宽案件中的被告人上诉权有所限制，国内一些学者们对被告人的上诉权也持支持赞同的态度，[1] 因为审判是最具有公正和权威的诉讼活动，适用认罪认罚从宽制度虽然可以有效提升司法效率，但也不能百分之百防止冤假错案的发生，上诉权是被告人基本的诉讼权利，也是人权保障的基本举措，不应当取消被告人的上诉权。

关于被告人上诉权问题是否保留的一项调查，在对361名法官询问"是否认为被告人的上诉权应当取消或者限制"时，其中有199位法官认为"不应当取消或限制，要维护被告人的权利救济途径"，占比55.1%；有117位法官认为"没必要取消，但有必要限制"，占比32.4%；其余有45人认为"为了提高诉讼效率，应当取消"，占比12.5%。在对检察官和律师群体中进行相应的问卷调查中，得到的结果无实质性差别，有46.9%的受访检察官和45.5%的受访律师认为认罪案件中的被告人"可以上诉"，有37.9%的检察官和43.0%的律师认为"可以上诉，但要依具体情况而定"，其余15.2%的检察官和11.5%的律师则认为认罪认罚从宽案件中的被告人"不可以上诉"。[2] 可以看出在司法从业者的主力军中大多数都赞成被告人的上诉权应当保留，必要的时候给予被告人应有的保障。

被告人上诉权问题之所以争议很大，主要是出于对被告人滥用上诉权的考量。《刑事诉讼法》为了鼓励被告人敢于上诉维护自己的权益，有"上诉不加刑"的规定，这导致很多被告人会肆意任性上诉，认罪

---

[1] 陈光中、马康：《认罪认罚从宽制度若干重要问题探讨》，《法学》2016年第8期。

[2] 宋善铭：《认罪认罚从宽制度的实证分析与模式选择》，法律出版社2020年版，第150页。

认罚案件中出现很多"违约性上诉"① 即是这类问题的典型表现。有些被告人利用"上诉不加刑"原则，企图在一审判决之后上诉能够得以减刑或争得协商内容之外的利益，实践中出现最多情况便是一审法院依据控辩协商之后的量刑建议对被告人从宽量刑，而二审提出上诉的理由大多数仍是"原判量刑过重，请求从轻处罚"，无疑这已经违背了认罪认罚从宽协议，有违诚实守信原则。更有些被告人提起上诉的原因是不想在监狱服刑，从而浪费司法资源，影响司法效率，违背认罪认罚从宽制度初衷。被告人抱有这种侥幸心理和投机心理提起上诉，违背上诉权设置的目的。为此需要审查提出上诉的原因是否存在程序性违法，以免徒增更多办案压力。与此相对应则是要杜绝检察官的"报复性抗诉"，有时候检察官会通过抗诉的方式来阻止被告人上诉，出于惩罚被告人上诉目的提起抗诉而不是为了纠正错误，丧失正当性，所以一方面对被告人上诉权要给予保护，肯定其救济性权利属性，提供充分的救济渠道；另一方面也要对此项权利进行限制，避免滥用上诉权以求个人私利的行为出现，可以适当地施加惩罚性措施对其进行规范和约束。

---

① 谢登科：《论认罪认罚案件被告人上诉权及其限定》，《暨南学报》（哲学社会科学版）2022 年第 5 期。

第七章　轻罪案件程序审理方式

第一节　问题的提出

21世纪以来，我国刑事诉讼领域相继确立刑事和解程序、速裁程序和认罪认罚从宽制度，标志着合意式诉讼成为我国刑事诉讼领域的重要形态。[①] 区别于传统对抗式诉讼形态，合意式刑事诉讼通过控辩双方就诉讼主张或诉讼行为等问题达成合意进而简化部分诉讼程序，从而提高诉讼效率。党的十八大以来，司法体制改革深入开展，司法公信力进一步提升，人民群众对平衡公平正义和司法效率提出更高要求。刑事案件大规模增长致使司法资源加剧紧张，二者之间的矛盾推动刑事诉讼制度改革。2018年《刑事诉讼法》正式确立刑事速裁程序以实现案件进一步分流处理，能够在一定程度上缓解案多人少矛盾、节约司法资源和提高司法审判效率。纵观各国司法实践，均面临刑事案件数量上升、办案效率低下等现状。为此，各国普遍通过简化审理程序以求提升审判效率，试图扩张书面审理在案件审理中的适用。面对新变化，开庭审理和书面审理作为两种互补型审理方式，其适用范围和条件正在突破原有限制，书面审理因其程序简便，或能缓解人案矛盾，再次受到学界关注。

进入新时代，我国刑事犯罪结构呈现向轻罪为主转变趋势，轻罪案件的处理直接影响司法公正。根据最高检公布的近10年刑事犯罪变化趋势，轻罪案件日趋占据刑事犯罪绝大部分，主要表现为严重暴力犯罪数量下降，经济犯罪和轻罪呈上升趋势，盗窃、诈骗等侵财性犯罪以及

[①] 王新清：《合意式刑事诉讼论》，《法学研究》2020年第6期。

扰乱社会管理秩序的妨害公务罪、危险驾驶罪等轻微犯罪成为主要犯罪类型。面对轻微犯罪增多的现实背景，需进一步进行繁简分流机制改革，完善轻罪处理模式。在程序上，对诉讼程序进行分类，区分轻罪和重罪在审判方式、审理程序上的差异，在满足人民群众对于公平正义期待同时提高司法效率。在我国刑事犯罪结构发生变化的新形势下，如何落实宽严相济刑事政策、区分轻罪与重罪制度进而探讨轻罪的程序审理方式是刑法学界和刑事诉讼法学界的重要课题，对缓解我国人案矛盾，加快繁简分流机制改革具有重要意义。当前针对简单案件，我国已建立起简易程序、速裁程序和认罪认罚从宽制度，在此背景下，探讨轻罪案件的书面化审理，有利于进一步简化诉讼程序，优化司法资源配置，提高诉讼效率。从实体法角度，目前刑法学界尚未形成适合本土国情的轻罪制度体系，这是我国刑法学研究的新方向，在对轻罪制度进行研究的基础上，探讨轻罪案件中的刑事诉讼程序，是刑事诉讼法的新领域。由此，本书在分析轻罪案件特点的基础上，着重探讨轻罪案件审理程序中书面审理的适用条件和情形，以促进书面审理程序与我国司法实践深度融合。

第二节 开庭审理与书面审理的价值与目标

开庭审理作为刑事诉讼最基本的审理方式，是指通过控辩审三方在一定时间地点内，通过一系列的法庭审理环节确定案件事实，并在此基础上作出判决的审理方式。开庭审理能够最大限度保障被告人的辩论权，通过法庭辩论，能够尽可能对案件事实进行客观判定。我国的刑事诉讼以开庭审理为原则，通常需要通过独任制或者合议制来对案件进行审判。当前我国刑事诉讼法对书面审理尚未作出明确规定，但是在实践中已有类似实质书面审理情形。如我国在运用速裁程序审理案件过程中，庭审对于案件事实认定和法律适用已并非发挥实质性作用，绝大部分审理工作通过庭前阅卷完成。在此过程中，虽然保留开庭审理环节，但对于案件主要事实和证据通过阅卷方式进行，实质上采用了书面审理方式。与其进行形式化的庭审，不如探索在速裁程序中适用书面审理的条件。合理扩张书面审理在速裁程序中的运用,在保障庭审实质化的同时,发挥书面审理的优势。

一 轻罪案件的程序审理方式

(一) 开庭审理

开庭审理方式与刑事诉讼中直接、言词原则一脉相承。直接、言词原则是刑事诉讼一项重要原则,"直接、言词原则的引入,是为了去除侦查的法官及审判的法官进行书面审理程序所带来的重大缺失"[①]。直接审理原则意味着司法裁判的基础必须依照法庭上直接审查过的证据,直接原则有两方面的含义:一是"出席",即法庭开庭审判时,被告人、检察官以及其他诉讼参与人必须亲自出庭审判,不得将证据调查工作委托他人进行,且在精神上和体力上均有参与审判活动的能力。[②] 二是法院需亲自调查案件还原客观事实,重视一手证据材料对认定案件事实的作用,不得以其他间接相关材料代替。可见,直接审理原则下,认定案件事实的证据必须经过法庭当庭质证。言词原则从字面理解,指法官基于当事人进行口头辩论作出裁判的原则。"其目的是在形成法官心证之际,给法官以新鲜的印象,以期发现实体的真实。"[③] 这一原则表明控辩双方应当就案件事实进行充分举证,通过言词辩论方式对案件相关证据进行质证,否则将导致存在程序瑕疵不能作为定案依据。因此,开庭审理原则下,通过庭审全过程对案件的证据展开辩论,从而确定案件事实,并依此进行裁判。如果不经过法庭审理仅仅凭借案件材料进行书面审理,将与直接、言词原则产生矛盾。

开庭审理是保障被追诉人权利,实现案件公开、公正审理的重要方式,便于对司法过程进行监督。由于案件审理以公开为原则,大部分的案件都需要开庭审理,有利于实现检察监督和社会监督,从而督促司法

---

① [德] Claus Roxin:《德国刑事诉讼法》,吴丽琪译,台北:三民书局 1998 年版,第 491 页。
② 丁杰:《论直接和言词原则》,《山东大学学报》2001 年第 6 期。
③ 宋英辉、李哲:《直接、言词原则与传闻证据规则之比较》,《比较法研究》2003 年第 5 期。

机关及时准确作出判决。同时,司法公开能够有效预防司法腐败现象发生,通过司法过程公开透明增强案件当事人对判决结果的理解和认同,从而增强司法权威、提升司法公信力。

(二) 书面审理

书面审理,是指"人民法院在审理案件或审查下级法院的判决时以案卷中或该判决及当事人在原审提出的各种证据作为依据,并不要求当事人出庭进行口头辩论,也不允许提出新的证据,依据事实和法律的规定作出刑事、民事、行政裁判的审理活动。"[①]这种审理方式最早出现在行政诉讼中,1989年《行政诉讼法》第五十九条规定:"人民法院对上诉案件,认为事实清楚的,可以进行书面审理。"随后在最高院《关于审理人民法院国家赔偿案件若干问题的规定(试行)》《农业部植物新品种复审委员会审理规定》《中国国际经济贸易仲裁委员会仲裁规则(2000年修订)》等行政法规规章中出现该名词。之后正式施行的1996年《刑事诉讼法(修正版)》中虽未直接出现"书面审理"这一专属名词,但从法条文字背后能够发现该种审理方式的立法渊源。其第一百八十七条规定:"第二审人民法院对上诉案件,应当组成合议庭,开庭审理。合议庭经过阅卷,讯问被告人,听取其他当事人、辩护人、诉讼代理人的意见,对事实清楚的,可以不开庭审理。"该法条表明二审程序中可以选择书面审理方式,选择书面审理并不意味着不接触当事人,相反在询问当事人之后方可决定是否使用书面审理。正如最高法院在《关于执行〈中华人民共和国刑事诉讼法〉若干问题的解释》第二百五十三条明确指出:"对上诉案件,应当组成合议庭,开庭审理。经过阅卷,讯问被告人,听取其他当事人、辩护人、诉讼代理人的意见后,合议庭认定的事实与第一审认定的没有变化,证据充分的,可以不开庭审理。"这表明二审适用书面审理程序需要听取当事人意见。

书面审理是一种比开庭审理更为简化便捷的审理方式。因无须庭审过程,书面审理过程中,当事人在一定期限内相对自由地安排时间制作

---

① 杜开林:《书面审理向何处去:由死刑二审案件全面开庭审理引发的思考》,《法律适用》2007年第5期。

案件所需要的书面材料，然后递交给司法机关。法院在接收材料之后，在一定期限内审阅材料并作出判决，整个过程无须三方会面，亦无须辩论，法院根据材料证据所反映的事实进行审理。在案件事实相对简明的情形下，"在正式审理程序中引入完全书面审理方式是有可能的，就如其他形式的简易程序一样，书面审的简易程序也应是在维持控辩均衡对抗和法官居中裁决的程序正义的基本格局，即作为程序公正底线的'等腰三角结构'的前提下，所作出的制度安排，这是书面审简易程序生命力的根源，也是书面审作为基本审理方式的前提。"①

具体而言，书面审理包括涉及法律适用问题的书面审理和涉及案件事实的书面审理。涉及法律适用问题的书面审理主要是刑事二审程序中针对法律适用问题实行的书面审理，无须被告人同意或申请即可适用。案件一审后，若被追诉人对法律适用或程序问题提出上诉，二审法院将依据一审的书面庭审记录和上诉状进行审理。当前我国的二审程序中，二审合议庭在满足此种情形时，即采用书面审理方式，对法律适用问题进行审查。涉及事实问题的书面审理是指法官直接通过对控辩双方提交的书面材料即证据，作出事实认定和案件判决。因涉及案件事实的书面审理直接关系被追诉人的自身利益和案件的结果，因此需了解被追诉人的意见。征求被追诉人同意的书面审理可以适用于两种情形：首先，针对轻微案件法官在审查控方提交的书面证据材料后，将其送达并征求被追诉人同意之后作出判决。当前大陆法系国家适用较多的处罚令程序就是如此，征求被追诉人意见的方法既可以是传唤其到庭征求意见也可将书面材料送予被追诉人签字。其次是在认罪答辩程序中以书面方式征求被告人的答辩，如英美国家采用的认罪答辩程序中，法官将起诉书递交给被告人阅读并询问其是否认罪，如果被告人同意起诉书的指控，接下来可不举行开庭审判。

书面审理方式并不违背庭审实质化的要求。通过速裁程序等对司法案件进行分流，在一定程度上降低了普通程序中开庭审理程序的适用概

---

① 马贵翔、胡巧绒：《书面审与言词审的界线分析——以刑事正式审判为视角》，《甘肃政法学院学报》2012年第6期。

率,但是"无论从刑事司法制度的历史发展角度、政治和社会需求角度我们都仍然需要和保持一系列恰当的程序来将犯罪与惩罚有机地联系起来"①。通过速裁程序对案件进行分流,对其中符合条件的案件进行书面化审理,能够加快简单案件的办案效率,集中司法资源解决复杂疑难案件,对于复杂疑难案件严格落实以庭审为中心,发挥开庭审理在锁定案件证据与事实的优势作用,才能更好处理犯罪与惩罚之间的关系。

二 开庭审理与书面审理相结合

(一) 体现宽严相济形事政策的价值取向

2010年最高人民法院在《关于贯彻宽严相济刑事政策的若干意见》中指出刑事政策以预防犯罪、维护社会安宁为目的,其作为基本刑事政策贯穿立法、司法和行政全过程。宽严相济刑事政策提倡惩罚与教育改造相结合,要求对轻重程度不同的犯罪适用区别化的处置方针,最终实现轻罪得以轻判、重罪能以重判。在区分轻罪重罪的前提下,使惩罚与罪行相当,才能实现罪刑均衡。针对轻罪案件,尝试不同的审理方式,从而使得轻罪案件能够尽快得到解决,也有利于社会稳定。

宽严相济刑事政策的核心在于在重罪轻罪的区别对待基础上实现宽严相济目标,强调两种政策的配合和互补,以有利于瓦解犯罪、化解矛盾。通过区别对待和宽严相济,实现罪刑处置的不同,最大限度地实现对不同种类犯罪和罪犯的不同审理程序,不同惩罚、矫治措施,促进社会综合治理,减少社会对立面,实现良好的犯罪治理效果。宽严相济意味着宽严相辅,针对不同案件和不同被告人,根据社会背景和相应的社会发展形势需要,选择不同审理程序,但同时又强调司法裁判必须在法定范围内进行。因此,加快轻罪案件程序选择的立法,使轻罪案件能够根据法律规定按照书面审理在内的程序进行审理裁判,才能使宽严相济的刑事政策落到实处。随着10余年立法、司法的发展,宽严相济的刑事政策适用范围逐渐扩大,已不局限于刑事司法领域。正如意见中指出的"宽严相济的刑事政策已经贯彻于我国的刑事立法、司法的全过程"。

---

① 岳礼玲:《刑事审判与人权保障》,法律出版社2010年版,第8页。

当前，我国刑事司法经历从"严而不厉"到"法网严密"方向发展，伴随着轻刑化趋势，主要表现为轻微罪入刑导致入刑门槛降低，中国犯罪圈呈现出以轻微罪入刑为代表的有序扩张趋势。① 在这一趋势之下，明确轻微罪、轻罪与重罪在审理程序与惩罚标准的区别，防止量刑统一化导致的"司法成本平均化"的后果，才能更好实现宽严相济刑事政策的目标。宽严相济刑事政策视野之下的轻罪治理方式，意味着针对轻罪被告人犯罪行为轻微、人身危害性不大的特点，在选择程序适用中，优先探索简易程序、速裁程序的适用，同时在审理方式的选择上，探索书面审理一审轻微刑事案件的可能性，实现轻罪与重罪的分层治理、区别对待。

开庭审理与书面审理相结合的审理方式，考虑到不同案件审理程序不同，根据重罪和轻罪案件复杂程度不同，对于速裁程序中案件事实清楚的轻微罪案件采用书面审理方式，不仅能够使得轻罪案件得以迅速解决，更有助于将司法资源优势集中处理疑难复杂案件，实现繁简分流的改革目标。

（二）降低司法成本提升效率

"当前庭审实质化与庭审虚化的争论，实为公正与效率之争。现代刑事诉讼虽然确立了公正优先于效率的基本价值判断，但由于案件数量增长迅速而司法资源增长有限，诉讼效率在刑事诉讼程序中的地位越来越重要。"② 为实现繁简分流提升司法效率之目的，司法实践中运用普通程序、简易程序和速裁程序来对案件分流审判。普通程序具备最完备的庭审环节，最能保障当事人的合法权利，但同时审理期限较长，诉讼效率最低。为解决普通程序耗费司法资源较大的问题，我国推出了刑事简易程序，由法官进行独任审判，简化审前工作和庭审部分环节，庭审期限缩短为 20 日。虽然在一定程度上提高了司法效率，但仍不足以缓解案多人少的矛盾。刑事速裁程序通过简化法庭调查和辩论，将案件的

---

① 琚明亮：《刑事速裁程序的功能性反思——兼论有限书面审之提倡》，《哈尔滨工业大学学报》（社会科学版）2021 年第 4 期。

② 高通：《刑事速裁程序证明标准研究》，《法学论坛》2017 年第 2 期。

审理期限缩短为 10 日。从简易程序到速裁程序，庭审环节逐渐简化，在此基础上更进一步，省略庭审环节的书面审理方式成为未来探索提升诉讼效率的重要突破。

当前刑事案件逐年增加，使得法院面临愈加沉重办案压力，探索书面审理制度在轻罪案件审判中运用，能够进一步简化诉讼流程。从经济学的角度，司法作为一种重要的社会资源，具有经济性和稀缺性，如何处理好成本与收益之间的关系，在提高司法效率、减少诉讼成本的同时，保证司法公正的实现，是司法体制改革中的重要议题。近年来我国轻微刑事案件的数量上升，判处 3 年以下有期徒刑的案件数量明显增多，再加上我国没有实施犯罪分层制度，在个别情形下通过简易程序和速裁程序，大部分轻罪案件仍然与重罪适用相同的普通程序，司法机关需要付出同等的精力来应对程序性问题。伴随着轻型化趋势，在对轻罪进行区分的基础上，探索轻罪的书面审理方式的运用，能够进一步减轻审判人员的压力，将其更多的精力投入重罪案件的审理当中，节约司法资源。

（三）合意式诉讼格局的有意追求

21 世纪以来，伴随着刑事和解制度的确立，以被追诉人认罪认罚为前提的刑事诉讼程序简化运动方兴未艾，推动了简易程序、普通程序简化审、速裁程序的确立和完善，并形成了颇具中国特色的认罪认罚从宽制度。[①] 对比这些制度，其共性都是在被追诉人承认控方指控的犯罪前提下，二者就简化诉讼流程等程序事项达成一致意见，被称作"合意"，作为此种刑事诉讼新形式的核心要义。2018 年刑事诉讼法为合意式刑事诉讼搭建形成了以认罪认罚从宽制度为核心的基本框架。在此基础上探索书面审理的适用，是合意式诉讼格局的有意追求。

合意式刑事诉讼是指司法机关在知悉控辩双方进行充分协商且就案件部分诉讼主张达成一致意见的基础上，基于双方合意对案件进行审判的诉讼形态。区别于传统的对抗式刑事诉讼，此种刑事诉讼形式通过控

---

① 熊秋红：《比较法视野下的认罪认罚从宽制度——兼论刑事诉讼"第四范式"》，《比较法研究》2019 年第 5 期。

辩双方进行协商达成合意。有学者指出，"司法机关依法对被追诉人的承认、控辩双方的合意进行审查，并根据合法有效的合意对案件进行处理，此种刑事诉讼形式最本质的特征就是合意"[①]。我国刑事诉讼法规定的和解程序、简易程序和速裁程序中均存在不同主体之间、不同程度上的"合意"，和解程序中与被追诉人达成合意的对象是公诉案件的被害人，而在简易程序和速裁程序中则以控辩双方达成合意为前提。以"合意"命名此种诉讼形态的主要特征，强调被追诉人的自愿性，也可以减少强迫合作、过度协商情形的发生。

合意式刑事诉讼的实现，最主要是通过合意行为。通过因被追诉人的承认而使控辩双方就刑事诉讼中的具体事项达成意思表示一致的行为是合意式诉讼能否实现的首要条件。其中，被追诉人的承认必须是在自愿基础上做出的，满足真实性、自愿性和合法性三个特征。这三个特征互为因果，所谓真实性，强调被告人的承认具有事实依据和证据证明支持，是基于客观事实做出；所谓的自愿性，指被追诉人完全受自己主观意志支配，不是在受胁迫下被迫做出的意思表示；所谓合法性，是指这种承认必须有法律依据，不能进行协商的内容不在合意之列。合意的内容可以是针对刑事责任、损害赔偿，也可以是适用程序。比如控辩双方达成基于认罪认罚基础上做出的适用速裁程序审理的合意，抑或是双方就案件书面审理达成合意等都属于程序适用方面的合意。如控辩双方就适用案件审理还是适用书面审理的方式达成合意，且这种合意行为是在被追诉人知情的基础上自愿做出的，满足真实性、自愿性与合法性，则具备合意行为有效性要求，符合合意式刑事诉讼的基本要求。

合意式刑事诉讼最重要的价值，在于通过控辩双方达成合意得以略去分庭抗争从而简化诉讼程序。刑事纠纷的解决的重要标准在于获得双方当事人的满意和认同。如果刑事诉讼结束之后，被追诉人或者被害人对于案件处理结果仍不满意，刑事诉讼目的就难以实现，若双方就诉讼中的一些程序问题达成合意，如达成适用书面审理方式的合意，诉讼过程就可以简化，刑事诉讼在合意的基础上进行的简化，不仅能够提高刑

[①] 王新清：《合意式刑事诉讼论》，《法学研究》2020年第6期。

事审判的效率，而且能够保障被追诉人和被告人的权利。

2018年我国刑事诉讼法完善了认罪认罚从宽制度的程序规定，并增设刑事速裁程序，标志着合意式刑事诉讼格局基本框架搭建完成，接下来需要在框架内进一步完善相关制度规定，使合意式刑事诉讼的价值落实到司法改革的具体实践当中。在速裁程序中进一步探讨适用书面审理的案件类型和适用条件，实现保障被告人权利和提升诉讼效率双重目的，符合合意式刑事诉讼的价值追求。

第三节　书面审理：司法公正与司法效率的博弈

"案件事实清楚、证据确实充分"作为证明标准贯穿我国刑事诉讼各个阶段，树立较高的证明标准是为了确保案件公正审理。宽严相济的刑事政策强调对于不同犯罪区别对待，对于轻罪案件，可以通过简易程序、速裁程序来简化审理过程，然而审理过程的简化并不意味着审理标准降低，对于简单案件，仍然需要达到相同的证明标准。书面审理方式相较于开庭审理，在程序简便的同时，隐含着可能会对案件事实认定不清楚的隐患，法官主要通过诉讼双方提交的相关材料进行审理，在此过程中，没有控辩双方的到场。因此，如果案件事实本身存在争议，证据材料没有达到确实充分的要求，很难通过书面审理发现案件事实真相，实现公正判决。

一　以案件事实清楚为前提——司法效率的前提

书面审理是程序简化的结果，体现了司法公正与司法效率之间的博弈。对司法效率的追求不能以牺牲案件公正裁判为代价。普通程序中的开庭审理之所以能够最大限度地保障被追诉人的权利，是因为其通过精密的庭审制度有效开展证据调查与事实认定。强调控辩双方需对案件相关证据和事实展开辩论，对于案件事实有争议的地方可以申请关键证人、鉴定人等出庭作证，促进事实真相的发现。通过对案件事实和证据进行确定，双方对案件的主要事实达成一致意见，法官依此作出判决。可见，法庭质证和辩论环节对于案件事实的确定必不可少。与此同时，如果案件本身达到了事实清楚、证据确实充分的程度,则可以通过简易程序或者速裁程序来简化法庭审理环节。通过对比简易程序和速裁程序的适用条件,两者皆以"案件事实清楚、证据确实充分"为前提,因为"案件达到事实清楚、证据确实充分的程度能够有效消除辩方对于证据、事实问题的异议,降低控辩双方的对抗程度,实现合意式诉讼的目标。在庭审程序中,控诉方可以简化举证内容,优化举证方式,而辩方通过表明对证据、事实问题没有异议加快庭审流程。"①

有学者认为速裁程序大幅压缩庭审程序,主要采用书面审理的方式,庭审程序的虚化将导致证明标准的降低,但是降低证明标准可能会带来权力滥用、产生冤假错案等问题,本书认为书面审理导致的程序简化只是降低对案件事实进行严格证明的形式性要求,并不意味着放弃严格证明原则。基于职权主义的诉讼价值追求,我国法官担负着查明案件真相的职责,应当将法定证明标准在书面审理过程中贯彻落实。② 通过严格的证明标准,在对案件事实清楚,证据确实充分的条件下,法官通过书面审理的方式对案件的法律问题进行确认,从而在提高审判效率的同时,保障公正司法的实现。诚如有学者指出"坚持法定证明标准'是公正司法的内在要求',离开对法定证明标准的坚守,公正司法的目标就不可能得到实现"。③

二 被追诉人权利保障——司法公正的实现

(一)确保被追诉人适用书面审理自愿性

"无合意不简化",无论是我国的速裁程序还是域外处罚令程序,程序简化之正当性基础均在于控辩双方在审前阶段已就指控事实、量刑、程序适用等方面达成了合意。而审前阶段对被追诉人诉讼权利的保障则是确保诉讼合意有效性的关键。④ 适用书面审理简化诉讼程序必然

---

① 李本森:《反思与重塑:刑事速裁程序适用范围研究》,《学术界》2021年第12期。
② 肖沛权:《论认罪认罚案件的证明标准》,《法学杂志》2019年第10期。
③ 孙长永:《认罪认罚案件的证明标准》,《法学研究》2018年第1期。
④ 贾志强:《书面审抑或开庭审:我国刑事速裁程序审理方式探究》,《华东政法大学学报》2018年第4期。

会对被追诉人权利造成一定限缩,因此适用该审理方式需征得被追诉人同意,若被追诉人不同意适用书面审理,应遵循被追诉人对程序审理方式的选择权。

在征求被追诉人是否同意适用书面审理程序过程中,需有值班律师在场,由值班律师告知被追诉人适用书面审理的利弊,确保被追诉人在真实意思表示的基础上同意适用。因此,需健全值班律师制度,确保值班律师在保障被追诉人权益中发挥重要作用。德国的处罚令程序中,注重审前阶段对被追诉人律师帮助权的保障,在审前阶段,控辩双方之间可以就量刑等问题进行协商并达成合意,审前的协商是整个程序的核心。而到了审判阶段,法官对检方提供的书面材料进行简略的审查并签署处刑命令。在可以适用处罚令程序的大部分案件中,被告人如果愿意认罪,其辩护律师就会主动与检察官联系,表示愿意接受处刑命令。新一轮的试点改革完善了被追诉人获得律师帮助权的条件,值班律师的帮助不再以被追诉人的申请为前提,在认罪认罚程序中实施强制辩护,旨在实现认罪认罚案件被追诉人获得律师帮助的全覆盖。在征求被追诉人适用书面审理意见过程中,仍应确保其获得律师帮助的全覆盖,防止做出错误意思表示。

为保障被追诉人对适用书面审理的自愿性,而非被强制同意适用,应当建立被追诉人自愿适用书面审理审查机制。由于书面审理没有庭审环节,法官无法在庭审中当庭询问被追诉人意见,需要在庭前建立起被追诉人自愿适用书面审理审查机制来确保被追诉人的自愿性。在审前阶段,检方应就审理方式询问被追诉人及其辩护律师是否同意适用书面审理方式,并将需要的相关材料和书面审理适用的可能性告知,确保被追诉人在知晓书面审理利弊的基础上,签署自愿适用书面审理的协议,并附上有关被追诉人同意适用书面审理的声明。法院在收到检方适用书面审理的申请后,应对被追诉人签署的协议进行合法性和自愿性审查,确定被追诉人是自愿适用的书面审理,若有疑问可以联系被追诉人。若被追诉人不服一审书面审理的判决进行上诉,二审法院需再次审查被追诉人一审适用书面审理的自愿性。

(二) 保障被追诉人知情权、参与权

被追诉人的知情权是指被追诉人明确知悉自己在审判程序中所享有的权利，包括实体和程序上的权利。"知情权范围的大小和实现程度直接影响着其他诉讼权利的实现。"① 保障知情权有助于被追诉人充分行使诉权，是被追诉人行使辩护权的首要前提。权利的行使以知情为基础，根据2018年《刑事诉讼法》，在认罪认罚程序中实现各个诉讼阶段对被追诉人权利告知全覆盖。告知的主体包括公安机关、检察院、法院的办案人员，以及辩护人和值班律师。② 不同主体职能不同，告知的内容和产生效果并不相同。尤其是认罪认罚程序中值班律师制度的建立健全，为确保被追诉人知情权作出制度上规定。

因书面审理缺乏庭审环节，为了保护被追诉人合法权益，要求在被追诉人适用书面审理之前，保障其对于审理过程中重要信息的知情权，除去告知普通程序中被追诉人享有的权利，更需着重告知书面审理程序适用中的重要信息。比如被追诉人如何行使申请回避权、审理时间、期限、审判人员组成，为其行使监督权和上诉权提供基础。合议庭需要及时公开涉及案件公正审判的司法信息，便于社会公众与当事人查询。在认罪认罚从宽制度中，法律规定了各个阶段，有关机关应告知被追诉人享有的诉讼权利以及认罪认罚的后果。从法律规定本身看是给予被追诉人充分的知情权保障，在实践中，检察机关都会出具一个书面的权利告知书，上面会明确列明被追诉人享有的权利，包括申请回避权、提出证据权、获得法律帮助权等权利。但是目前对于被追诉人权利告知的内容仅仅停留在"享有的权利和认罪认罚的性质、法律后果上"对于被追诉人被指控的犯罪所依据的主要证据、犯罪事实以及法律根据等内容，由于公诉机关披露有限，导致被追诉人的"认知"不足。然而只有当被追诉人明确自己的处境，才能保障其选择同意适用该程序时是自愿的。"由此可见，告知作用得以有效发挥，不仅需要对程序性事项进行简单明确，而且需要发挥解释、说明的作用，让被追诉人在进行制度

---

① 王晓丽：《刑事被追诉人知情权研究》，硕士学位论文，中国政法大学，2006年。
② 周新：《认罪认罚被追诉人权利保障问题实证研究》，《法商研究》2020年第1期。

选择时既能够知其然，又能够知其所以然，并且能够结合个案对认罪认罚从宽制度有更具体、直观的了解。"① 故书面审理程序中的告知义务应借鉴认罪认罚程序中对被追诉人知情权保障的全覆盖。为保障相关主体履行对被追诉人的告知义务，应在告知过程中进行记录、留痕，确保事后审查，实践中地方法院多采用文字记录形式和录音录像形式。

结合认罪认罚从宽制度对于被告知情权的保障，书面审理过程中，在保障被追诉人对享有的权利及其行使方式、书面审理的效果知情的情况下，还应当保障被追诉人对公诉方提交的证据的知情权，建立健全证据开示制度。

在审判制度中，证据开示是审判前一方当事人获取案件事实信息的重要途径，之所以在书面审理过程中强调证据开示制度，是因为在刑事诉讼中控辩双方所掌握的证据是不对等的，被追诉人处于弱势地位，再加上通过书面审理的方式，被追诉方对于控方提交的具体证据无从知晓。如果在审前程序中被追诉人便无从知悉检方掌握的证据材料，则在简化程序中可能在整个诉讼程序中都无从获知控方指控其犯罪的证据内容。这对被追诉人来说是不公平的。证据开示可以减少审判所带来的不确定性，检察官可以提出更加相对精准的量刑建议，使得被追诉人的心理预期与法院的最终判决绝不会有太大落差，同时也使得被告人在书面审理方式中获得更多利益。

证据开示制度能够保障被追诉人的知情权并在此基础上确保被追诉人同意适用书面审理的自愿性。被追诉人的知情权不仅是对诉讼权利的知情，还包括对于涉案证据的获知。被追诉人只有在对控方提供的证据充分了解的情况下，做出的同意适用书面审理的意思表示才是真实的。对于证据开示的时间，可以借鉴域外国家的制度规定，采用证据清单制度，即检察机关在向法院送达起诉书时一并移交证据等材料，将证据列出清单目录，这样法院在向被追诉人送达起诉书的时候连同检察机关的证据清单一同送达给被追诉人。被追诉人就可以基于证据材料，在此基础上选择是否同意采用书面审理的方式对其案件进行审理。

---

① 周新：《认罪认罚被追诉人权利保障问题实证研究》，《法商研究》2020年第1期。

(三) 建立书面审理监督机制

在适用书面审理过程中，法官主要依靠双方提交的案件材料认定事实，法官的个人主观意识能够在一定程度上影响案件最终审理结果。为了防止书面审理过程中，法官利用不开庭审理的便利实施滥用职权的行为进行枉法裁判，有必要通过建立相应的监督机制对法官进行监督，最大程度上消除被追诉人对书面审理结果的不信任，提升司法公信力。

首先，要保障被追诉人的申请回避权得到有效行使。申请回避权是被追诉人的一项重要权利，在书面审理开始之前，合议庭应当将组成人员相关信息以书面形式送达被追诉人，并告知其享有申请回避的权利及行使的方式。被追诉人在收到法院的书面告知书后一定期限内，认为合议庭的组成人员与本案有利害关系的，应当及时向法院提出回避申请。没有在指定时间内提出的，视为放弃权利行使。实践中，法院在书面告知合议庭组成人员时，往往只列出审判人员姓名，对于其详细的社会关系并没有公布，需要被追诉人自行了解合议庭组成人员及其近亲属与对方当事人是否有利害关系，被追诉人在刑事诉讼中处于弱势一方，难以在短时间内对审判人员的信息掌握全面。因此，需要法院进一步探索公示审判人员信息的方式，构建线上审判员档案信息公开平台，对于审判员的照片、籍贯、家庭组成人员信息、学历、工作经历以及相关的社会关系进行上网公示，这样被追诉人在接到书面通知之后，能够直接参考线上公示的信息。建立法官档案公开制度能够减少被追诉人因处于弱势地位造成的信息差，提高被追诉人行使申请回避权的积极性和有效性。

其次，建立法院内部监督机制。对于书面审理的结果，法院进行单独存档，定期组织不同法官进行交叉复核，若对审判结果有争议，认为存在判决结果不适当或程序违法的行为，依法对该案提请再审程序。并且对涉案法官进行调查，判断其是否存在枉法裁判的行为，如有违法行为出现，依法进行处分。法院内部的监督机制能够在程序上减少法官违法行为的出现，同时，警醒其他法官，提高法院系统内部的监督效率，提升司法公信力。

最后，完善检察机关监督机制。对于书面审理过程中的违法行为，检察机关通过抗诉或者检察建议的方式进行纠正。虽然书面审理不需要控辩双方出庭，但是检察机关仍然可以通过抗诉引发二审，或者通过检察建议的形式对程序违法的部分进行纠正。书面审理过程中，检察院的监督权能够发挥作用，对于案件的公正结果十分重要。

因此，书面审理适用中，离不开配套的监督机制的完善，只有建立好法官内部监督机制、完善检察院的检察监督方式，及时保障被追诉人通过申请回避权对案件进行监督等多元监督方式，才能在提高整体司法效率的同时，提升书面审理的司法公信力。

第四节　书面审理存在的现实需要性

虽然我国司法实践中尚未运用书面审理方式，但从世界范围看，案多人少的矛盾、轻罪化的犯罪趋势必将导致书面审理方式的扩张。因此，研究书面审理在我国司法的适用具有现实必要性。

一　书面审理的必要性

（一）轻刑化趋势

本书意在研究轻罪案件的书面审理，首先要明确轻罪案件的概念和范畴，这是开展学术研究的基础与前提。由于我国现行刑法并未采纳犯罪分层体系，立法的空白导致学界对于轻罪的概念没有形成一致意见。《刑法》之外，在最高人民法院2012年颁布的司法解释与最高人民检察院2019年底新修订的诉讼规则中，都出现了关于轻罪的表述。然而，从"轻罪重判""重罪轻判"的措辞中可以看出，这两处规定的轻罪是指基于某种价值判断下、与重罪相对应的犯罪，但并未明确此种判断所依据的标准，而是交由法官或检察官在处理案件时进行具体判断。

明确轻罪范围的前提是区分轻罪和与之相对应的重罪。纵观古今国内外立法，关于轻罪的划分标准主要存在三种观点：形式标准、实质标准和结合两者的混合标准，本书将依次展开探讨。

"形式标准说主张以犯罪行为应处或者所处的刑罚种类和程度进行

标准划分犯罪层级。"① 形式标准说以坚持罪刑法定原则为前提，在刑法的框架下，严格依照法律明文规定展开，且往往以有期徒刑的刑期作为区分轻罪与重罪的标准。在形式标准说内部，存在着法定刑主义和宣告刑主义两种区分。法定刑主义认为应该以法定刑的多少作为划分轻罪重罪的标准，通说以"3年有期徒刑作为具体的刑期标准，法定最高刑在3年以上有期徒刑的都是重罪，反之，3年以下有期徒刑的是轻罪"②。宣告刑主义主张应该以实际宣告刑期的长短作为区分标准，如"应当判处的刑罚为3年以上有期徒刑的犯罪，可视为较重之罪，应当判处的刑罚为不满3年有期徒刑的犯罪可视为较轻之罪。"③ 这里的"应当判处"即表明为宣告刑。宣告刑作为法院的综合考量犯罪人和犯罪行为的结果，有其合理性。然而划分轻罪重罪的重要意义在于通过程序上的区别对待，来实现案件分流，从而提高司法效率。通过对轻罪案件适用比重罪案件更为简便的诉讼程序，在案件审判之前就对应当适用何种程序有清晰的预判，而不是到判决结果出来时才明确案件的性质。宣告刑作为既定的裁判结果，对于庭审的程序并无简便之用，且其不是统一的规范化的标准，在实践中往往难以准确区分。由于宣告刑考量案件相关因素众多，使得同一犯罪行为，因犯罪人和犯罪情节的不同，会产生重罪或轻罪两种结果。因此，无论是从规范意义，还是从刑事诉讼程序层面，法定刑主义都更具合理性。因此，轻罪重罪的划分应当在法律原则层面在立法过程中进行规定，而不是通过司法程序对个案进行审理后根据对罪犯判处的刑罚考虑程序选择问题，否则对轻罪重罪的划分就失去了应有的功能和划分意义。④ 除去法定刑和宣告刑之争，仅从形式标准说出发对轻罪进行具体划分，在有期徒刑的年限参数上存在7年说、5年说和3年说，确定轻罪范围划分的具体界限应当满足三个基本考量：一是以此为标准划定的轻罪案件在现行刑事实体法和程序法上有区别于重罪的处理可能；二是以此为标准划定的轻罪案件数量具有一定

---

① 李娜娜：《轻罪制裁制度研究》，硕士学位论文，河北大学，2016年。
② 陈兴良：《宽严相济刑事政策研究》，中国人民大学出版社2007年版，第295页。
③ 周振想主编：《刑法学教程》，中国人民公安大学出版社1997年版，第271页。
④ 敦宁、韩玫：《论我国轻罪范围的划定》，《河北法学》2019年第2期。

第七章 轻罪案件程序审理方式 ◆◇◆

规模;三是以此为标准划定的轻罪案件能够为社会公众在感知上接受。因此以有期徒刑3年作为轻罪与重罪的划分界限具备充分合理性。在实体法方面,刑罚执行方式之缓刑的适用条件中有期徒刑规定为3年以下,可见立法者认为宣告刑为3年以下有期徒刑的犯罪,才符合犯罪行为较轻,暂缓执行不会再产生危害社会的后果。在程序法方面,司法机关对于轻微刑事案件的解释也以宣告刑3年有期徒刑为准。因此,在轻罪划分具体界限的选择上,3年说更加适应轻罪范围划分上对于轻罪案件数量法律规定衔接与社会公众感知认同的需要,因而本书在我国语境下以依法可能判处3年有期徒刑以下的犯罪作为轻罪。

实质标准说认为犯罪的严重程度决定了刑罚的轻重,因此需根据犯罪行为的严重程度进行犯罪分类。持此观点的学者认为"从理性角度看,犯罪的严重程度并不取决于对它当处刑罚的轻重,而应当反过来,对处刑之轻重起支配作用的,应当是犯罪的严重程度",[①] 认为此种方式符合人类思维逻辑,更可取。实质标准说认为形式标准说完全依赖立法者对犯罪行为的定性,如果立法者的认识产生偏差,将会导致犯罪分类体系的混乱。因此,实质标准说指出了形式标准说"逻辑颠倒"的缺点,认为以立法者的标准作为范围分类的依据,可能会导致"恶法亦法"的情形。

综合说主张,以上两种观点都有其合理性和不足之处,在实践中,单独使用一种标准容易引发实际问题,因此应当兼顾两种标准进行复合判断,即"既要考虑某一罪名法定刑的轻重差异,也要考虑某一犯罪的严重程度的差异,采取综合法定刑和严重程度两方面因素的复合标准来区分刑法典规定的罪名的分类问题"[②]。我国轻罪重罪的分界线应以3年有期徒刑为限,并在个罪规范中对于轻罪或者重罪的例外情形作出排除规定,且这种具体规定还应当考虑行为与行为人的特点。

相较于实质标准说,形式标准说因其更加明确直观,因而更具合理

---

① [法]卡斯东·斯特法尼:《法国刑法总论精义》,罗结珍译,中国政法大学出版社1998年版,第183页。
② 高长见:《轻罪制度研究》,中国政法大学出版社2012年版,第213页。

性。综合考量形式标准说和实质标准说的综合标准说之优劣,尽管认为对于犯罪类标准应当"以实质标准为主,以形式标准为辅""法定刑的高低可以作为判断罪轻罪重的客观外在表现来使用"或者"采取考虑综合法定刑和严重程度两方面因素的复合标准",但是在进行具体的轻罪重罪划分时,仍然需要将刑罚作为辅助界分标准,这实质上是走向了形式标准说。

在规范意义上区分轻罪与重罪,进而出于刑事案件繁简分流和给予轻罪案件便捷宽缓处理,在我国面临刑事案件总量上升,轻罪案件数量和占比增加的现实背景下,对不同类型的犯罪进行分类的基础上,针对不同的犯罪采取相应的审理程序,是提升司法处置效率和质量,更好实现对严重犯罪的精准打击和对轻罪罪犯的教育矫治必由之路。

(二) 提升司法效率

近年来,刑事案件数量呈上升趋势。《刑法修正案(十)》和《刑法修正案(十一)》将一些原本不属于刑罚领域的违法行为规定为犯罪,导致我国一审刑事案件数量激增。其中,传统暴力犯罪占比下降,经济犯罪的占比增加,整体犯罪结构呈现轻罪化的趋势。但传统犯罪形式和犯罪手段在互联网时代的技术影响下,犯罪形式和手段不断发生变化,以"套路贷""自媒体"为外壳的新型电信诈骗犯罪不断产生,并呈现上升趋势。由于互联网的匿名性和信息传播速度快的特点,互联网犯罪的种类更加多样化。此外,随着经济发展水平的提升,人们对食品药品安全性和生活环境的需求逐步提升,也更加关注食品药品犯罪和环境污染破坏生态类犯罪。新的犯罪态势会要求刑事案件处理政策和治理思路做出相应变化,从不同维度探索审理大量增长的轻罪案件的新模式,以达到更好的犯罪治理效果,成为社会现实需要。

大量轻罪案件在刑事案件结构占比上升,而逐渐发展的刑事政策所指引的范围也从过去规制重罪向轻罪延伸甚至向预防犯罪延伸。这就使立法者和司法者在刑事司法的运行机制和运行效果上,更加重视轻罪的应对和治理,不能仅偏重考虑刑罚的惩罚和威慑功能,而是要强调宽严相济刑事政策指引下的区别对待,学界主张在区分轻罪重罪的前提下,建立轻罪制度,以达到有效抑制犯罪与修复社会关系的平衡。

构建轻罪制度，在刑事诉讼领域主要通过对轻罪案件的审理程序进行简化来实现案件繁简分流的目的，目前我国已经确立了简易程序和速裁程序，在此基础上探索书面审理的适用具有重要的现实意义。

(三) 实现司法公正

对于被害人而言，司法正义的实现不仅在于案件得到公正的审判，而且这种公正的结果需具备时效性，迟来的正义非正义。司法审判的程序越复杂，需要的时间越多，则被害人承受的痛苦就越深。对于被追诉人而言，审判时间越长，意味着被追诉人被羁押的时间越长，承受的不公正待遇的可能性就越大。因此，通过书面审理来解决部分轻罪案件，使得司法机关将有限的精力投入到更为疑难复杂的案件中，能够最大程序上节约司法资源，实现整体上的司法公正。

二 书面审理的可行性

书面审理的适用，需要一定的物质和制度基础。从国内来看，认罪认罚制度的确立和值班律师制度的完善为书面审理提供了制度支持。司法体制改革过程中，司法责任制的确立成为法官进行自我约束的重要举措，能够为法官在适用书面审理过程中保持客观公正的态度提供改革基础。从国外相关制度来看，英美法系的认罪答辩程序和大陆法系的处罚令制度为我国完善书面审理适用提供借鉴。

(一) 认罪认罚从宽制度确立

认罪认罚从宽制度是我国轻罪案件繁简分流改革的一项重要举措，通过简单案件当事人自愿认罪认罚，实现分类快速处理，能够更好落实宽严相济的刑事政策。认罪认罚制度的确立为书面审理制度提供了刑事案件繁简分流价值基础、轻微罪认定基础和速裁程序适用基础。

1. 繁简分流改革的要求

"以审判为中心"的诉讼制度改革要求重新定位审判机关与侦查机关、检察机关和监察机关的关系，进一步优化司法机关职权配置和促进刑事诉讼程序职能的发挥。该项诉讼制度改革的核心内容就是通过区别对待不同案件，合理进行案件分流，保证庭审的实质化。认罪认罚制度改革是程序分流的要求，通过对于被追诉人自愿认罪认罚的简单案件进行分流处理，提高了被追诉人对于判决的服判率，在减少上诉率的同时，简化了轻罪案件的诉讼程序，缓解了法院的审判压力，提升了司法效率。在认罪认罚制度确立的基础上，尝试对被追诉人认罪认罚的轻罪案件适用书面审理的方式进一步简化庭审过程是刑事诉讼繁简分流改革的重要举措。在全国法院繁简分流机制改革推进会上，周强院长指出要抓住机遇持续推进刑事案件繁简分流机制改革，促进司法职能充分发挥，提升司法改革实效，提高人民群众的司法满意度。在此背景下，全国各地法院不断探索加快程序繁简分流的新途径。各地可以在认罪认罚的基础上探索书面审理的适用条件和过程，实现认罪认罚从宽制度与书面审理制度在价值遵循、适用细则和程序上的衔接，探索在认罪认罚案件中适用书面审理的可行性，为进一步释放认罪认罚从宽制度活力提供新途径。

2. 适用条件衔接

认罪认罚案件适用需满足被追诉人"认罪"和"认罚"两个实质要件，对于事实不清、证据不足的案件不能进行从宽处理。同样，适用书面审理要求被告人知晓并且同意适用此种审理方式，且只有在案件基本事实认定清除、没有争议的前提下，才能省略开庭审理过程，通过对案件的书面材料进行审理来作出判决。可见，认罪认罚从宽制度下，对部分轻罪案件通过书面审理的方式简化程序具备可行性，二者在适用前提条件上存在重合，具备进一步衔接的可能性和必要性。

3. 速裁程序中的书面审理模式

速裁程序是区别于普通程序和简易程序的更为简化的审理程序。近年来随着认罪认罚制度确立，速裁程序被广泛适用于认罪认罚案件中，由于认罪认罚的前提要求控辩双方对于事实和证据认定没有争议，被追诉人对于量刑建议已经同意的前提下，再组织开庭审理已没有现实必要。改革所追求的庭审实质化并非是对所有案件一律进行完整充分的庭审活动，而是在保障被追诉人权益的基础上，对于部分速裁程序审理的案件可以进行书面审理，不仅不违背庭审实质化的改革要求，也不影响案件公正的实现，同时也提升了司法审判的效率，因此探索速裁程序适用书面审理具备必要性和可行性。认罪认罚从宽制度中速裁程序的确立也为适用书面审理提供土壤。

（二）值班律师制度完善

适用书面审理需要获得被追诉人的同意，只有在双方对适用书面审理程序达成一致的基础上才能省略开庭审理的步骤，通过对双方提交的材料进行书面审理对案件作出判决。在此过程中，被追诉人对于案件的知情权和参与权的保障离不开值班律师制度的确立完善。认罪认罚从宽制度和刑事速裁程序的确立为完善值班律师制度提供契机。速裁程序的适用和认罪认罚具结书的签署，被追诉人都需要在辩护人或值班律师在场的情况下才能进行，因此值班律师在诉讼程序简化的案件中发挥着重要作用。

2018年《刑事诉讼法》将值班律师的运用扩大至所有刑事案件，并明确了值班律师具有为被追诉人提供法律咨询帮助和申请变更强制措施等程序权，在书面审理中表现为值班律师应当告知被追诉人选择适用书面审理方式的程序之便和隐患。值班律师目前为止仍然没有如辩护人享有的阅卷权等实质性权利，导致其对于被追诉人的帮助作用有限，仅仅通过与被追诉人会见过程中对案件的了解，无法对其提供具有实质性的建议，因此书面审理方式的适用需要值班律师在其中发挥实质性的作用。

本书认为首先需要完善对值班律师的考核管理，从根源上调动值班律师参与诉讼程序的积极性和责任感。建立司法局与律师协会联合监督选拔机制，共同选拔资深律师轮流担任值班律师，同时加强对于值班律师的监督考核，对于没有提供必要帮助的值班律师进行监督并提出批评建议，对于案件中发挥重要作用的优秀值班律师进行定期表彰以资鼓励，并且纳入绩效考核。其次，将值班律师在为被追诉人提供帮助时产生的费用纳入财政补贴范围，提高对值班律师的补贴比例，进一步调动辩护律师的积极性。最后，由于书面审理的案件范围都是轻罪简单案件，基本事实清楚，被追诉人在没有辩护人的情况下，主要依赖值班律师对其进行法律援助，因此应当赋予值班律师阅卷权，在充分了解案情的基础上提供精准程序选择的建议。

值班律师作为保障被追诉人权利的"最后一公里"，不仅能够解决被追诉人在审查起诉阶段没有聘请辩护人可能对其产生的不利影响，还能够解决被追诉人自身法律素质不高的问题，充当被追诉人与检察机关和审判机关的沟通桥梁，为适用速裁程序或者书面审理方式提供必要的法律援助。

（三）司法责任制改革

党的十八大以来，司法体制改革向纵深领域发展，司法责任制改革作为司法体制改革的主线，为书面审理在我国的扩张适用提供了良好的制度环境。

通过开展员额制改革推进法官检察官职业化建设，落实办案质量终身负责制和错案责任追究制，实现让审理者裁判，裁判者负责。终身责任制为法官审慎行使权力提供制度保障，有效防止法官出现以权谋私等滥用权力的行为。在适用书面审理的过程中，由于原被告双方不进行当庭质证等环节，仅由法官依据案件材料做出书面审理，在此过程中，可能会出现权钱交易的行为，司法责任制的确立为防止司法腐败提供有力支持，为书面审理的扩张适用提供制度保障。

司法责任制改革的重要举措是推进司法公开和信息化改革。互联网信息技术的普及使得审判公开的力度进一步加大，各地法院通过建立线上信息公开平台对审判流程等重要信息进行公开，书面审理的当事人能够远程通过互联网查询且及时知晓案件的审理情况。互联网信息技术在审判公开中的广泛运用为书面审理的适用提供进一步的技术支持。

（四）域外国家相关制度经验

1. 英美法系的辩诉交易制度

辩诉交易在美国已成为一项经广泛应用的制度实践，能够有效缓解美国刑事案件积压造成的司法资源缺乏等社会问题。辩诉交易制度的核心在于建立控诉双方的协商机制，通过对等协商，实现保障当事人诉权与提升司法审判效率的双赢。美国的辩诉交易制度本质上属于认罪答辩程序的重要内容，通过控辩双方的协商，自愿认罪的被告人做出认罪答辩，法院在审查被告人自愿认罪的基础上，作出迳行判决，通常会对被告人从轻、减轻处罚。在认罪答辩程序中，针对自愿认罪的被告人，法院通常直接对案件的事实证据进行查明，无须开庭审理，直接作出判决。这一审理方式就是书面审理。目前在我国，书面审理程序在一审中尚未被实际运用，在我国借鉴美国的辩诉交易制度建立本土的认罪认罚从宽制度和速裁程序的背景下，探讨书面审理在认罪认罚从宽制度尤其是速裁程序中的运用意义重大，仍然可以借鉴美国的认罪答辩程序，通过对比辩诉交易制度与我国的速裁程序的异同，借鉴美国认罪答辩的经验来完善书面审理在本土的实际运用。

首先，美国的辩诉交易制度与我国的速裁程序的适用都以被追诉人自愿适用为首要前提，体现出刑事诉讼效率的提升不能以牺牲被追诉人的人权保障为代价。其次，在适用条件方面，美国的辩诉交易适用条件宽松，基本适用于所有的刑事案件，只要控辩双方达成合意。考虑到美国辩诉交易制度存在滥用风险，我国对速裁程序的适用条件作出严格限制，此外结合本土以审判为中心的传统，最终是否采纳检察官的量刑建议仍取决于法官。最后，认罪答辩程序通常由法官进行迳行判决，省略庭审步骤，被追诉人只需要做出书面认罪而无须到庭，英国的认罪答辩程序如果被追诉人对起诉书上的罪名无异议，则省略庭审环节直接作出判决。美国的认罪答辩程序要求被追诉人对每项指控做出认罪答辩，被追诉人一经认罪，则意味着放弃法庭质证的权利，直接进入判决阶段。

英美的认罪答辩制度在刑事诉讼实践中取得良好效果，缓解了司法机关的压力同时，能够将有限的司法资源投入到重大疑难案件中，很好地实现了刑事诉讼繁简分流的要求，对于我国速裁程序的完善和认罪认罚制度的确立提供了经验遵循。

2. 大陆法系处罚令制度

处罚令是大陆法系用来刑事案件繁简分流的快捷程序，本质上也是通过对案件进行书面审理的方式实现快速处理。处罚令程序在德国被广泛运用，1年以下的缓刑或者被单独判处罚金的案件，由检察机关书面申请处罚令，并写明请求法官开出的判决种类等事项，法官可以直接对被追诉人作出处罚判决。适用处罚令程序需要被追诉人的同意，如果不同意适用，可以提出申请转为普通程序审理。德国的处罚令程序由于案件轻微明了直接由检察院申请法官审查，对于符合条件的案件直接签发处罚令，省略了法院开庭审理环节。意大利的处罚令程序更为简便，因只适用于判处财产的刑罚，检方发布处罚令无须当事人同意。我国的刑事速裁程序与大陆法系处罚令程序的适用有相似之处，由于不同的立法传统和历史文化背景，两种制度本身存在着差异，通过对比两种制度的异同，我国可以借鉴处罚令制度的优势，扩大书面审理在速裁程序中的适用。

首先，在启动方式上，德国的处罚令制度中检察院的权力更大。检察院认为案件应当适用处罚令程序即可启动该程序，并提交案件证据材料和量刑建议，检察院能够决定适用处罚令程序，法院秉持中立态度。我国的速裁程序适用可以由检察院建议也可以由当事人向检察院提起申请，但是检察院仅仅具有建议权，最终决定是否适用仍然取决于法院。相比之下，处罚令制度赋予检察院较大的决定权，更有助于在审查起诉阶段确定适用更为便捷的诉讼程序，从而减轻审判阶段的诉讼压力。其次，在适用对象和范围上，德国的处罚令程序适用于 1 年以下有期徒刑的轻微刑事案件或被单独判处罚金的案件，我国的速裁程序适用于 3 年以下有期徒刑且案件事实清楚，证据确实充分的简单案件。相比而言，处罚令虽然不限定罪名，然而在刑期上更短。最后，在审判程序方面，德国的处罚令程序实质上是采用书面审方式作出判决，省略了开庭这一环节，能够最大程度上提高诉讼效率，且处罚令作出之后存在异议期，在此期间允许被追诉人提出异议。而我国的速裁程序则并没有完全摒弃开庭审理这一环节，目前在速裁程序中能否适用书面审理方式进行审理尚存在争议，本书认为，在繁简分流的刑事诉讼改革背景之下，扩张书面审理在一审程序中适用的可能性首先以速裁程序中书面审理的扩大适用为突破口进行。因此，在借鉴大陆法系处罚令制度的基础上，对速裁程序适用书面审理的合理性进行探讨。

反对我国在刑事速裁程序中适用书面审理的学者多站在不同法律文化背景差异的基础上，认为当前我国的司法体系与立法现状决定了我国"以审判为中心"的诉讼格局，重视开庭审理过程中对程序正义和被追诉人权利的保障，而书面审理方式虽然能够提升诉讼效率，但是可能会导致程序不正义，因此不能像大陆法系国家那样通过省略庭审流程而采取类似处罚令的方式进行书面审理。此外，他们还认为我国的轻罪制度不够完善,对于轻罪的认定标准与适用处罚令的大陆法系不同,因此在考虑国情的基础上,认为我国刑事速裁程序不能适用书面审理方式。①

本书认为,不同的法律文化背景下对待别国制度应当秉持求同存异的客观态度,不能因为不同的国情就完全放弃借鉴国外优秀制度,近年来我国确立的认罪认罚从宽制度就是在借鉴英美法系认罪协商中辩诉交易制度的基础上进行本土化的产物。同样,面对德国为代表的处罚令制度,我们应该在看到处罚令制度对于诉讼效率提升之优势,在对比速裁程序与之差异的基础上,进一步求同存异,对适用速裁程序的案件进行分层,对其中1年以下有期徒刑的轻微犯罪探索采取书面审理的方式,进一步实现刑事案件繁简分流的改革要求。并且在事实清楚的轻罪案件中适用书面审理并不违背"以审判为中心"的改革目标,能够实现案件快速分流处理,提高司法效率,为司法机关集中审判资源解决疑难案件提供便利,对于疑难案件重视实质化开庭审理,发挥开庭审理的优势,而非对所有案件一律进行形式化开庭,这才符合刑事诉讼改革的目标。

第五节　书面审理的适用与排除

前文探讨了在刑事案件繁简分流的改革背景下探索一审程序适用书面审理的必要性和可行性,本书认为在借鉴大陆法系处罚令制度的基础上,可以在刑事速裁程序中针对1年以下有期徒刑且基本事实清楚的案件采取书面审理的方式。为了防止书面审理被滥用,需要在明确书面审理适用原则的基础上,对于适用的规则和限制进一步细化,对适用书面审理的过程进行监督,并对书面审理和开庭审理的连接方式进行探索,以便在发现案件情况发生变化导致不适合适用书面审理时,能够顺利转换为开庭审理程序进行审理,实现两种审判方式的转换和衔接,以有效消除书面审理中在程序性保障方面潜在的不足。

---

① 杜亚欣:《我国刑事速裁程序是否应适用书面审之思考——基于处罚令的域外比较》,《法制与经济》2020年第7期。

一 适用书面审理应遵循的原则

首先,适用书面审理需符合正当程序原则。司法机关在速裁程序中适用书面审理方式必须符合法定程序要件,满足程序正义的要求。正当程序原则是刑事诉讼最基本的原则之一,对于促进司法公正和保障人权有着重要意义,要求司法机关的每一项诉讼活动都必须严格依照法律规定的程序进行,不能为了追求实质正义而牺牲程序正义。书面审理本身是审判过程的简化,包含着程序的高效便捷,由于缺少庭审环节,与开庭审理相比在保障司法公正上天然存在不足,因此书面审理的适用过程必须严格依照法律规定进行,必须征得被追诉人对于适用书面审理程序的同意,需被追诉人充分参与程序,保障被追诉人的权利。此外,在证据的收集整理和程序救济方面,由于书面审理主要依靠法官对书面证据材料的认定,因此证据的收集整理需符合证据法中证据获取程序的正当性,否则可能导致非法证据被滥用的后果。正当程序原则是刑事速裁程序中运用书面审理的基础,直接影响着案件能否在公正的基础上进行书面审理,影响着书面审理在我国扩张适用的可能性,决定了案件最终结果的公正性。

其次,要遵循人权保障原则,重视对被追诉人的权利保障。保障人权是刑事诉讼的重要价值,刑事诉讼诸多程序制度设计均建立在保障被追诉人人权的基础上,在此基础上,刑事诉讼的程序才能得到被追诉人的充分理解和认可。与传统的开庭审理相比,书面审理方式在保障被追诉人人权上天然存在不足,为了更好地保障人权,对于书面审理的适用过程中要格外注重人权保障。必须要保障被追诉人对于适用书面审理程序的知情权,并获得其书面同意。由于被追诉人的法律素质有限,需要健全值班律师制度来保证被追诉人对于适用书面审理程序的充分理解。对于被追诉人不同意适用书面审理的,要尊重其程序选择权,不能强制适用。

最后,需要符合效率原则,程序正义本身包含着对司法效率的追求。近年来,随着人案矛盾的不断加深,司法审判的效率成为司法公正的重要考核标准,司法效率低下不仅意味着司法资源的严重浪费,更是对当事人的不正义，久拖不决往往意味着羁押时间变长，当事人身心遭受更多的折磨，因此，繁简分流改革要求对轻罪案件实行更为简便的审理程序，通过简化审理程序，尽快使轻罪案件高效处理。刑事速裁程序是我国实现轻罪案件快速处理的分流程序，在刑事速裁程序中探索书面审理的适用能够进一步提升司法审判的效率，优化司法资源配置，书面审理适用过程应当注重效率的保障，否则将会不利于该制度优势的发挥。

二 适用书面审理的条件

书面审理目前在我国刑事诉讼领域主要适用于满足条件的二审程序和减刑假释程序，在一审程序中尚未被运用，有必要在分析二审和减刑假释程序中适用书面审理条件的基础上，对一审程序尤其是速裁程序中运用书面审理的条件进行分析。

（一）二审程序中的书面审理

我国刑事诉讼二审程序包含开庭审理和不开庭审理两种方式。其中，开庭审理方式是控辩双方参与法庭审判，合议庭在开庭条件下对事实和证据进行认定。不开庭审理方式包括书面审理和调查询问两种方式。排除二审必须开庭审理的情况，二审主要以不开庭审理为主，其中书面审理占多数。二审程序中适用书面审理的前提是事实清楚证据充分且合议庭对于案件基本事实认定上达成一致。由于案件已经经过一审程序，在没有新的证据补充的情况下，案件事实不会发生变化，也就没有再次开庭进行法庭辩论的需要，法官可以在一审认定事实的基础上，对于法律适用进行审查。在二审程序中运用书面审能够有效进行案件繁简分流，在一定程度上缓解二审法院的审判压力。虽然书面审理方式在形式上与直接、言词原则相冲突，二审法官面对一样的证据材料，对事实的认定很难不同，现实中二审书面审理存在可能会出现冤假错案的风险，然而即使是完全采用开庭审理的方式仍然存在冤假错案的风险，任何司法制度的存在都只能在一定程度上降低冤案的发生概率，并不能从源头上杜绝冤案的发生，因此在衡量一个制度好坏的时，不能仅仅因为其不能阻止冤假错案的发生而否定该项制度存在的价值。对于书面审理制度，我们在看到其省略开庭审理可能会导致被追诉人权利受侵害和司法不公正的后果同时，应该考虑如何对书面审理的适用条件进行限制和完善相关的监督机制，从而更好地发挥该制度对于提高司法审判效率的优势。

为了完善书面审理在二审程序中的运用机制，更好地发挥二审对一审程序的纠错职能，需要进一步完善不开庭审理的监督保障机制。首先，应以清单的方式明确不开庭审理的范围，为二审案件审理方式的分流设立明确标准，对于部分程序性上诉和法律适用争议性上诉进行书面审理。程序性上诉针对下级法院在适用诉讼程序方面错误而提出，由于程序性上诉种类不同，对于通过查阅案件材料、审判记录等即可判断程序是否违法的上诉案件即可采用书面审理的方式。其次，坚持以"案件事实清楚"为前提条件，当事人只针对一审法律适用问题提出异议，对于事实问题没有争议。再次，二审书面审理的适用必须经合议庭一致同意方可，同时应告知并询问当事人对适用书面审理的意见，当事人反对的，不应当适用。最后，完善不开庭审理的监督倒逼机制。在司法实践中，检察机关对于二审程序监督无力的问题是导致二审开庭率不高的重要原因，对于不开庭审理的二审案件，检察机关常常无从监督。面临这些问题，应完善对于不开庭审理决定的监督，对不开庭审理的决定和案件材料移送检察机关进行监督备案，检察机关认为应当开庭审理的，可以向法院提出开庭审理的建议。此外，为便于当事人与检方对书面审理过程及结果进行监督，应建立健全书面审理全过程重要信息公开制度，便于社会各界查询监督，尤其是合议庭组成人员信息，便于保障当事人的知情权参与权。

（二）减刑假释程序中的书面审理

我国的减刑假释案件主要通过书面审理的方式进行，《最高人民法院关于办理减刑、假释案件具体应用法律若干问题的规定》（以下简称《规定》）中明确除了法定的必须开庭审理的案件之外，其他的减刑假释案件可以通过书面审理的方式进行，这样既能够实现案件繁简分流，又能够维护减刑假释程序的公正性。《规定》中明确不能适用书面审理的案件主要关注案件事实、罪行及危险程度方面，对于存在异议、有重大影响的案件进行开庭审理。此外，大部分案件通过书面审理的方式进行，能够节约司法资源，提高减刑假释程序的审判效率。由于减刑假释案件大部分事实清楚，不存在适用的争议，且此类案件数量较多，如都进行开庭审理，势必会加重中院的庭审负担，不利于整体司法效率和实质化庭审的实现。

(三) 刑事速裁程序中的书面审理

前文在对比域外相关制度经验时，本书提出书面审理在一审程序的扩张适用可以刑事速裁程序中的运用为切入点，在速裁程序内部划分出适合书面审理的案件，并非对所有的速裁程序都能够适用。因此，有必要进一步探讨速裁程序中适用书面审理的条件。

首先，要明确书面审理适用范围，在不违背比例原则的基础上探讨书面审理的适用。通过前文对比域外处罚令制度的适用范围，大陆法系在对案件进行区分判罚时，主要考虑犯罪恶劣的性质。因此，德国将有期徒刑1年作为区分轻罪与重罪的界限，轻罪指的是有期徒刑1年以下的犯罪。我国的轻罪制度尚未完善，但是学界通说多以有期徒刑3年作为区分轻罪标准。刑事速裁程序适用的案件范围也是以3年有期徒刑为标准，有学者认为在刑事速裁程序中实行书面审理，其适用范围不应超过1年有期徒刑，本书认为有合理性。有期徒刑1年作为轻微罪与轻罪的界限能够对轻罪案件进行再分流，对于属于轻微罪的案件可以进行书面审理，对于属于轻罪案件但不属于轻微罪的，适用一般的开庭审理方式。

其次，速裁程序中适用书面审理要保障被追诉人的知情权和程序参与权。由于书面审理原则上与直接、言词原则相冲突，天然不利于被追诉人权利的保障，因此为了充分保障被追诉人人权，要充分尊重被追诉人对适用该程序的意见，被追诉人反对适用的，不能强制适用该程序。若被追诉人同意适用书面审理的，要公开书面审理的过程，保障被追诉人的申请回避权和监督权得以行使。

最后，完善书面审理上诉机制和书面审理与言词审理转换机制。被追诉人对书面审理的结果感到不公平提出上诉时，应该考虑二审的审理方式。一般情况下，二审以书面审理的方式居多，如果没有新的事实证据，通常会采用书面审理的方式。如果在一审即采用书面审理，被追诉人上诉的情况下，二审如继续采用书面审理恐难以达到理想效果。被追诉人认为一审采用书面审理的判决结果不公正的而提出上诉的，二审应当开庭审理，赋予其当庭陈述的机会。

三 适用书面审理与开庭审理的衔接

（一）建立书面审理中的全面证据开示制度

证据开示的基本含义是庭审调查前在双方当事人之间相互获取有关案件的信息，[1]包含当事人收集的与案件相关证据材料和对方掌握的己方的某些信息情况。2019年出台的《关于适用认罪认罚从宽案件的指导意见》指出要"探索"证据开示制度，随即引发学者就是否有必要建立该制度的热议。本书认为无论是认罪认罚程序还是书面审理程序，都需完善证据开示制度，为保障被追诉人知情权和参与权提供合理依据。

证据开示制度有助弥补阅卷制度缺陷。在刑事诉讼中，被追诉人对证据知悉主要依靠阅卷制度和证据开示制度。两种制度在功能上有一定重合，但互相不可替代。辩护人阅卷权行使面临巨大阻力，实践中多存在阅卷难的问题。不仅如此，我国阅卷制度规定阅卷权作为辩护人的权利，被告人本人无法查阅案卷，只能依靠与辩护人进行沟通，"当犯罪嫌疑人无法自行阅卷时，实则意味着高达70%至80%的犯罪嫌疑人无法展开最基本的、具有实质意义的自行辩护"[2]。目前，认罪认罚制度中规定值班律师享有部分阅卷权，但不能摘抄与复制以限制值班律师阅卷权的行使，且值班律师工作量大，阅卷积极性不高，可见值班律师制度并不能消除阅卷制度的弊端。由于控辩双方地位不对等，掌握的信息处于不平衡状态，为了消除阅卷制度不足，防止错案发生，应当完善证据开示制度，充分发挥证据开示制度优势。

---

[1] 龙宗智：《刑事诉讼中的证据开示制度研究》，《政法论坛》1998年第1期。
[2] 刘甜甜：《认罪认罚从宽案件中的证据开示制度研究》，《中国政法大学学报》2021年第5期。

第七章 轻罪案件程序审理方式

证据开示制度有助保障认罪认罚自愿性。认罪认罚从宽制度的核心是被追诉人认罪认罚的自愿性和真实性。自愿性需要被追诉人在自由意志支配下做出，且对于案件信息有全面掌握，并非在权力压力之下做出的"屈从型自愿"。所谓屈从型自愿是指被追诉人在面临认罪后获得从轻处罚和不认罪大概率获得更重处罚的两难抉择之下，被迫无奈认罪，"在司法实践中，相较于运用暴力、威胁等显性手段'强迫'产生的认罪认罚，隐性'屈从型'认罪认罚的存在更加普遍"①。屈从型认罪认罚不仅不利于案件公正判决，且使得认罪认罚制度效果在实践中大打折扣。为了防止因被追诉人因缺乏对案件信息的掌握而认罪，需要将案件相关证据信息开示。当被追诉人充分知悉案件证据信息时，不会为了"从宽处理"而无奈自愿认罪，能够放弃侥幸心理，实现被追诉人彻底自愿认罪认罚。

同理，在书面审理程序中，需要被追诉人知悉案件证据信息，并在此基础上同意适用书面审理的方式，为保障被追诉人同意适用书面审理程序的"真实性"和"自愿性"，需在全面掌握案件证据材料和书面审理程序利弊下做出意思表示。

证据开示制度效果的重要影响因素是证据开示范围。关于开示模式存在"全面证据开示模式"和"部分证据开示模式"两种，全面说认为控方应当将其掌握的所有与案件相关的证据材料全部对被追诉人进行开示，此种模式意味着"案件的一切证据皆需被展示，这其中必然包括对被告有利或者证明其无罪的证据，因此将会降低错误的定罪比例，使刑事司法赢得大众的信心"，②且能够实现控辩双方在信息对等的基础上进行认罪协商等诉讼协商，提高适用认罪认罚程序和书面审理程序的概率。部分说是指仅向被追诉方提供符合特定标准的证据，"其开示的标准为该证据是否会在庭审过程中被调查。只有在庭审中予以出示并

---

① 刘甜甜：《认罪认罚从宽案件中的证据开示制度研究》，《中国政法大学学报》2021年第5期。

② 殷玉龙：《美国证据开示制度简介》，《日新司法年刊》2014年版，第80页。

用来支持其诉讼主张的证据才会被予以开示"①。开示部分与案件审判密切相关的证据有助于提升诉讼效率,减少辩方了解证据的时间。我国认罪认罚制度实践中,考虑到部分公示具有较大灵活性,更易被控方操控从而实现高效追诉犯罪目标,地方多采用部分公示模式,如江苏省如皋市检察院制定了《如皋市人民检察院认罪认罚案件证据开示工作规程(试行)》,其规定被追诉人对案件事实存有异议故拒不认罪的,检察机关对本案事实进行评估后认为对部分证据开示后,可能使得被追诉人自愿认罪认罚的,可以决定进行证据开示。然而部分开示模式为控方证据突袭留存余地,违背正当程序要求。

当前,学者主张推动我国认罪认罚从宽案件中的证据开示模式从部分开示模式到全面开示模式转变。全面开示并不意味着所有证据不加区分全部开示,当证据信息涉及国家安全、商业机密等时,属于不予开示范畴,除此外,其他证据均在开示之列。全面证据开示模式亦符合辩护人的"全面阅卷权",且认罪认罚程序本身对于案件效率提升作用,在此过程中对证据开示关乎认罪认罚自愿性,因此全面开示比部分开示更有助保障被追诉人权利。

书面审理中建立健全证据开示制度可借鉴认罪认罚程序中的全面开示制度,书面审理需获取被追诉人对适用该程序的同意,且该同意是自愿做出。因此,仅仅通过辩护人行使阅卷权不足以让被追诉人本人在知晓案件全部信息基础上做出同意适用书面审理方式,且书面审理不同于普通程序,省略庭审环节,证据未经当庭质证,故需要对被追诉人开示相关证据材料,使被追诉人在知情基础上行使其程序参与权。证据开示后在特定期间内,被追诉人对相关证据存在异议,认为需要开庭审理进行质证的,可向法官提交程序转换申请书,申请采用开庭审理方式。法官经过审理认为有必要进行开庭审理的,应当向控辩双方告知,并在一定期间内及时组织相关人员参与开庭审理过程;认为不需要开庭审理的,应当及时答复被追诉人,且向其告知不予开庭审理的理由。被追诉

---

① 邱鼎文:《证据开示制度之研究:以美、日之比较为中心》,《台大法学论丛》2019年第1期。

人不服的，可以在开庭审理后提出上诉，二审法院应当组成合议庭开庭审理。

(二) 书面审理与开庭审理的程序衔接

目前，刑事速裁程序正式纳入立法，最高院的调研报告显示目前我国速裁程序绝大部分审理工作是通过法官庭前阅卷完成的。庭审对于事实认定与法律适用的环节不再发挥实质作用。① 因此，学界就速裁程序中是否应当采用书面审理方式展开探究。支持在速裁程序中适用书面审的学者认为我国已具备实行书面审理的条件：公安机关办案标准化能够确保收集证据的内容和程序合法；办案终身责任制的落实能够防止司法工作人员利用书面审理的程序特征徇私枉法；社会科技的发展有助于各环节证据留痕采集和使用。因此，在速裁程序中适用书面审理具备理论和现实基础，且能够提升司法效率，节约司法成本。反对者认为速裁程序并未达到可以省略庭审程序之"轻微"标准。首先，"速裁程序所适用的案件尚未'轻微'到可以书面审理的程度"②。该学者将书面审理的适用条件与大陆法系的处罚令适用条件进行类比，认为处罚令程序的适用范围与我国治安管理处罚程序相当，而速裁程序的适用范围远大于处罚令程序。其次，我国速裁程序对被追诉人的基本权利尚未充分保障，庭审程序对于保障被追诉人程序选择和认罪认罚的必要性发挥不可替代作用。

本书既重视书面审理对诉讼效率提升之便，又认可反对者指出的书面审理与速裁程序案件范围不完全相同的观点。在比对双方观点基础上，本书认为，如在速裁程序中适用书面审理程序，首先需要对速裁程序适用范围进行缩小，建立合适的书面审理的适用范围。其次，完善审前相关程序，保障被追诉人基本权利行使，尤其是保障其程序选择权和对适用书面审理自愿性审查。最后，在速裁程序中建立书面审理与开庭审理的程序转换机制，确保在对书面审理适用条件审查过程中，面对条

---

① 李建华：《刑事速裁程序实证研究》，硕士学位论文，河北师范大学，2020年。
② 贾志强：《书面审抑或开庭审：我国刑事速裁程序审理方式探究》，《华东政法大学学报》2018年第4期。

件变化等因素导致不适合书面审理时，能够有序转化为开庭审理机制，确保案件及时得到公正高效处理。

速裁程序中完善书面审理与开庭审理转换机制对消除适用书面审理适用风险具有重大意义。对此，可以借鉴二审程序中两种审理方式的转换。在二审程序中，立法者在开庭审理与书面审理之间，为司法者提供了一个内在切换机制，而这一机制就是通过谈话或讯问的方式向当事人综合了解上诉概况，然后决定是开庭，还是书面审理。① 转换机制的核心首先在于与当事人尤其是被追诉人之间的沟通以实现对上诉情况的充分了解。法规规定，"经过阅卷，讯问被告人，听取其他当事人、辩护人、诉讼代理人的意见后，合议庭认定的事实与第一审认定的没有变化，证据充分的，可以不开庭审理。"如当事人对适用书面审理持否定态度时，不应强行适用；如通过阅卷发现案件认定事实与一审发生变化的，不应适用；如发现本案证据材料不充分，亦不可适用书面审理程序。

通过分析二审程序中书面审理与开庭审理机制转换条件，本书认为在速裁程序中理应借鉴，主要表现在法官在适用书面审理之前进行的阅卷和与被追诉人的协商。如主审法官在阅卷过程中发现案件事实发生变化，不符合"事实清楚"标准的或本案证据尚未达到充分标准的，审理法官可以决定由书面审理转化为开庭审理方式，并向控辩双方送达开庭通知书，告知开庭审理相关信息，并说明进行程序转换的理由。如主审法官在征求被追诉人对适用书面审理意见过程中，被追诉人在充分了解案件信息与书面审理方式利弊之后，原本同意适用，之后反悔，反对适用书面审理的，应当向法院提交申请转换开庭审理相关材料，并说明反悔适用的理由。主审法官应当听从被追诉人的意见转化为开庭审理程序，如审理法官未听取被追诉人意见，执意适用书面审理的，被追诉人可以提出复议，或对书面审理结果提出上诉。通过法官主动转换审理方式与当事人申请转换审理方式两种途径，使得书面审理在发生情况变化

---

① 杜开林：《书面审理向何处去：由死刑二审案件全面开庭审理引发的思考》，《法律适用》2007年第5期。

时，通过及时转换为开庭审理程序，确保案件得以按时获得公正判决。

现代社会，诉讼程序设置可以有效解决社会纠纷保障司法公正之需。公正司法是诉讼制度体系化运行的重要追求，无论是开庭审理抑或是书面审理，都只是组成审理程序中的零部件。一味追求开庭审理方式不仅不符合认罪认罚从宽改革的需要，且会造成严重司法资源浪费，不利于司法公正整体实现。在借鉴域外成功经验和总结我国二审程序不开庭审理经验基础上，探索书面审理在轻罪案件尤其是刑事速裁程序中适用的条件，在速裁程序中进一步明确书面审理案件范围，在保障被追诉人诉讼权利基础上适用书面审理，辅之以其他制度监督保障，既能够提升司法效率，亦能获得司法公信力之提升，符合合意式刑事诉讼格局内在要求。在追求多元化纠纷解决方式背景下，探讨审理方式多元化以及不同审理方式之间的配合与转换，方能在审理环节大幅提升司法效率，在我国刑事案件逐年增长背景下，实现对轻罪案件繁简分流，助力司法公正及时实现。

第八章 轻罪案件程序多元化发展的反思与规制

第一节 问题的提出

中央要求构建起中国特色轻罪诉讼制度体系，推动案件轻重分离、快慢分道。根据中央要求，2018年《刑事诉讼法》修改后，我国已初步形成轻罪案件程序五元体系，但是轻罪案件程序运行中存在适用范围和条件竞合等实践难题，为优化轻罪程序多元化发展，应按照刑事一体化思路界定轻罪与重罪概念和外延，使轻罪程序多元化发展能够准确应对刑法变革要求。根据当前我国轻罪程序多元化发展中的问题，通过比较分析世界各国关于轻罪和重罪的立法模式和概念合理界定，从而分别适用对应诉讼程序的有益经验，完善我国轻罪诉讼制度体系。

2018年召开的全面深化司法体制改革推进会议，中央政法委要求"要以《刑事诉讼法》修改为契机，认真总结认罪认罚制度试点经验，完善速裁程序、简易程序、推动轻重分离、快慢分道，构建起中国特色轻罪诉讼制度体系，让正义更快实现。"落实中央提出的构建中国特色轻罪诉讼制度体系首先应当明确其内涵，轻罪诉讼制度体系的提出正是因为轻罪与重罪在实体上的本质界分，为提高诉讼效率快速审结案件，保证案件处理既能高效完成又能实现社会公平正义。

轻罪诉讼制度体系通常意味着普通程序适当简化，加快案件审理进程，程序简化适用的基础是行为人犯罪性质为轻罪，而且要求案件事实清楚，被告人认罪或者对指控事实无异议。轻罪快速处程序是指为适应刑法改革建构轻罪制度、提高诉讼效率的现实需要，在轻微犯罪案件

第八章 轻罪案件程序多元化发展的反思与规制

事实清楚、被告人认罪、对所指控的犯罪事实无异议的前提下，建构一个从立案侦查到审查起诉以至审判全过程都快速处理的程序。① 轻罪诉讼制度体系贯穿于审判全过程，不仅应该缩短审理期限，而且应该兼顾司法公正底线，司法公正是诉讼正义应有之义，没有公平正义的诉讼程序是没有存在价值的。从40多年来我国刑事诉讼的发展历程来看，程序正义一直是立法、司法的主要价值追求，这本身没有问题，而且应当坚持程序正义的刚性追求有助于纠正长期以来刑事司法领域"重实体、轻程序"的倾向，亦有利于在刑事诉讼中贯彻证据裁判原则，防止产生错案。

但是社会经济发展使刑事犯罪高发，而司法资源投入有限，导致大部分案件都按普通程序审理久拖不决、被告人延期羁押等问题产生，使追求程序正义过程中产生无法克服的"不正义"现象。轻刑快审机制要求对轻微刑事案件快速处理，以提高办理刑事案件的质量和效率，推动案件繁简分流，优化司法资源配置，改进办案分工、推进办案专业化。② 人们对于案件关注重点从审判程序规范化逐渐转移到案件处理是否能及时、缩短期限，在保证公正前提下提升诉讼效率，这就给轻罪诉讼程序构建提出新要求。一方面应该充分保障被告人诉讼权利行使，不因诉讼程序简化克减诉讼权利；另一方面合理限缩诉讼期限，适用案件范围的类型应该法定，司法机关自由裁量权行使限定在合理范围，不能过度追求程序简化损害案件裁判正义。基于以上考虑，本书通过归纳轻罪案件程序在我国发展历程，分析轻罪案件程序多元化的实践难题，提出轻罪案件程序多元化发展的规制路径。

第二节 轻罪案件程序的多元化演进

通过对近40年来我国刑事诉讼立法梳理，可以发现我国《刑事诉

---

① 高勇：《轻罪快速处理程序的法价值及其建构》，《哈尔滨师范大学社会科学学报》2017年第3期。
② 栗峥：《我国轻刑快审机制的立法完善——与英国轻罪简易程序的比较研究》，《哈尔滨师范大学社会科学学报》2016年第7期。

讼法》发展具有稳定性与变化性相协调的特征。自1979年第一部《刑事诉讼法》颁布以来，截至目前经历了1996年和2012年、2018年三次大的修改，但总体来看，《刑事诉讼法》保持其结构的稳定性，在此基础上，每次修改均有相应重点以体现刑事诉讼理论的新发展和刑事政策要求，这是《刑事诉讼法》的变化性特征。这种稳定性和变化性集中表现在刑事诉讼轻罪案件程序体系的形成与发展，使刑事诉讼程序处理轻罪案件由一元到多元不断改革发展。

一 轻罪案件程序一元时期

1979年《刑事诉讼法》是新中国成立后第一部真正意义上的刑事诉讼法。"为刑事诉讼的进行提供了法律根据，也为刑事诉讼立法的进一步发展打下了坚实的基础。因此，该部《刑事诉讼法》在中华人民共和国诉讼法史上具有开创性的重要地位。"[①] 在此之前，虽有多种形式关于《刑事诉讼法》的草案，但基于各种原因，并未进入立法表决程序，不是正式立法形式。该部法律的颁布在中国程序法建设历史上意义重大，此后程序正义、正当程序等法律术语开始出现并被广泛用于刑法和刑事诉讼目的的研究，使刑事法律立法在保障人权与惩罚犯罪之间价值取舍并重。这一时期至1996年《刑事诉讼法》第一次修改，《刑法》没有轻罪和重罪概念的提出和界定，只有犯罪情节性质描述如情节严重、轻微等，《刑事诉讼法》也仅有普通程序对所有案件适用，但1979年《刑事诉讼法》有关于起诉制度，对于不需要判处刑罚或者免除刑罚的情形适用，这也可以理解为对轻微犯罪免于追究的制度形式。

三 轻罪案件程序二元时期

1996年《刑事诉讼法》是对1979年《刑事诉讼法》的第一次修改，影响深远，意义重大，是对我国刑事诉讼制度进行的重大改革，也是20世纪八九十年代刑事诉讼理论研究成果的集中体现。1996年《刑事诉讼法》修改内容主要是涉及审判方式或者诉讼模式的改革，消除

[①] 陈光中、曾新华：《中国刑事诉讼法立法四十年》，《法学》2018年第7期。

第八章 轻罪案件程序多元化发展的反思与规制

控审不分制度隐患，强化控辩双方对抗，增强法官审判中心地位，进一步强化犯罪嫌疑人、被告人权利保障，完善惩罚犯罪追诉理念。20世纪90年代，我国持续推进改革开放经济快速发展，带来很多社会问题，犯罪率也持续上升，给有限的司法投入带来很大压力，为缓解司法资源紧张局面，1996年《刑事诉讼法》积极适应经济、社会快速发展增设简易程序，希望能够推动案件繁简分流，简化诉讼程序，从而提高审判效率。[1] 简易程序的确立使我国刑事诉讼程序应对犯罪有了法定依据，和2012年《刑事诉讼法》修改对简易程序条件调整相比，1996年设置简易程序适用条件略显保守，适用于3年以下有期徒刑案件。

为配合和提高刑事诉讼简易程序适用率，2003年最高人民法院、最高人民检察院、司法部联合下发文件要求在刑事普通程序基础上增加简易审程序，这个普通程序简易审类似于日本的简易公审程序。日本现行法证据法则严格化、当事人主义化和证据调查程序的形式化，使公审程序较之过去大为复杂，给当事人与法院带来很大的诉讼负担。因此，新刑事诉讼法设立了简易公审程序。日本刑事诉讼法规定，在案件罪状承认与否的程序中，如被告人做有罪陈述，法院可在听取检察官、被告人及辩护人的意见后，以被告人陈述的有罪部分为限，决定把有罪陈述的诉因交付简易公审程序。但相当于死刑、无期惩役或无期监禁以及最低刑期为1年以上的惩役或监禁的案件除外。简易公审程序是简化了的程序，其证据调查程序简化，可以不依照法定的方式，如可省略日本刑事诉讼法关于检察官开头陈述、调查证据的范围、顺序和方法、方式的规定，而仅以适当的方式调查证据即可；不受传闻证据能力的限制，可以使用传闻证据；在判决书中可以使用审判笔录中记载的证据目录。[2] 这个时期刑事诉讼简易程序、普通程序简易审程序和普通程序共同形成

---

[1] 陈光中、曾新华：《中国刑事诉讼法立法四十年》，《法学》2018年第7期。为了实现案件分流，提高审判效率，简化诉讼程序，这次修改刑事诉讼法还增加了简易程序。法院对于下列案件，可以适用简易程序，由审判员一人独任审判：对依法可能判处3年以下有期徒刑、拘役、管制、单处罚金的公诉案件，事实清楚、证据充分，人民检察院建议或者同意适用简易程序的；告诉才处理的案件；被害人起诉的有证据证明的轻微刑事案件。

[2] 卞建林、刘玫：《外国刑事诉讼法》，中国政法大学出版社2008年版，第259—261页。

轻罪案件程序二元时期。与我国相比较，意大利简易审判程序适用于除了终身监禁刑以外的任何案件，它是指一种经被告请求，检察官同意，法官在初期侦查后在初步庭审中仅仅根据侦查案卷，而不进行法庭审理程序，直接对案件作出迅速判决的程序。如果被告人依据此程序被判定有罪，其刑期可以减少1/3。这一程序不是美国式的辩诉交易，因为有罪的问题仍有待法官判定；它又不是审判，被告人只是作为证人出庭，同时他可要求法官予以讯问。被告人可以请求简易审判，并取得检察官的同意。在此程序中，案件不是由审判法官审理，而是由负责初期调查的法官审理。案件的审理不公开进行，如果对被告定罪，将不记入犯罪记录。对简易程序作出的判决的上诉受到限制。① 总之，简易审判程序是新刑事诉讼法典中最重要的特殊程序，因为它是不经正式的对抗式庭审而用来解决大量案件的一种程序。但是基于各种因素，简易程序和简易审程序并非产生立法者希望效果，分流案件不理想，诉讼效率提升有限，因而在随后的理论研究和司法实务成为重要问题讨论。② 这些理论和实务探讨直接促进了2012年《刑事诉讼法》修改完善了简易程序适用条件。

三 轻罪案件程序四元时期

2012年《刑事诉讼法》第二次修改，本次修改经历了理论和实务经验双重储备，因而修改内容涉及条款为历次之最，在立法修改过程中坚持科学立法、民主立法，广泛征求实务界和理论界意见和建言，立法效果良好。"此次修改坚持稳中求进的指导思想，坚持惩罚犯罪与保障

---

① 卞建林、刘玫：《外国刑事诉讼法》，中国政法大学出版社2008年版，第307—310页。

② 李峰、沈达明：《普通程序简易审的理论反思》，《山东行政学院山东省经济管理干部学院学报》2003年第3期。在技术层面上，普通程序简易审也将受到很多的限制，从而导致其难以顺利地施行，如目前法官的整体素质还有待提高，还不能有效运用这一程序，因为普通程序简易审要求审判的法官必须具备精湛的业务专业知识和崇高的职业道德素质。总之，普通程序简易审应当禁行。诚然，大量的刑事犯罪案件的存在是一个事实，如何解决案件积压，提高诉讼效率也是需要认真研究的课题，但是问题的症结在何处，笔者浅见，不是我国的普通程序异常繁琐，而是在于我国对刑事案件的处理上没有进行适当的分流，最明显的就是我国的刑事简易程序适用范围过于狭窄，亟待改革与完善。

人权并重、实体公正与程序公正并重的理念,使刑事诉讼制度进一步民主化、法治化和科学化。"① 2012 年《刑事诉讼法》总结 1996 年《刑事诉讼法》简易程序适用中问题,扩大简易程序适用范围。② 日本的略式程序又称简易程序,是简易法院根据检察官的请求,对其管辖的案件,在公审之前以简易命令判处少额财产刑的程序。对于略式程序,日本刑事诉讼法规定了种种限制条件:①须是属于简易法院管辖的案件;②处罚范围为 50 万日元以下的罚金或者罚款;③被告人对此程序的适用没有异议,并用书面形式明确该意思。检察官应当在提起公诉的同时书面提起简易命令的请求,并应向法院提出预料对作出简易命令有必要的文书及物证。简易法院认为该案件不能或不适宜作出简易命令,或者检察官提起该项请求时没有事先向被告人说明有关事项,或提出该项请求时没有附上被告人表示无异议的书面材料的,则应当按通常规定进行审判。③ 2012 年《刑事诉讼法》增设四种特别程序,其中涉及轻罪处理的有未成年人刑事案件诉讼程序和刑事和解程序,未成年人刑事案件诉讼程序设置了附条件不起诉制度。"刑事特别程序的立法发展与社会发展进程紧密关联,更与不断深化的刑事司法改革密切相关。"④ 至此,我国轻罪案件程序已有普通程序、简易程序、附条件不起诉程序、刑事和解程序四种程序适用,进入轻罪案件程序四元时期,也是我国轻罪程序体系化发展适应审判体系和审判能力现代化要求的具体体现,使我国轻罪处理进一步科学化、法治化。

四 轻罪案件程序五元时期

2018 年《刑事诉讼法》第三次修改,本次修改主要解决《监察法》颁布后,《刑事诉讼法》与《监察法》衔接问题,此外还将 2014 年全面

---

① 陈光中、曾新华:《中国刑事诉讼法立法四十年》,《法学》2018 年第 7 期。
② 为实现案件的繁简分流及提高诉讼效率,新法扩大了简易程序的适用范围。基层人民法院对于案件事实清楚、证据充分的,被告人承认自己所犯罪行,对起诉书指控的犯罪事实没有异议,且被告人对适用简易程序没有异议的案件,可以适用简易程序。
③ 卞建林、刘玫:《外国刑事诉讼法》,中国政法大学出版社 2008 年版,第 259—261 页。
④ 李树民:《论刑事特别程序创设的一般法理》,《政法论坛》2019 年第 6 期。

司法体制改革以来改革和试点成果立法确认，包括认罪认罚制度和速裁程序、缺席审判程序上升为法律。经过2018年《刑事诉讼法》修改，认罪认罚从宽制度开始贯穿刑事诉讼全过程，根据《刑事诉讼法》司法解释规定，认罪认罚已成为法定量刑情节，认罪认罚从宽制度开始和刑事诉讼程序交互适用。与我国类似，意大利刑事诉讼法典规定了快速审判案件程序和立即审判程序两种刑事案件速决程序。快速审判案件程序适用于以下几种案件类型：①被告人犯罪时被当场发现或速捕，检察官可在48小时内将被告人送交法官，要求批准逮捕和进行快速审判。②即使被告人不是在犯罪时被发现的，但检察官有大量充分的证据证实被告人实施了犯罪，并要求进行快速审判的，被告人也可以表示同意。③被告人正在犯罪时被发现，但尚需要做进一步的调查，在这种情况下检察官可在14日之后要求快速审判，以便进行更全面的调查。④被告人向检察官做了彻底的坦白，检察官也可以要求实行快速审判。① 立即审判程序适用于有大量充分证据的案件。它是指在开始对犯罪进行侦查的90日内，调查已经表明有充分的证据证明被告人有罪，而且被告人已经接受过讯问并做出了供述，在这种情况下，检察官可以要求免除初步庭审，而由负责初期侦查的法官决定进行立即审判。这一程序和快速审判程序有类似之处，但两者的区别在于，快速审判程序以检察官直接将被告交付审判的要求形式而启动，立即审判程序由负责初期侦查的法官以命令的形式启动。快速审判请求由检察官依职权作出，而立即审判请求则既可以由检察官依职权提出，也可以由被告人提出。② 2004年日本在《日本刑事诉讼法》第2编第3章之后增加第4章为即决裁判程序。即决裁判程序适用条件为轻微且没有争议的案件，但相当于死刑、无期或最低刑期为1年以上的惩役或监禁的案件，不在此限。检察官提出适用该程序的申请必须经犯罪嫌疑人同意，如犯罪嫌疑人已有辩护人，仅限于辩护人对适用即决裁判程序表示同意或者保留其意见的场合

---

① 卞建林、刘玫：《外国刑事诉讼法》，中国政法大学出版社2008年版，第307—310页。

② 卞建林、刘玫：《外国刑事诉讼法》，中国政法大学出版社2008年版，第307—310页。

第八章 轻罪案件程序多元化发展的反思与规制

方可提出该申请。被告人有辩护人且辩护人同意适用该程序审理案件。对于已提出即决裁判程序申请的案件,被告人在开头程序中就起诉书记载的诉因做有罪意旨的陈述。即决裁判程序适用要求检察官对于提出适用即决裁判程序申请的案件,依照《日本刑事诉讼法典》第299条第1款规定,迅速地给予被告人或者辩护人阅览书证的机会及该款规定的机会。① 效率价值是刑事速裁程序的首要价值。② 速裁程序立法确立使我国轻罪程序体系呈现五元发展状态,普通程序、简易程序、速裁程序、刑事和解程序、附条件不起诉程序一起构成我国轻罪案件五元程序体系。

五 轻罪案件程序体系多元发展审思

(一) 中国特色刑事诉讼程序理论本土化发展

从1996年《刑事诉讼法》颁布以来,我国刑事诉讼法学理论研究开始苏醒,并迅速发展成为显学。40年来,不仅成果丰硕,而且形成成熟、完备的学科体系,研究广度、深度不断拓展,研究力量雄厚,而且以使命当先积极发声推动刑事诉讼制度立法革新,有力促进了中国刑事司法文明现代化转型。中国特色刑事诉讼程序理论和司法实务经验研究紧密结合是我国制度创新的优势,典型地如刑事和解程序就是先由部分司法机关试点,与学术界理论研究结合,最终在2012年《刑事诉讼法》修改中立法确认,这也是中国本土经验分析、实证分析研究密切关注司法实际运行和样态进行理论和制度创新,产生轻罪程序体系多元化发展的基础。

(二) 协商性司法和对抗式诉讼模式的优势互补

在意大利,依当事人要求适用刑罚程序实际上是一种有限的辩诉交易,即在审判开始之前检察官和辩护律师可以就判刑达成协议,并请求法官按此论处。这种辩诉交易一般是在检察官掌握了充分的有罪证据,

---

① 卞建林、刘玫:《外国刑事诉讼法》,中国政法大学出版社2008年版,第259—261页。

② 孔令勇:《刑事速裁程序价值的理论阐释与冲突衡平》,《烟台大学学报》(哲学社会科学版)2019年第4期。

控辩双方对被告人有罪问题不存在争议的前提下进行的。这一程序适用于相对较轻的刑罚，减刑后的最终判刑不得超过 2 年，减刑幅度不得超过 1/3。适用这一程序的案件不必经过审判，但有可能会经过预审，是否要进行预审需要取决于何时达成这种辩诉交易。① 对抗式诉讼模式要求程序参与主体严格按照法律既定规则遵守诉讼程序要求，而法庭作为审判的主导重视诉讼过程的严谨性和保障性，这是刑事诉讼程序法定原则的具体要求，也是程序正义价值实现的基础。但是如果所有案件只是发挥法官主导作用，而忽视检察官、被告人、被害人积极和有效参与，这种繁冗的诉讼进程只能给诉讼效率带来负面影响。协商性司法的出现，就是改变这种现状，通过一定条件下和确定范围内的权力和权利让渡，从而使司法机关摆脱诉讼压力，被告人获得量刑收益，被害人也能得到实体利益。意大利刑事诉讼法典还规定了一种同样起到简化刑事诉讼程序的方式——调解。在告诉才追诉的情况下，检察官可以在进行初期调查之前传唤被告人到自己这里，以便查明告诉人是否准备撤销告诉，且被告诉人是否接受撤诉，同时通知他们可以要求律师到场。② 我国轻罪案件程序体系的发展就是体现了传统对抗式诉讼模式吸收协商性司法理念的结果。

（三）轻罪案件程序适用标准

刑事诉讼中案件适用程序类别应该有什么样的分流标准是保证程序分流司法意义的前提。关于这个问题存在多种不同观点，大体有以繁简为标准、以疑难为标准、以控辩双方无争议为标准、以轻重为标准等。从现行轻罪程序体系来看，目前的多元化轻罪程序体系对上述各标准均有所体现，这中间既有相对独立性，也有交叉性。一般情况下，世界各

---

① 卞建林、刘玫：《外国刑事诉讼法》，中国政法大学出版社 2008 年版，第 307—310 页。

② 卞建林、刘玫：《外国刑事诉讼法》，中国政法大学出版社 2008 年版，第 307—310 页。从上述的介绍可以看出，意大利的这些特别程序有如下特点：①它们分别可以在刑事诉讼的任何阶段适用，即为诉讼各方随时达成结案的合意提供了条件；②他们分别可以适用任何性质的案件，从无罪判决、单处罚金一直到终身监禁，都可以用这些特别的简易程序来解决；③这些程序也赋予了当事人灵活地提出或同意适用的机会，有的甚至可以单方提出适用，比如立即审判，也大大提高了适用特别程序的机会。

国都以罪行轻、重作为第一层次划分,各自适用对应刑事诉讼程序,属于轻罪范畴的,再依据犯罪嫌疑人或被告人是否认罪决定适用其他刑事诉讼程序。意大利的处罚令程序适用于检察官认为处以罚金刑就已足够了的轻微刑事案件。从实质上说,处罚令是法官根据检察官的建议而发布的独立适用财产刑的命令。检察官可以要求适用相当于法定刑减轻直至一半的刑罚。[①] 反观我国一般以案件繁简作为第一层次划分标准,然后根据犯罪嫌疑人认罪、认罚情形,以及可能适用自由刑范围决定刑事诉讼程序适用,但这种做法存在很多程序适用的交叉性,如繁简和疑难有时就不好区分,轻、重和繁、简未必对应,控辩双方无异议且有不确定性等。上述问题的解决不是仅靠刑事诉讼程序就能实现的,必须和刑法协调才有可能提出处理思路。

第三节 轻罪案件程序多元化适用的实践难题

轻罪与重罪的界分不仅是犯罪行为本身性质及其社会危害性的体现,更是适用不同审判程序和刑罚类别的依据,但和世界其他国家相比,我国并没有法律明文规定轻罪、重罪的概念和范畴,而是通过刑法总则和分则将犯罪大致区分为"情节特别严重、情节严重、严重、一般、轻微、恶劣、数额较大"等法律术语,但是缺乏立法明确规定。

一 "轻罪案件"与"重罪案件"的划分标准不清

世界各国为加强刑事审判,对于犯罪行为性质进行轻、重区分通常由立法明确界定,从各国刑法规定内容来看,大体有如下几种思路和做法对轻罪、重罪范围进行规定。

一类是根据法定自由刑刑期作为判定轻罪、重罪标准。以自由刑刑期作为判断轻罪、重罪标准的代表性国家是法国,法国《刑法》第111—1条规定犯罪根据行为性质分类为重罪、轻罪和违警罪,这种三

[①] 卞建林、刘玫:《外国刑事诉讼法》,中国政法大学出版社2008年版,第307—310页。

分法延续至今,① 而且法国《刑事诉讼法》规定轻罪由轻罪法院管辖。②法国刑法对犯罪划分类型被德国等其他国家接受,建立了适应各自国情的轻罪体系。德国1975年之前延续法国对犯罪类型的三分法,在1975年德国《违反秩序法》颁布后,违警罪被取消,作为违反秩序中一类,犯罪本身划分为重罪和轻罪两类。德国2002年修正《德国刑法典》维持了重罪与轻罪划分,"《德国刑法典》第1条规定,犯罪区分为重罪、轻罪和违警罪。"③ 以1年自由刑作为基本区分。而且根据德国《刑事诉讼法》规定,轻罪和重罪分别由不同法院行使管辖权。俄罗斯《刑法》第15条规定了犯罪的种类,依照行为社会危害性的性质和程度,将犯罪划分为轻罪、中等严重的犯罪、严重犯罪和特别严重的犯罪,其中轻罪的划分是不超过2年自由刑为标准。④ 美国将犯罪划分为重罪、轻罪。"在美国,一般以宪法和法规的形式,将犯罪分为重罪与轻罪,美国现代法典中,有的笼统规定凡处死刑或者在州、联邦监狱服刑的是重罪,其他则是轻罪。"⑤ 但是,美国部分法律规定区分重罪与轻罪,需要考虑刑罚确定。也有司法实践中是通过刑事法以外的法律进行区别重罪与轻罪,也有刑事法律通过具体刑罚条款确定,同时,美国的刑事诉讼规则本身也具备判定重罪与轻罪功能,⑥ 其中轻罪以1年自由刑为界分,作为联邦制国家,各州立法不尽相同,有的州对重罪、轻罪进一步进行了分级以利于法律适用。⑦

第二类以意大利为代表,其轻罪划分标准不以自由刑刑期为标准,而是以属于轻罪的违警罪依法应当判处拘役或罚款作为依据。"《意大利刑法典》只对重罪和违警罪确定了形式上的区分标准,其第39条规

---

① 朱琳译:《最新法国刑法典》,法律出版社2016年版,第3—4页。
② [法]卡斯东·斯特法尼、乔治·勒瓦索、贝尔纳·布洛克:《法国刑事诉讼法精义》,罗结珍译,中国政法大学出版社1999年版,第399—400页。
③ [德]弗兰茨·冯·李斯特:《李斯特德国刑法教科书》,徐久生译,北京大学出版社2021年版,第139—142页。
④ 黄道秀译:《俄罗斯联邦刑法典》,北京大学出版社2008年版,第5—6页。
⑤ 郭自力:《英美刑法》,北京大学出版社2018年版,第73—78页。
⑥ 郭自力:《英美刑法》,北京大学出版社2018年版,第73—78页。
⑦ 郭自力:《英美刑法》,北京大学出版社2018年版,第73—78页。

第八章 轻罪案件程序多元化发展的反思与规制

定：根据本法典为有关罪行分别规定的刑罚种类，犯罪区分为重罪和违警罪"，[①] "根据《刑法典》第 39 条规定，《刑法典》为重罪与轻罪分别规定不同的刑罚种类，应该是二者的区别标准：法定刑为无期徒刑、有期徒刑或者罚金的犯罪是重罪；法定刑为拘役或者罚款的犯罪是轻罪（《刑法典》第 17 条）"。[②]

第三类是以英国作为代表，不以刑罚类型作为划分标准，而以具体罪名进行列举适用。英国在 1967 年《刑事审判法》颁布前沿用重罪与轻罪区分法，但在这部法律实施后取消了这种犯罪分类模式。主要采取以刑罚轻重作为分类标准，比如分为可逮捕罪和非可逮捕罪，划分标准为 5 年监禁法定刑，但也有以诉讼程序作为分类标准，分为起诉罪和简易罪，意即根据罪行程度使用不同审判程序。[③] 英国划分轻罪和重罪方式亦不失为一种思路，但是否以 5 年为界限值得商榷，毕竟各国历史传统、案件数量并不等同。

我国《刑法》和世界其他国家相比并没有明确界定轻罪和重罪的具体类型和概念，因而司法实践和理论界存在不同观点和争议，如认为"区分重罪与轻罪应以法定刑为标准，而不宜以现实犯罪的轻重为标准"[④]，"鉴于我国整个刑罚设置偏高偏重的现状，可将应处 5 年有期徒刑作为重罪轻罪的分水岭，即应处 5 年以上有期徒刑、无期徒刑或者死刑的犯罪为重罪，应处 5 年或者 5 年以下有期徒刑、拘役或者管制的犯罪为轻罪。"[⑤] 或者认为，"应当判处的刑罚为 3 年以上有期徒刑的犯罪可视为较重之罪，应当判处的刑罚为不满 3 年有期徒刑的犯罪可视为较轻之罪"[⑥]。但是不管如何界定我国轻罪与重罪范畴，均应当重视既有刑事政策、《刑法修正案》内容，以及《刑事诉讼法》修改之间的实体法、程序法、政策导向体系中的平衡和协调。

[①] 黄风译：《最新意大利刑法典》，法律出版社 2007 年版，第 13—14 页。
[②] ［意］杜里奥·帕多瓦尼：《意大利刑法学原理》，陈忠林译，中国人民大学出版社 2004 年版，第 69—70 页。
[③] 郭自力：《英美刑法》，北京大学出版社 2018 年版，第 73—78 页。
[④] 张明楷：《刑法学》，法律出版社 2016 年版，第 92 页。
[⑤] 卢建平、叶良芳：《重罪轻罪的划分及其意义》，《法学杂志》2005 年第 5 期。
[⑥] 敦宁、韩玫：《论我国轻罪范围的划定》，《河北法学》2019 年第 2 期。

二 我国《刑法修正案》中的轻罪立法疏失

我国刑法立法根据社会经济发展的实际状况，在1997年全面修订《刑法》后，截至目前已有十一部修正案出台，总体来看，从1999年开始第一部《刑法修正案》至2005年第五部《刑法修正案》内容主要为加强社会治理能力，加快经济发展服务，增设新罪名或加重处罚以维护社会稳定。从2006年《刑法修正案（六）》开始，逐渐出现轻罪条文，以"违规披露、不披露重要信息罪"为代表，为加强个人信息保护力度，将原来由行政处罚调整的侵犯个人信息行为纳入2009年《刑法修正案（七）》条目中，增设出售、非法提供公民个人信息罪和非法获取公民个人信息罪，以及其他罪名设置。自2010年开始的《刑法修正案》，开始重点回应社会热点问题。2011年《刑法修正案（八）》增设轻罪"危险驾驶罪"和"多次敲诈勒索"，"多次盗窃、入户盗窃、携带凶器盗窃、扒窃"就是对当时社会热点问题及时刑法立法回应人民关切，这种立法导向延续至今。2015年《刑法修正案（九）》在我国轻罪立法方面具有标志意义，此次刑法修改共计设置强制穿戴宣扬恐怖主义、极端主义服饰、标志罪等14个新轻罪罪名。2017年《刑法修正案（十）》增加侮辱国歌罪为轻罪罪名。2020年《刑法修正案（十一）》再次根据我国社会经济发展现实需要增设妨害安全驾驶罪等8个新罪名，均为轻罪范畴。梳理1997年《刑法》正式实施后，至2021年共计11次修正案新增轻罪罪名28个，现存轻罪105个。[①]

通过和国外轻罪立法比较，可以发现自1997年以来我国轻罪立法具有以下特征：一是我国刑法没有明确区分轻罪和重罪，因而也不存在对于轻罪或者重罪进一步分层处置。现在所涉及的轻罪也只是按照现有刑法规定间接确立，当然，这种间接确立更多的是从《刑事诉讼法》所规定的刑事审判速决程序而来，我国《刑事诉讼法》规定了简易程序、速裁程序、刑事和解程序，附条件不起诉程序作为自由刑刑期为3

---

① 冀洋：《我国轻罪化社会治理模式的立法反思与批评》，《东方法学》2021年第3期。

年以下犯罪适用程序。因此，现在"轻罪"的提法更多的是实体法和程序法相结合的结果，"三年以下"应该是我国刑罚处于轻罪与重罪的法律标尺。二是社会发展中出现的新问题使《刑法修正案》频繁出台，立法相对不稳定使轻罪范围界定困难。从已有《刑法修正案》内容比较发现，我国刑法吸收行政法规制内容将部分违法行为确定为犯罪行为的过程仍将持续，伴随社会发展中出现的焦点问题应用刑法手段处置是当前刑法参与社会治理的一种观点。因此，轻罪和重罪界分清晰还存在一些基础性问题需要解决，在此过程中，不仅需要刑法理论从犯罪构成理论进行突破，也需要刑事诉讼法相应程序设置能够充分适应刑法发展。

三 轻罪案件程序多元化背景下刑法与刑事诉讼法的协调

从近十年来的《刑法修正案》历程发展来看，这是适应我国社会转型期的各种问题突现，而行政法执法并不能很好制止某些突出问题发生，因而采取强制力更高的刑法手段配合社会治理，这种配合应该是一个适度参与，而不是全方面参与。各种突现的社会问题给社会生活和人民群众安全感带来严峻挑战，使社会稳定面临考验，刑法治理效果直接影响行为人违法处理的社会效果，也是刑法本身特殊预防和一般预防功能的实现。同时，《刑法修正案》也反映了党和国家一个时期刑事政策的贯彻落实，当前宽严相济的刑事政策仍然是刑事立法、司法的基本要求。

宽严相济的刑事政策要求该宽则宽，该严则严，如何把握尺度和标准就成为立法重点，不能将这种标准完全建立在司法主体自由裁量权应用基础上，这样不利于制止权力滥用，也不利于司法主体出于各种考虑疏于制度适用。刑法在总则中规定了初犯、偶犯、既遂犯、未遂犯、共犯、累犯等，这说明刑法对于犯罪人以社会危害性、危害后果科刑为依据，但是刑法理论中的缓刑、吸收犯理论则需要明晰具备吸收关系的重罪和轻罪罪名，轻罪被重罪吸收，而且也有利于量刑，如果能够在刑法中明确重罪与轻罪界分，那么量刑难度就会大为削减，法官工作量就会降低很多。刑事诉讼法如果有了重罪与轻罪明确规定，在具体个案程序适用中准确度也有较为理想尺度，减少随意性使轻罪和重罪相对能够对应相应适用程序，使轻罪与重罪在适用刑事诉讼程序过程自然实现繁简分流，快慢分道，最大程度实现案件公平正义。只有准确协调刑法与刑事诉讼法在轻罪与重罪治理方面的协调，才能契合近年来《刑法修正案》适度将行政违法领域引入轻罪范畴，实现强化公民规则意识，维护社会稳定，在大量限制人身自由的行政处罚纳入司法范畴后，有利于保障当事人人权，加强对行政机关行政权约束，促进社会法治水平提升。

第四节　轻罪案件程序多元化发展中的适用问题

体系的作用充分发挥需要解决各个组成部分的功能定位，这方面应该是互补和递进关系，尽量减少交叉适用，只有各组成部分分工明确，才能使组成部分从轻重划分方面贡献体系作用最大化。"刑事诉讼程序体系即指刑事诉讼法规定的，进行刑事诉讼所应当遵循的各种方式、方法、步骤，相互联系而构成的整体。"[①] 这就要求在制度设计中建立整体性思维，按照刑事一体化思路规划制度建设。首先，也就是本书已述刑法犯罪理论对轻罪、重罪界分，该问题已经成轻罪案件程序体系结构优化的主要障碍，解决轻罪、重罪的内涵、外延不仅关乎被追诉人实体刑事责任确定，更关乎后续刑事审判程序选择。[②] 其次，轻罪案件程序体系结构优化的前提是建立审前轻罪处理机制。如果只是努力完善刑事审判轻罪程序体系，而不建立审前轻罪处理机制，就会使刑事审判压力增大，在司法资源不变的情形下，不断增加的案件数量不能提升诉讼效率，也不能保证案件审理质量。

[①] 彭海青：《试论我国刑事诉讼程序体系之重构》，《社会科学辑刊》2005年第2期。
[②] 按照刑事一体化思路，在轻罪、重罪界分明确的前提下，在侦查、检察、审判各刑事诉讼阶段建立轻罪处置机制，分工相对明确，责任明晰，保证案件性质属轻罪情形下得到快速、公正、公平处理。2019年"两高三部"联合发布了《关于适用认罪认罚从宽制度的指导意见》，文件共计60条，涵盖了刑事诉讼侦查、检察、审判各阶段认罪认罚从宽制度的适用，下一步，侦查、检察机关应该按照指导意见指引建立相应轻罪处置机制。

第八章　轻罪案件程序多元化发展的反思与规制

一　程序适用中功利性趋向色彩过重

从协商性司法本身发展历程来看，功利性目的其实一直在程序选择中存在，这种基本事实需要承认其存在，不能否认，比如美国的辩诉交易制度等。但是，这种功利性目的在轻罪案件程序选择中不能无限放大，甚至诱导、欺骗被追诉人做出非理性选择。在刑事诉讼中，虽然通过相应制度设计可以实现控辩双方平等武装，审判法官居中裁判，但是追诉与被追诉地位的天然存在不平等使被追诉人通常在刑事诉讼中处于被动地位，获取案件详细信息渠道有限，对于司法机关给出的程序选择缺乏准确判断，一般会考虑司法机关提出的司法后果进行功利性选择。"轻罪快速处理程序要求公安、检察、法院等国家专门机关对轻微犯罪按照既定规范在最短的时限内高效处理案件，不仅能够得到更好的人权保护，更为重要的是，这一程序对公权力行使至少形成如下三个方面的限制：一是区别于一般程序，尽可能不采取限制人身自由强制措施的限制；二是时限要求较一般程序更短，强制司法机关必须提高诉讼效率；三是虽然程序进行了简化，但是法律规定的程序及其手续必须履行。"[①] 2018年《刑事诉讼法》修改后，认罪认罚制度全面实施，成为轻罪适用相应速决程序的前提，但被告人选择轻罪程序的自愿性和真实性必须有明确证据证实，表明这种程序选择属于理性判断结果。在轻罪程序适用中的功利性控制主要应该防止被告人权利告知和程序告知止于形式，从而使被告人权益保护缺乏实质性效果。在给被告人进行相关权利告知过程中采用书面形式，但多数情形下需要办案人员详细给被告人讲解告知法律文书中术语的具体含义，如果告知法律文书内容繁杂，法言法语专业难懂而又缺乏进一步释明，必然导致被告人理解法律规定产生困难，事后被告人可能无法回忆其签字法律文书具体内容。因此，轻罪案件程序体系适用中功利性控制要求司法机关准确、简洁、明了地告知被告人需要签署法律文书的具体含义。

[①] 高勇：《轻罪快速处理程序的法价值及其建构》，《哈尔滨师范大学社会科学学报》2017年第3期。

二 被告人诉讼权利保障有限

尊重被告人诉讼主体地位是保障其诉讼权利的前提,这在普通程序刑事审判已经得到强化,亦是程序正义价值的集中表现,通过控辩双方对抗、辩论行使诉讼权利。但是,在轻罪程序适用中,由于程序设置目的主要是为了提升诉讼效率,因而会简化诉讼程序,这使被告人诉讼权利行使产生不充分问题。刑事诉讼制度未来仍需重点强化轻罪案件被追诉人主体地位与保障其诉讼权利。[①] 轻罪快速审判程序适用应该取得被告人同意,这种交涉过程也是司法机关充分向被告人说明程序适用后产生相应后果,包括本应享有的诉讼权利自愿放弃,这不仅不是被告人诉讼权利剥夺,相反是一种保障被告人诉讼权利前提下的程序选择,也是诉讼效率提升与公平正义追求的协调统一。案件本身复杂、多样,被告人诉求也不尽相同,多元设置轻罪程序体系就是为适应这种实践样态,合理、有效办理案件。一般情况下,轻罪程序启动建立在被告人认罪答辩基础上,通过认罪从而获取一定实体利益,这实际上是被告人完成了对其追诉事实的处分权,同时也因审判程序简化而放弃部分诉讼权利行使,司法机关因此在程序简化适用中获得合法性。为配合认罪认罚从宽制度执行,我国《刑事诉讼法》规定了值班律师制度,但迄今为止对值班律师的属性仍然没有定论。因为不具备辩护律师资格,所以值班律师不能行使辩护律师应享有的权利,而且值班律师具有不确定性,这对于轻罪程序适用中被告人权益保护非常不利,主要体现在被告人从值班律师处获得信息基于不同值班律师表达而不够系统,被告人难以做出正确选择。

三 被害人权益关注不够

在轻罪程序体系多元化构建过程中,现在来看,几乎所有的制度设计和关注点均在被告人权益保护方面,这本无可厚非,被告人作为刑事

---

① 段陆平:《健全我国轻罪诉讼制度体系:实践背景与理论路径》,《中国刑事法杂志》2021年第2期。

诉讼追诉对象，理应受到重点关注。但是如果仅重视被告人在诉讼中的权益实现，而忽视或者漠视被害人的诉讼参与性和相关权益实现，就不能使轻罪程序体系多元化建设达到法律效果与社会效果相统一。"不论是定罪还是量刑，刑法对于被害人权利的实现都是间接的、片面的，加之保护被告人权利的理念早已深入刑法的骨髓，被害人的权利在刑法中则退居卑微的境地。在国家追诉主义下，被害人在刑事诉讼中没有独特的地位，其发挥的作用几乎与证人无异。"① 认罪认罚从宽制度是轻罪程序体系多元化设置基础，但认罪认罚过程是控、辩双方以"认罪""认罚"作为主要内容，也是协商性司法的核心要义，但是协商性司法要求的被害人参与性在认罪认罚从宽制度中作用发挥有限。被害人在认罪认罚制度中的参与殊为重要，其不仅构成程序适用与从宽处理的正当性依据，更是纠纷解决、社会关系恢复之基础与核心。② 被害人的合理诉求要么被忽视，要么不被重视。轻罪程序体系多元化构建的目标不能仅停留在对被告人落实刑罚责任审结案件，而应该上升至提升审判体系和审判能力现代化的政治高度，努力为化解社会矛盾，恢复社会秩序，维护社会稳定做出贡献，因此被害人权益在轻罪程序适用中应该得到充分体现，否则，由于被害人损失没有得到充分满足引发申诉、上诉不可避免，成为下一步隐忧。为加强被害人权益合理、合法实现，应该适度强化司法机关的公权力与被害人私权利的沟通，同时也应该在司法机关主持人面前使被告人与被害人充分协商，避免为让被告人认罪认罚而减损被害人利益，或者为拔高被害人补偿私益而减损被告人权益现象发生。

四 轻罪案件审理方式过于单一

与我国普遍采取开庭方式审理轻罪案件不同，对于轻罪案件采取书面审理是国外有关国家处罚令制度的主要特点，之所以不开庭审理案

---

① 徐岱、巴卓：《中国本土化下被害人权利保护及延展反思》，《吉林大学社会科学学报》2019年第6期。
② 王静：《认罪认罚从宽制度中的被害人权利保障》，《华东政法大学学报》2021年第4期。

件，主要是因为这些案件属于案情简单、证据充分、双方对于案件事实无争议的情况。处罚令制度由德国创设，"在此程序中，法官只对检察官提出的书面申请进行审查即可对被告人处以罚金等轻微刑罚，而不再进行正式的法庭审判程序。处罚令程序以检察官向法官提出适用处罚令的申请开始，申请书中详细记载案件的情况，法官对案卷材料进行审查后决定是否发布处罚命令。"① 世界多个国家设置了处罚令制度。"刑事处罚令程序契合诉讼经济需求，这一程序对案件的处理，不经起诉，直接进入书面审理程序，可以最大限度降低诉讼成本，节约司法资源。"② 因为适用书面审理，比开庭审理案件的简易程序更为简化，所以一般立法对处罚令制度的适用范围严格限定，对可能判处的自由刑等刑罚种类明确规定，而且仅适用于基层法院。为保证处罚令制度能够快速审理案件，大多数国家在制度设计中规定处罚令程序启动需被告人知情和同意，同时，为发挥处罚令制度在节约司法资源，提高诉讼效率的重要作用，法律规定侦查、检查、审判阶段均可启动处罚令程序。国外处罚令制度也规定，如果经过法官审查，案件不符合处罚令程序适用要件，可以拒绝适用，案件转入其他刑事诉讼程序审理。处罚令制度总体来看兼具简易性和协商性，得到世界多数国家认同和借鉴。我国虽然有认罪认罚制度适用轻罪程序，但已有五种轻罪程序体系均为开庭审理，从简易程序方面比较，和书面审理要求的处罚令制度还有差距，因此我国可以借鉴其他国家成熟制度经验，创立轻罪可以书面审理的程序，进一步提高效率，节约司法成本。

第五节 轻罪案件程序多元化适用的规制思路

通过 2018 年《刑事诉讼法》修改，我国已经形成相对体系化的轻罪案件程序设置，规定了不同程序适用范围和条件及相互衔接，但是总

---

① 刘振会：《论我国轻罪案件刑事处罚令程序的构建——以德国刑事处罚令程序的考察为视角》，《人民司法》2019 年第 4 期。

② 刘振会：《论我国轻罪案件刑事处罚令程序的构建——以德国刑事处罚令程序的考察为视角》，《人民司法》2019 年第 4 期。

第八章 轻罪案件程序多元化发展的反思与规制 ◆◇◆

体来看，这种初步建立的轻罪案件程序体系还存在一些结构、范围的交叉问题，使各具体程序解决相应案件缺乏特质性。

一 消解轻罪案件程序结构中的矛盾

消解轻罪案件程序结构中的矛盾，首先需要解决的问题不是刑事诉讼程序问题，而是刑法关于轻罪与重罪的界分问题。国外对于轻罪、重罪分类及程序适用的立法和制度形式，这些已有经验可以作为我国制度设计的参考。国外轻罪界定和我国目前通行认识对应，大体也是 3 年以下自由刑为界，只不过国外大多是以 2 年以下自由刑或者 1 年以下自由刑为界，当然，我国有自己的国情，国外的立法经验理论价值可以参考，但不一定照搬。学术界关于轻罪与重罪存在很大分歧，① 但是主张以 3 年以下自由刑作为基准的观点是大多数，笔者亦认可这一观点，理由如下：一是与国外相比，我国总体案件数量持续增长，轻罪自由刑基准定为 2 年或 1 年可能会使普通程序审判压力加大，如果确定为 4 年或 5 年自由刑以下，就会让刑法参加社会治理的初衷无法实现，因此，将轻罪自由刑标准定在 3 年以下是成立的。二是考虑到已有轻罪案件程序已有许多适用条件交叉，可能会造成一定程度制度休眠，司法机关厚此薄彼。轻罪案件程序体系完善需要刑法犯罪理论发展配合，将轻罪能够进一步分类，如轻罪和微罪等，以利于准确程序对应。我国既有轻罪案件程序展示了轻罪案件适用速裁程序、简易程序、刑事和解程序、附条件不起诉程序等快速审判程序基本样态，总体来看，从 2018 年《刑事诉讼法》修改后

---

① 敦宁、韩玫：《我国轻罪范围的划定》，《河北法学》2019 年第 2 期。当前，学界在轻罪与重罪的划分标准上主要有下述三种观点：一是实质标准说，即主张根据犯罪的性质、犯罪的危害程度等犯罪内在的特质确定犯罪的轻重等级。例如，有论者认为，客观危害小、主观恶性弱的犯罪即为轻罪，反之则为重罪。其中，客观危害的大小和主观恶性的强弱，要从犯罪侵犯的法益、犯罪的手段、犯罪人的主观罪过、认识、意志、情绪等方面进行综合判断。实际上就是主张以犯罪本身（主客观方面）的严重程度为标准来划分轻罪与重罪。二是形式标准说，即主张以犯罪所适用刑罚之轻重为标准来划分犯罪的轻重等级。持这一观点的论者多主张以有期徒刑的某个刑期为标准来划分轻罪与重罪，具体有 "1 年说" "3 年说" 和 "5 年说" 等不同观点。也就是说，应当适用的刑罚低于这类刑期标准的为轻罪，反之则为重罪。同时，在形式标准说内部也存在着 "法定刑标准说" 和 "宣告刑标准说" 的不同见解。三是实质与形式标准综合说，即主张从实质与形式相结合的角度来划分犯罪的轻重等级。

初步形成相对完整轻罪案件程序体系,"认罪认罚与和解之间存在概念交叉的关系",①"虽然存在程序适用竞合和矛盾"但不易做根本性改变,仍然需要继续适用一段时间总结实务经验和理论提升再行完善。

二 减少简易程序与速裁程序适用条件交叉性

"在刑事案件数量激增且案件结构呈金字塔式的情势下,梯级化的审判程序体系是科学的应对之策。但因速裁程序未能从简易程序中获得彻底分化,审判程序体系的层次化特征不明显。"② 2018年《刑事诉讼法》规定了简易程序和速裁程序处理一审刑事案件的范围和条件,从条文内容分析二者存在一定共性:(1)简易程序和速裁程序均仅适用于基层人民法院管辖案件,都需要被告人同意才能适用,规定盲、聋、哑人或精神病人禁止适用。(2)证明标准均为最高证明标准,并未因程序简化而降低证明要求,速裁程序要求比简易程序更高,在"案件事实清楚"之外,简易程序为"证据充分"标准,而速裁程序则是"证据确实、充分"标准。具体分析简易程序与速裁程序证明标准表述差异性,可能立法者认为速裁程序由于案件办结期限相比简易程序更短,为防止出现错案,因而对证据提出更高要求。(3)由于2018年《刑事诉讼法》确立了认罪认罚制度,因而该制度均在简易程序和速裁程序适用,但根据法律规定,二者适用认罪认罚制度条件有所不同。速裁程序要求被告人认罪而且认罚,简易程序则只要求被告人认罪,这也意味着量刑建议不作为简易程序适用必要条件。

国外速决程序的种类设置、适用范围、具体运行等方面各具特色,但在价值追求、权利保障、发展趋势上表现出一些相同点:一是均把平衡诉讼效率与司法公正作为设置速决程序适用条件的价值追求。随着经济的迅猛发展,世界各国均面临犯罪率升高的形势,为了缓解巨大的司法压力,各国纷纷探索适合本国国情的速决程序,或者通过程序繁简分流

---

① 赵恒:《认罪认罚与刑事和解的衔接适用研究》,《环球法律评论》2019年第3期。
② 李本森、戴紫君:《反思与重塑:刑事速裁程序适用范围研究》,《学术界》2021年第12期。

第八章 轻罪案件程序多元化发展的反思与规制

使一些轻微案件不被起诉,或者通过简化审判程序使诉讼周期大大缩短,如意大利速决程序。速决程序的设置不仅使有限司法资源实现优化配置,而且案件及时处理兼顾了司法公正。二是速决程序适用条件注重保护被告人的诉讼权利。因为速决程序是对诉讼程序的有效简化,存在损害被告人权利的潜在风险,所以各国积极寻找相关保障程序,尽力完善各项保障制度,赋予被告人基本的程序选择权、知悉权、辩护权和救济权,使其诉讼权利不因诉讼程序的简化而受损害。如日本的略式程序、意大利的简易审判程序均把被告人同意适用作为适用速决程序的前提条件,以保障被告人享有程序选择权。三是刑事速决程序均表现出种类多元化的发展趋势。速决程序并不局限于一种,而是结合犯罪的不同性质相应地设置了不同种类,适用于刑事诉讼各个阶段,呈现出多元化趋势。对于不同速决程序适用的案件范围、适用的条件也都作了相应规定。

我国立法以"被告人认罪与否"作为划分审判程序适用范围的首要标准。在被告人认罪案件中,立法进一步将"认罚""可能判处3年以下有期徒刑的案件"作为速裁程序适用范围的确定标准。但因简易程序的适用范围没有刑罚条件的限制,且"认罚"建立在"认罪"的基础之上,故速裁程序的适用范围为简易程序所囊括。从理论上看,速裁程序是简易程序内部的再次分化,旨在进一步分流被告人认罪认罚的轻刑案件。但实际上,速裁程序未能跳脱出简易程序原有的制度框架,两类审判程序的适用范围存在竞合。那些被告人认罪认罚且由基层人民法院管辖的可能判处3年以下有期徒刑的案件,能够同时满足速裁程序与简易程序的适用要求。在此情形下,立法也未明确程序适用冲突的处理规则。① 具体包括:(1)量刑基准不同。速裁程序要求适用于可能判处3年有期徒刑以下刑罚案件,简易程序则取消了自由刑刑期限制,规定除可能判处无期徒刑、死刑案件外,其他均可适用。(2)被害人参与机制要求。速裁程序要求被告人与被害人就附带民事诉讼赔偿已达成协议,简易程序对此则无要求。

---

① 李本森、戴紫君:《反思与重塑:刑事速裁程序适用范围研究》,《学术界》2021年第12期。

三　理顺刑事和解程序与简易程序、速裁程序的关系

我国为应对经济、社会快速发展中的问题，在1996年《刑事诉讼法》修改后增设了简易程序，目的是提高诉讼效率。但在司法实践中，简易程序在刑事审判中适用率并不高，2003年最高人民法院、最高人民检察院、司法部联合发布规范性文件要求在普通程序基础上增设普通程序简易审程序，① 这个程序只是普通程序的特殊形式，和简易程序适用有根本区别。2012年《刑事诉讼法》修改后扩大了简易程序适用范围，将1996年以来形成的简易程序和普通程序简化审理内容整合形成了较为齐全的新简易程序。2014年以后，开始试点速裁程序配合认罪认罚制度推行，尝试建立多元精细、公正高效的诉讼制度体系，2018年《刑事诉讼法》再次修改，本次修改将速裁程序立法确立，认罪认罚从宽制度贯穿刑事诉讼各阶段。

刑事和解程序是2012年《刑事诉讼法》修改后增加的特别程序，刑事和解是我国本土产生并适应国情的特色刑事诉讼程序，"刑事和解作为我国刑事法领域的一种新理念"，② 在司法实践中产生了积极效果。根据2018年《刑事诉讼法》刑事和解程序适用条件是被告人真心悔罪，积极赔偿被害人损失并达成谅解协议，犯罪行为属于过失犯罪或民间纠纷引起，案情要求事实清楚，证据确实充分。和前述简易程序、速裁程序适用条件比较，刑事和解程序的适用条件具备一定交叉性，如被告人与被害人达成谅解协议，因民间纠纷引起和过失犯罪均可适用。根据2018年《刑事诉讼法》规定，对于被告人与被害人达成谅解协议案件，侦查和检察机关可以提出从宽处罚建议，人民法院可依法对被告人从宽处罚，从实际效果来看，刑事和解程序与认罪认罚从宽制度在速裁程序、简易程序中的适用作用一致。近几年的司法数据也表明刑事和解程序适用率持续偏低。

---

① 《最高人民法院、最高人民检察院、司法部关于适用简易程序审理公诉案件的若干意见》，2003年3月14日。
② 陈光中、葛琳：《刑事和解初探》，《中国法学》2006年第5期。

四 协调刑事政策与轻罪案件程序相互关系

为提高刑事审判诉讼效率,世界各国均建立了刑事审判速决模式,为加强刑事案件快速审理,鼓励被告人主动认罪以获得相应刑罚克减和程序从简。如美国的辩诉交易制度,是比较成功的范例,美国绝大多数轻罪是通过辩诉交易方式结案的。再如英国被告人认罪制度,法国和德国的认罪协商程序,均以被告人认罪开启刑审判速决程序,从而节约司法资源,提高效率。

近年来,协商性司法理念动摇了对抗式司法的刚性适用。对抗式司法作为"控审分离"的司法文明成果对于程序正义理念的追求不容置疑,但是伴随着犯罪体量和犯罪率居高不下,严格程序法定主义的对抗式司法对于社会秩序恢复开始出现负面影响,导致案件久拖不决,被告人刑事责任长期处于不确定状态。协商性司法就是由此而生,其最大优点就是诉讼主体的参与性,加强了被告人和被害人参与刑事诉讼过程,使被告人和检察机关、被告人和被害人、检察机关和被害人之间展开对话、协商、妥协成为可能,放弃之前的辩论和对抗,被告人、被害人自愿参与、平等协商、相互妥协从而达成和解协议。"协商性司法为认罪认罚从宽制度提供了一定的制度参考,对其的初步展开是制度审视的基础。"① 认罪认罚从宽制度是我国本土特色制度形式,发挥了协商性司法的具体功能,通过认罪认罚从宽制度,分别适用速裁程序、简易程序、刑事和解程序、附条件不起诉程序,体现了对被告人被害人刑事诉讼中主体地位的认可。认罪认罚从宽制度既是协商性司法理念的选择结果,也是简易诉讼程序适用的基础。

对于辩方被告人利益主要体现在刑法的实体意义方面,被告人自愿认罪表明其悔罪态度良好,反映其社会危险性已大为降低,根据刑法预防理论,自愿认罪可以认为被告人再次犯罪可能性不高。"对于构建我国被告人认罪轻罪案件程序,多数学者专家和实务工作者认为,辩诉交

---

① 王瑞剑:《协商性司法视野下的认罪认罚从宽制度探微》,《河南司法警官职业学院学报》2017年第15期。

易不易直接被我国民众所接受和理解，主张以认罪协商或者辩诉协商予以替代，并对轻微刑事案件、自诉案件、简易程序案件和普通程序简化审案件和认罪轻罪案件的关联性、异同性给予清晰界定。"[1] 另外，根据 2018 年《刑事诉讼法》司法解释规定，认罪认罚已成为法定量刑情节，被告人自愿认罪可以依法从轻处罚。实体从宽，程序也相应从简，能够减轻被告人诉累，及时回归正常社会生活。认罪认罚从宽制度同样对控诉方具备重要司法实际意义。刑事诉讼过程中证据收集、证据链形成、证明责任均为检察机关重要职责，尤其是被告人口供，现在严格排除非法证据已成为刚性制度要求，因而口供取得难度增加，如果被告人认罪认罚，口供取得就相对容易，能够显著降低案件事实证明难度，省去案件事实部分查证过程。被告人认罪认罚能够在一定程度上保障案件质量，防止出现冤假错案，这对于控诉方节约司法成本，提升效率具有重要意义，也有利于被害人争取更多实体利益。

轻罪程序多元化形成是 1996 年《刑事诉讼法》修改确立简易程序以来通过可以实践发展起来的特色制度形式，其主要动力源自犯罪率居高不下、案件数量激增的现实压力，同时也有刑事诉讼程序正当化发展的需要，实现"繁简分流""轻重分道"。从西方国家轻罪程序发展历程来看，除了上述案件增长压力外，考虑更多的是轻罪、重罪之间的性质差异性，从而使轻罪、重罪分别适用不同程序类型。轻罪由于社会危害性小，可以通过协商方式解决争议问题，实现被告人与国家追诉和解，但是重罪社会危害性大，需要通过正式审判程序解决案件争议。相对而言，正是因为轻罪程序体系的建立，才能够使法庭有足够精力审判重罪案件。在我国，实现轻罪程序体系优化需要按照刑事一体化思路，完善刑法犯罪学理论，准确划分轻罪、重罪，从而使轻罪程序体系适用具备明确针对性和适用范围，也能够使国外比较成熟的处罚令制度在我国建立，将开庭审理和书面审理方式相结合，进一步提升效率。

---

[1] 喻建立：《立足国情 促进被告人认罪轻罪案件程序改革 认罪轻罪案件程序改革国际研讨会综述》，《人民检察》2008 年第 14 期。

参考文献

著作类

《奥地利联邦共和国刑法典》（2002 年修订），徐久生译，中国方正出版社 2004 年版。

《德国刑法典》（2002 年修订），徐久生、庄敬华译，中国方正出版社 2004 年版。

《俄罗斯联邦刑法典》，黄道秀译，中国法制出版社 2004 年版。

《加拿大刑事法典》，罗文波、冯凡英译，北京大学出版社 2008 年版。

《日本刑法典》（第二版），张明楷译，法律出版社 2006 年版。

《瑞士联邦刑法典》（2003 年修订），徐久生、庄敬华译，中国方正出版社 2004 年版。

《西班牙刑法典》，潘灯译，中国检察出版社 2015 年版。

《最新法国刑法典》，朱琳译，法律出版社 2016 年版。

《最新意大利刑法典》，黄风译，法律出版社 2007 年版。

陈瑞华：《比较刑事诉讼法》，中国人民大学出版社 2010 年版。

陈瑞华：《程序性制裁理论》，中国法制出版社 2010 年版。

陈瑞华：《程序正义理论》，中国法制出版社 2010 年版。

陈瑞华：《刑事审判原理论》，北京大学出版社 1995 年版。

陈瑞华：《刑事诉讼的前沿问题》，中国人民大学出版社 2016 年版。

陈瑞华：《刑事诉讼的中国模式》（第 3 版），法律出版社 2018 年版。

陈兴良：《刑法的价值构造》，中国人民大学出版社 2017 年版。

陈兴良：《刑法适用总论》，中国人民大学出版社2017年版。
陈兴良：《刑法哲学》，中国人民大学出版社2017年版。
陈兴良：《宽严相济刑事政策研究》，中国人民大学出版社2007年版。
高长见：《轻罪制度研究》，中国政法大学出版社2012年版。
高勇：《中国轻罪法律制度的建构》，法律出版社2019年版。
古岑科：《俄罗斯刑事诉讼教程》，黄道秀等译，中国人民公安大学出版社2007年版。
郝方昉：《刑罚现代化研究》，中国政法大学出版社2011年版。
[法] 贝尔纳·布洛克：《法国刑事诉讼法》，罗结珍译，中国政法大学出版社2009年版。
[日] 田口守一：《日本刑事诉讼法》（第五版），张凌、于秀峰译，中国政法大学出版社2010年版。
[德] Claus Roxin：《德国刑事诉讼法》，吴丽琪译，台北：三民书局股份有限公司1998年版。

论文类

蔡巍：《附条件不起诉对精神病人实施轻罪案件的程序分流》，《政法论坛》2011年第3期。
敦宁、韩玫：《论我国轻罪范围的划定》，《河北法学》2019年第2期。
冯喜恒：《刑事处罚令程序中的量刑协商——德国的实践及其对我国设立认罪认罚从宽制度的启示》，《浙江理工大学学报》（社会科学版）2016年第2期。
高勇、于逸生：《论中国轻罪制度建构的必要性》，《北方法学》2017年第3期。
何荣功：《我国轻罪立法的体系思考》，《中外法学》2018年第5期。
胡光宇、张宁：《刑事诉讼繁简分流制度体系构建——以认罪认罚从宽制度为视角》，《合肥工业大学学报》（社会科学版）2017年第6期。
黄开诚：《我国刑法中轻罪与重罪若干问题研究》，《现代法学》2006年第2期。
贾志强：《"书面审"抑或"开庭审"：我国刑事速裁程序审理方式探

究》,《华东政法大学学报》2018年第4期。

赖早兴、贾健:《罪等划分及相关制度重构》,《中国刑事法杂志》2009年第3期。

李邦友、姚兵:《轻罪和解模式研究》,《法学杂志》2006年第6期。

李会彬:《刑事和解制度的理论基础新探——以刑、民事责任转化原理为视角》,《法商研究》2015年第4期。

李倩:《德国刑事诉讼快速审理程序及借鉴》,《法律适用》2017年第19期。

李晓明:《欧美"轻轻重重"刑事政策及其借鉴》,《法学评论》2009年第5期。

李晓明:《轻轻重重与宽严相济:域外刑事政策的借鉴(上)——重在从法律制定与司法运作两个层面探究》,《法治研究》2010年第4期。

李晓明:《轻轻重重与宽严相济:域外刑事政策的借鉴(下)——重在从法律制定与司法运作两个层面探究》,《法治研究》2010年第5期。

梁欣:《刑事诉讼家庭模式的再评价——从对抗到合作》,《国家检察官学院学报》2005年第6期。

凌萍萍、焦冶:《我国刑事立法中的轻罪标准设置研究》,《西南民族大学学报》(人文社会科学版)2019年1期。

刘振会:《论我国轻罪案件刑事处罚令程序的构建——以德国刑事处罚令程序的考察为视角》,《人民司法·应用》2019年第4期。

卢建平、叶良芳:《重罪轻罪的划分及其意义》,《法学杂志》2005年第5期。

陆岸:《犯罪的边界——我国轻罪制度的立法思考》,《河北法学》2012年第7期。

梅传强:《论"后劳教时代"我国轻罪制度的建构》,《现代法学》2014年第2期。

屈学武:《"轻罪"之法价值取向与人身权利保护》,《河北法学》2005年第11期。

邵新:《司法体制改革背景下繁简分流的法理论证》,《法治现代化研究》2018年第4期。

苏永生：《变动中的刑罚结构——由〈刑法修正案（九）〉引发的思考》，《法学论坛》2015年第5期。

孙维萍、露卡·露巴利亚：《意大利刑事诉讼法的主要特色及最新修订》，《政治与法律》2003年第5期。

谭世贵：《论刑事诉讼模式及其中国转型》，《法制与社会发展》2016年第3期。

陶杨：《轻罪案件非羁押化问题研究》，《中国刑事法杂志》2017年第6期。

田兴洪：《轻重犯罪划分新论》，《法学杂志》2011年第6期。

田兴洪、杜文俊：《轻罪刑事政策指导下不起诉的制度转变》，《法学》2012年第1期。

田兴洪、刘师群：《轻罪刑事政策论纲》，《法学杂志》2010年第4期。

王充：《构建轻罪治理模式助力社会治理无"死角"》，《人民论坛》2018年第4期。

王芳、甘叠、刘念：《认罪认罚量刑从宽实效研究——基于故意伤害罪轻罪的数据解读》，《山东大学学报》（哲学社会科学版）2022年第3期。

王强军：《社会治理过度刑法化的隐忧》，《当代法学》2019年第2期。

王文华：《论刑法中的重罪与轻罪的划分》，《法学评论》2010年第2期。

王志祥、韩雪：《轻罪重罪之法定界分》，《中国法学》2013年第2期。

王志祥、韩雪：《我国刑法典的轻罪化改造》，《苏州大学学报》（哲学社会科学版）2015年第1期。

夏黎阳：《论我国刑法犯罪概念的分立化》，《社会科学研究》2008年第4期。

闫俊瑛、刘丽：《论轻罪的刑事司法政策与诉讼机制》，《法学杂志》2007年第5期。

闫雨、黄华生：《和谐社会轻罪刑事政策的完善》，《辽宁大学学报》（哲学社会科学版）2011年第1期。

杨迪：《我国轻罪案件刑罚配置的规范化进路——以刑事裁判大数据为方法》，《法律适用》2018年第7期。

叶肖华：《处罚令程序的比较与借鉴》，《苏州大学学报》（哲学社会科学版），2010年第3期。

尹丽华：《俄罗斯联邦刑事诉讼法的创新发展》，《当代法学》2004年第4期。

张明楷：《刑事立法的发展方向》，《中国法学》2006年第4期。

甄贞、孙瑜：《论我国刑事诉讼处罚令程序之构建》，《法学杂志》2007年第3期。

郑丽萍：《轻罪强制措施的反思与改革——基于〈刑事诉讼法修正案〉之思考》，《暨南学报》（哲学社会科学版）2013年第7期。

郑丽萍：《轻罪刑事政策的独立品格与基本释义》，《法学评论》2013年第2期。

郑丽萍：《轻罪重罪之法定界分》，《中国法学》2013年第2期。

郑丽萍：《轻罪起诉裁量制度的反思与改革》，《法治研究》2012年第7期。

周光权：《论刑法与认罪认罚从宽制度的衔接》，《清华法学》2019年第3期。

周光权：《转型时期刑法立法的思路与方法》，《中国社会科学》2016年第3期。

周维明：《德国刑事协商制度的最新发展与启示》，《法律适用》2018年第13期。